YINGKE® 盈科

盈科全国业务指导委员会系列丛书

卓越合伙人

股权设计与激励

盈科律师事务所 / 编

陈辉　文婧 / 著

法律出版社 LAW PRESS · CHINA

北京

图书在版编目(CIP)数据

卓越合伙人:股权设计与激励/盈科律师事务所编;陈辉,文婧著. --北京:法律出版社,2021
ISBN 978-7-5197-5966-7

Ⅰ.①卓… Ⅱ.①盈… ②陈… ③文… Ⅲ.①合伙企业-股权管理 Ⅳ.①F276.2

中国版本图书馆CIP数据核字(2021)第193904号

卓越合伙人:股权设计与激励
ZHUOYUE HEHUOREN:GUQUAN SHEJI YU JILI

盈科律师事务所 编
陈 辉 文 婧 著

策划编辑 朱海波
责任编辑 朱海波
装帧设计 汪奇峰

出版发行 法律出版社
编辑统筹 法律应用出版分社
责任校对 邢艳萍
责任印制 吕亚莉
经 销 新华书店

开本 710毫米×1000毫米 1/16
印张 20 字数 350千
版本 2021年11月第1版
印次 2021年11月第1次印刷
印刷 固安华明印业有限公司

地址:北京市丰台区莲花池西里7号(100073)
网址:www.lawpress.com.cn
投稿邮箱:info@lawpress.com.cn
举报盗版邮箱:jbwq@lawpress.com.cn

销售电话:010-83938349
客服电话:010-83938350
咨询电话:010-63939796

书号:ISBN 978-7-5197-5966-7
定价:68.00元

凡购买本社图书,如有印装错误,我社负责退换。电话:010-83938349

本书编著者

陈 辉 文 婧 著

我为本书写序

人类进入近代以来,先后三次工业革命极大地推动了人类历史的进步。为传递新形式的信息而诞生的互联网,又书写了近代化以来人类社会进展的宏篇史诗。这些实践都离不开商家和企业。企业是国家经济发展的基础。为推动企业的发展实现资源的最大效益,发挥企业在市场竞争中的价值,始终是经营者研究的课题。为有效提升效益,解决组织、群体和个体间之间的利益冲突,管理者已经从以生产为核心的管理理论向着管理科学的方向发展,于是产生了决策机制理论、运营机制管理、系统机制理论和控制理论。"机制"已成为管理界的新名词。

作为市场主体的企业在不断演变中,研究产生了股权机制,搭建了科学合理的股东架构、股权架构、组织架构。纵观中国商界,从互联网巨头阿里巴巴到地产翘楚万科,从轻巧灵动的创业企业到声名赫赫的传统企业都在研究股权机制。

我们所说的股权机制,其实就是合伙人机制,这也是企业管理和治理的基本制度。其特点就是突破了传统的管理思维,从雇佣与被雇佣的劳资关系转变为共同创业的合伙关系,风险共担、利益共享,让一群志同道合的人,为了实现一个共同的目标而努力。一个企业要想可持续发展,最关键的要素是人。人是企业的根本,人分为两个层面:一个层面是创业期间的合作伙伴即创始股东;第二个层面是通过招聘引入的人才,如何将非股东人才的能量发挥到极致,就要求企业将员工价值与公司利益捆绑,通过股权方式实现股东利益共享,这就是股权激励机制。

实践证明创业者光有激情和创新是不够的,他需要很好的体系、制度、团队及良好的盈利模式。做大企业,机制设计与盈利模式设计同等重要。好的合伙人制度,需要"人"和"机制"的共同驱动,企业成功的关键也在于有一个非常好的商业模式和人才机制。

本书就是从建立"机制"入手,讲述了合伙人机制的设计、合伙人的选择、股权激励方案、股东协议与公司章程的风险与规避、股东的退出等。让读者更好地了解什么是合伙人机制、合伙机制的形态、合伙人团队的价值、如何使管理团队实现高度利益趋同、将管理者转变为经营者实现价值最大化。并通过分析合伙人企业的案例，总结出合伙人制度的规律，避免股东纠纷的经验，为企业家解开公司股权与公司经营发展之间关系的困惑。书中的结构，通过层层深入，逐层解析的方式，带领读者了解知识资本与货币资本共享剩余价值的意义。

书中还通过案例告诉我们，资本也会高于股权，并有最终话语权，在企业中如何处理股权和表决权、股权与控制权、资本与知本的关系十分重要。在公司治理问题凸起的今天，如何设计出符合法律程序的法人治理结构，完善股权机制，依法依规经营，防范股权风险是十分重要和必要的。本书案例新颖、实战性强，适合企业家、企业中高层管理者、创业者、律师阅读。

我想用“序”的方式告诉广大读者，本书的作者陈辉律师、文婧律师是盈科律师事务所资深律师，他们擅长公司股权设立、公司治理等非诉讼业务，积累了众多实战案例和实践经验。他们还是学者型的律师，多年来，他们追求“闻道、悟道、传道”的专业精神，不断总结、不断宣传，实现了从专注到专业、从专业到专家的发展历程。他们也正是在看到了“事业合伙人正在席卷中国企业界的大好时机，为推动企业抓住这一发展新趋势，助力企业焕发新的生机和活力”而奉献了这本书。

本书共七章35万字，两位律师用丰富的法学理论、传授了股权知识的应用，由浅入深让经营者、管理者、股东都能看得懂、记得牢、易操作。相信这本书一定会为你和你的企业带来启迪，带给你新的思维、新的视野和预防风险的措施。

请翻开本书寻找你的需要吧。

千言万语，是以为序。

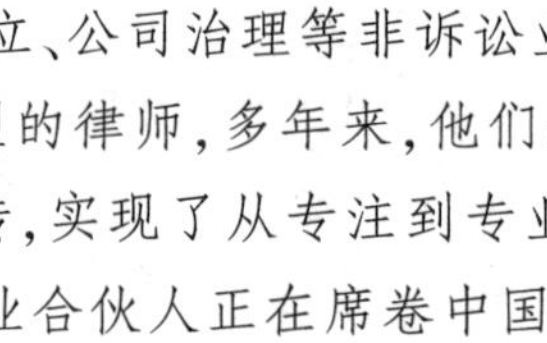

中华全国律师协会女律师协会副会长

盈科律师事务所创始合伙人

2021年10月28日于水岸会所

前　言

众所周知,股权架构设计是为了明确合伙人在企业当中的收益、责任和权利,所以股权架构的重要性可见一斑。

想必“真功夫”的案例各位都略有耳闻,由于股权平分导致的股东内部股权纷争,最终以创始人蔡达标牢狱之灾画上句号。在公司创办的过程中,由于股权分配不合理等原因,引发股东之间矛盾冲突和诉讼纠纷的不胜枚举,虽然我国《公司法》指导性地进行规范,但始终不能解决公司的个性化需求。

本书将从公司股东结构、股权结构、股权激励出发,与公司经营管理相结合,结合实操案例,为各位企业家解开公司股权与公司经营发展之间关系的困惑,同时也希望能给律师同行从事股权非诉案件服务提供一些启发。

欢迎广大读者对本书进行批评指正!

目录

第一章　股东结构和顶层股权结构的确定

第二章　股东合作协议与公司章程

第三章　如何避免和解决股东矛盾

第四章　如何设计公司控制权

第一章　股东结构和顶层股权结构的确定

第一节　股东结构设计

一、合理的股东结构

我们都知道，有限公司兼具“人合性”与“资合性”两种特征，但人合性特征更为明显，有限公司的人合属性表现在公司创立之初，创始股东是基于信任而集合在一起，通常是家族成员、同学、战友、朋友等在一起创立公司，由于创始人之间的关系较为紧密，所以公司成立时创始人对合作伙伴的选择比较随意，这样创立的公司大多以失败告终，为了保持公司的长期稳健发展，如何选择合作伙伴（也称“合伙人”或“创始股东”）是创始人的一项难题。

什么样的人适合一起创业？笔者认为，创业之初选择合作伙伴必须看三点：（1）价值观要基本一致，至少能够互相包容；（2）对未来事业发展的方向和目标的期许高度认同；（3）为公司发展各自贡献的生产要素资源要互补。而大部分创业公司散伙分家的原因，要么是创始人价值观不一致或互不认同而产生严重分歧，要么是某位创始人的生产要素资源对公司发展未带来与其所持股份对等的价值而被迫出局。股东的个人理念、相互信任程度和对公司发展的贡献程度，决定了其股权的持续进入和退出，甚至公司的未来。

（一）创立公司创始人应该首先考虑什么？

首先，我们来感受一下这位创始人是如何寻找合作伙伴的？这是我们日常创业中常见的案例：

有这样一个创始人，手中有一个项目，空有凌云之志，而不成大器，因为缺钱，正在寻找投资者。一天，四位好朋友在喝茶聊天，谈谈人生，谈谈理想，创始人向大家介绍自己的这个项目，然后问大家能不能一起干？

在一起喝茶的这几个人之中，有的是经营企业的老板，手中有比较多的闲钱，但缺乏投资途径，有的处在半失业状态，也想找点事干，创始人详细介绍项目，大家认为这个项目比较有前途，都觉得可以做，又都是老朋友，非常信任这位创始人，有了共同创业的基础。

此时大家的心态是，其中两个老板认为自己不差钱，项目也不错，可以投资试试，亏了也无所谓，而且觉得这个项目赚钱的可能性比较大，而这个半失业状态的人（以下简称 A 股东），本来也没事做，觉得自己投资也不多还可以当老板，能改变自己无所事事的状态，也可以试试，于是大家一拍即合。

朋友之间，为了不伤和气，商定股权比例平分，至于合作协议和公司章程，大家认为最重要的是先把公司成立运作起来，用公司登记机关的格式模板就可以，于是，公司诞生了。

两个不差钱的老板对创始人和 A 股东说，公司由你俩全权负责，好好干，然后继续忙自己的事业去了，对公司经营发展基本不闻不问，只是在开股东会时回来一下。

创始人和 A 股东共同经营管理公司，一开始二人都干劲十足，相安无事，一段时间之后开始闹不愉快了，创始人认为 A 股东在工作中不求上进，作风散漫，自己制定的工作方案不去执行，导致和自己步调不一致，感到 A 股东不能帮上自己，达不到公司的发展需求，自己非常累，任何事都要亲力亲为，每天都在忙碌中度过，因公司一直打不开局面，自己也没有收到一分钱工资。

再三犹豫之后，找到两个不差钱的老板商量，要求大家写个合作协议，约定各方的权利义务，实际的目的是想通过签订协议的方式，让大家更好地支持自己，几个股东看到公司的现状，都表示同意，于是找来专业人士重新起草合作协议和公司章程。这时候想签订合作协议谈何容易，由于公司经营管理不顺畅，各股东之间有不愉快的事情发生，合作协议订立的分歧点多，难度很大，但经过各方不停地协调和妥协，再协调，再妥协，最后终于把合作协议签订了。但在随后的执行过程中，股东各自的想法变得更多，配合更加不顺畅，公司经营发展仍然不见明显好转，随着创始人和 A 股东在工作中摩擦进一步增多，创始人感觉更累。

年终岁尾，两位不差钱的投资者，开始行使股东权利进行查账，看完账之后，由于公司没有盈利，公开指责创始人，这个问题没处理好，那个钱不应该花！最终，创始人不堪压力，决定不再继续经营一手创办的公司，关门歇业。公司歇业之后，又面临着解散和清算问题，几个股东还是很怀念往日感情，谈好条件，偿还公司债务,分了剩余财产,把公司注销之后各奔东西,这个结局还算好的。如果大家比较计较,可能又要通过向法院提起公司强制解散诉讼的方式来解散和清算公司,这样大家从此真的就从朋友变成陌路人了。

大多数的创业公司经营失败,剧情基本都是这样发展的,那给我们后来人什么启示呢?能够吸取什么教训呢?我觉得有如下几点值得我们思考:

第一,创立公司,必须找好朋友作为合作伙伴吗?

第二,创立公司,应该找什么样的合作伙伴?

第三,创立公司,股权应如何分配?

(二)创立公司,必须找好朋友作为合作伙伴吗?

创立公司,是否必须找好朋友作为合作伙伴这个问题比较好讲,首先,我们要明确成立公司的目的是什么?做事的目的决定你走多快,走多远,目的不对,再努力,再拼命也无济于事。创立公司的目的一是实现人生理想,二是赚钱,三是有荣誉感和自豪感,没有一个目的是随随便便获得的,都是要通过激烈的竞争、不断的磨砺、和竞争对手真刀真枪地搏杀。所以从根本上讲,创立公司需要每一位合作伙伴在公司经营管理过程中全身心的付出,这就是一种商务合作行为,管理这种合作行为的规范是《公司法》和制定的符合即将成立公司实际情况的全新的游戏规则。选择合作伙伴是非常理性的选择,与原来是不是亲兄弟、好同学、好朋友没有必然的因果关系,在生活中建立起良好的友谊,不一定适用于处理在共同创业中因合作产生的问题,有时,生活中的友谊反而成为处理共同创业中问题的障碍。

在创业过程中对于公司的经营管理,是一件非常复杂的事情,涉及公司内部和外部的方方面面,每个人都会有自己的看法,有时对同一件事情每个合作伙伴的观点也会不一致,相熟的好朋友反而容易伤感情。所以选择合作伙伴要对事不对人,不一定好朋友才一起创业开公司,下班后,可以不和合作伙伴饮酒娱乐、喝茶聊天,但在做事的时候,要用欣赏信任的眼光和鼓励的态度去看待你的合伙伙伴,比如有位合作伙伴性格很孤僻,说话不近人情,直来直去,但公司遇到困难的时候他就能冲到前面,能为公司解决问题,这就是最好的合作伙伴,因为这样的合作才能够实现大家共同创业的目的。

那么,好朋友就不可以在一起创业成立公司吗?当然也不是,大家必须树立起正确的合作观,如朋友、同学、同事或非常信任的人推荐的朋友,大家在创业之初就对彼此的价值观和性格、能力、资源等方面有较深的了解，创业初期的强执行力往往就来自创始团队的相互熟悉与信任，但一定要明确，和好朋友一起创业开公司，更要先定好游戏规则，股权比例不能随意分配，约定清楚双方的权利义务，更重要的是合作的心态要好，甚至做好赔钱的心理准备。

阿里的创始合伙人马云和蔡崇信的关系具有传奇性，最初二人并非朋友，蔡崇信是在我国台湾地区出生、在美国长大，在美国耶鲁读的博士，学法律的，做过税务律师，1993 年进入私募股权投资行业，担任瑞典投资公司 INVEST AB 的高管、负责亚洲区风险投资业务，年薪 70 万美元，当年是想投资马云去杭州找马云，才互相认识的，见面后二人互相欣赏，马云认同蔡崇信的才华和投资经验，蔡崇信佩服马云的领袖魅力，双方有共同的理想和目标，当年蔡崇信投奔马云，他一个月才拿 500 元的工资，没有宽敞明亮的办公场所，在马云家里办公，当时马云问蔡崇信，为什么要来我这里？蔡崇信说我觉得你这个公司很不错，会有前途，马云对蔡崇信的决定，觉得不可思议。

后来，蔡崇信的太太也来到杭州，对马云说，我先生要加入你的团队，如果我不同意，他会恨我一辈子，再后来马云和蔡崇信反复讨论团队的发展，对未来的目标和定位更加清晰，最终走到一起。

蔡崇信来了之后，帮助马云成立公司，进行股权顶层设计，制定公司治理规则，进行规范化管理，在阿里巴巴极度缺少运营资金的时候，蔡崇信帮助阿里先在高盛融资 500 万美元，后来在软银搞来 2000 万美元，2005 年在雅虎融来 10 亿美元，最终成就今天的阿里商业帝国。

这就是原来不是朋友，也能成为合作伙伴，因为目标一致，理想一致，能够为共同的愿景而奋斗，简单地说，就是能把公司发展的问题处理好就可以在一起干。

（三）创立企业应该找什么样的合作伙伴？

公司创业失败的原因很多，比如不可抗力的发生、国家政策的变化和市场竞争的加剧等客观原因，但笔者认为最重要的是公司的主观原因，比如人才、资金和运营机制等问题，但在所有主观因素中，最关键的因素就是人，因为人是企业的根本。

企业的人才哪里来，有两种途径，一种途径是寻找的合作伙伴，就是股东，也可以称为合伙人；另一种途径就是招聘人才，如果招聘来的人才确实已经为公司的发展作出过重大贡献或者将来可能会为公司作出重大贡献,就应该深度绑定,授予股权,进行股权激励。

1. 股权案例

雷军决定创建小米后,在前半年花了至少 80% 的时间寻找合作伙伴,共找到了 7 位合伙人,平均年龄 42 岁,经验极其丰富且充满创业热情。分别是林斌、周光平、洪峰、黄江吉、黎万强、王川、刘德,他们在创办小米之前每人都带领过超千人的团队,每个人都有超过一般人的经历、技术和人脉,比如林斌,来小米之前在谷歌工作,负责供应链和国际业务;周光平原来在摩托罗拉工作,是摩托罗拉中国区 RND 研发中心的高级总监,负责手机硬件的开发工作;洪峰原来是谷歌的产品经理,在谷歌负责谷歌音乐和谷歌街景地图,在小米负责公司的 MIUI 技术;黄江吉之前在微软中国区担任开发总监,负责小米路由器和云服务业务;黎万强是学工业设计出身,大学毕业进入了金山工作,负责公司金山词霸业务;王川在加入小米之前在一家叫雷石的公司工作,是做卡拉 OK 设备的,现在负责小米电视和小米盒子;刘德也是设计师出身,曾在美国一家著名的设计院留学,回国后在北京科技大学担任工业设计系主任,在小米负责公司的 IT 设计和手机的外观设计,雷军寻找的合作伙伴可以说除了没有负责生产的之外,包括手机产品硬件开发、外观设计、销售、供应链、应用软件开发的所有板块,组合起来就是一个完整的小米手机业务的价值链(除生产环节之外),这是一个超强组合,从一开始就超过大多数竞争对手几个身位。所以 2019 年小米集团全年营业收入达 2058 亿元人民币,超过格力集团的 2005 亿元是有一定道理的。

2. 寻找拥有不同生产要素资源的股东

对于大多数初创公司而言,刚刚成立时,筹集的资金只能用于聘请一般的行辅人员、租赁办公场地、购买办公用品和生产设备,几乎没有多余的资金去聘请高水平的运营管理人才,因为高水平人才的人力成本很高,会大大减少公司现金流,影响公司的正常运营,所以初创公司运营管理人才应该从合作伙伴中产生,合作伙伴既是公司的股东又是公司的员工,拥有双重角色,这就要求创始人在选择合作伙伴时应从公司实际运营需求角度出发,集合能够保证公司正常运作所需的资金、管理、技术、营销等生产要素,因此合作伙伴的组合,即公司的股东组合大多数应为资金型股东、管理型股东、技术型股东、营销型股东。资金型股东负责公司大部分资金的投入,保障公司创立初期运营资金的需求,在实际操作中公司的运营资金除了大部分由资金型股东提供外，其他股东也会投入一部分；管理型股东负责公司战略决策、日常管理和后勤服务，保障公司正常运作；技术型股东负责产品研发、生产和售后服务，保障产品的更新换代和质量安全；营销型股东负责公司营销网络的搭建，保障产品的销售。简单地说，一个初创公司成立之后，几个股东各自能够独当一面，把公司顺利地运转起来。

创始人把大家组织起来创立公司一起创业，就是给大家提供一个成就一番事业的平台，一个尽情表演的舞台，舞台搭好之后，需要有合适的男主角、女主角、男配角、女配角按照一定的规则进行表演，再加上导演、灯光、道具等外部因素进行分工配合，才能演出一出好戏，否则，再好的剧本和舞台，表演者不合适，不按规定套路出牌，这台剧也是不会成功的。

我们创立公司也是同样道理，找到能为公司运营发展提供不同生产要素资源的股东，股东之间互相配合，互相补充，再为公司量身定制一套规则，保障公司的正常运作和顺利发展。

笔者建议尽量在成立公司之前就找到合适的合作伙伴，成立公司后再找合作伙伴，对于股权结构影响比较大。大多情况下，成立公司时股权结构已定，如没有预设股权池和股权动态调整机制，短时间内再引入新的股东会对股权结构产生伤筋动骨的影响。

再谈一谈项目的原创人，也就是创业团队的创始人，俗称“带头大哥”，这个人不一定是全才，但一定是某一方面的专家，还应该是琢磨人的高手，有格局，有威望，能够全身心地投入到公司工作中去。比如华为的创始人任正非老先生，他不精通技术，但他会选人、会用人，华为成长的过程就是任正非选人、用人、激励人的过程。

新创立企业的“带头大哥”一定是能够听到炮声的人，能上前线、能上战场，公司在创业阶段“带头大哥”一定要这样做，这样不但能把握市场脉搏，更能以身作则激励团队。

比如，“带头大哥”是业务型的，他一定要身先士卒跑客户，开拓市场、收取货款；“带头大哥”是技术型的，他一定要走进客户，了解客户需求，研发新产品，提供完善的售后服务；“带头大哥”是资本运营型的，他一定要积极寻找项目，经常参加投融资会议，参与项目谈判，用资本带动产业快速成长。

3. 不同类型的股东结构

以下是笔者根据"带头大哥"为公司提供生产要素资源的不同总结出三种类型的股东架构，供读者参考。

(1)管理型股东为"带头大哥"的股东结构

"带头大哥"是管理型股东，他向公司提供的是运营管理、项目创意、个人信誉等生产要素资源；技术型股东，他提供的是产品研发和生产管理等生产要素资源；营销型股东提供的是销售人脉资源和销售渠道的搭建；资金型股东投入保证公司运作的大部分资金。管理型"带头大哥"和技术型股东在公司中具有不可替代性，持有公司股权比例应处于控股地位，是公司的实际控制人，营销型股东和资金型股东具有可替代性，持有公司股权比例应处于非控股地位。(见表1-1)

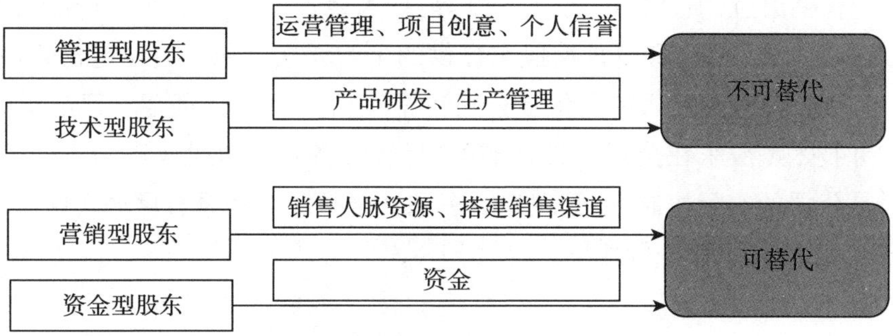

图1-1　管理型股东为"带头大哥"的股东结构

(2)技术型股东为"带头大哥"的股东结构

"带头大哥"是技术型股东，他向公司提供的生产要素资源是产品研发、生产管理、项目创意、个人信誉等；管理型股东，他提供的是公司的运营管理、后勤服务等生产要素资源；营销型股东提供的是营销人脉资源和销售渠道搭建；资金型股东投入保证公司正常运作的大部分资金。技术型"带头大哥"在公司具有不可替代性作用，持有公司股权比例中应处于控股地位，是公司的实际控制人，管理型股东、营销型股东和资金型股东具有可替代性，持有公司股权比例应处于非控股地位。(见图1-2)

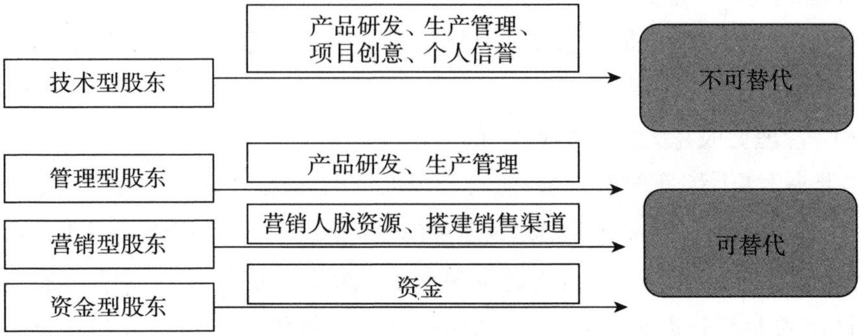

图1-2　技术型股东为“带头大哥”的股东结构

(3)营销型股东为“带头大哥”的股东结构

“带头大哥”是营销型股东,他向公司提供的生产要素资源是营销人脉资源、搭建营销渠道、项目创意、个人信誉等;技术型股东,他提供的是产品研发、生产管理等生产要素资源;管理型股东提供的生产要素资源是公司运营管理和后勤服务;资金型股东投入的是保证公司正常运营的大部分资金。营销型“带头大哥”和技术型股东在公司中具有不可替代性,持有公司股权比例应处于控股地位,是公司的实际控制人,管理型股东和资金型股东是具有可替代性,持有公司股权比例应处于非控股地位。(见图1-3)

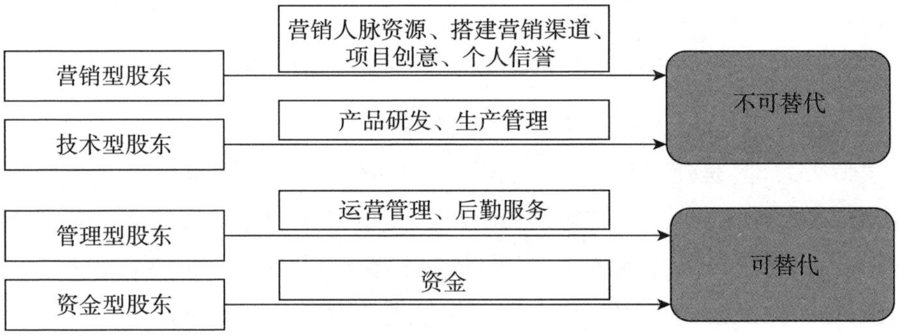

图1-3　营销型股东为“带头大哥”的股东结构

进行股权架构设计,不可替代型的股东持有公司股权比例建议超过67%,处于绝对的控股地位,最少也不能低于51%,有两个以上不可替代型股东应签订《一致行动协议》。

二、公司各个发展阶段的股东结构

公司发展通常经历初创期、快速成长期、发展期、成熟期、衰退期等几个阶段,每个阶段没有固定期限的限制,每个阶段股东的组成也没有一个固定的结构,股东结构的变化是公司发展的需要,也是公司发展过程中的必然选择,否则公司发展就会停滞不前,甚至可能会导致公司经营失败,退出市场竞争。但在笔者看来公司无论发展到哪个阶段,股东结构都具有如下特征:(1)"带头大哥"只有一个;(2)每位股东向公司提供的生产要素资源互为补充;(3)股东之间相互信任,相互依托,背靠背,对工作全身心地投入;(4)股东权责边界相对清晰;(5)有股权结构的动态调整机制。

(一)初创期

有数据显示,中国企业的平均寿命为2.7年,在公司的初创期,公司的目标就是能够活下去,公司的管理流程和制度建设相对弱化,因此要按公司成立后,能够顺利运作起来所需要的生产要素资源寻找合作伙伴,设定股东结构。(见图1-4)

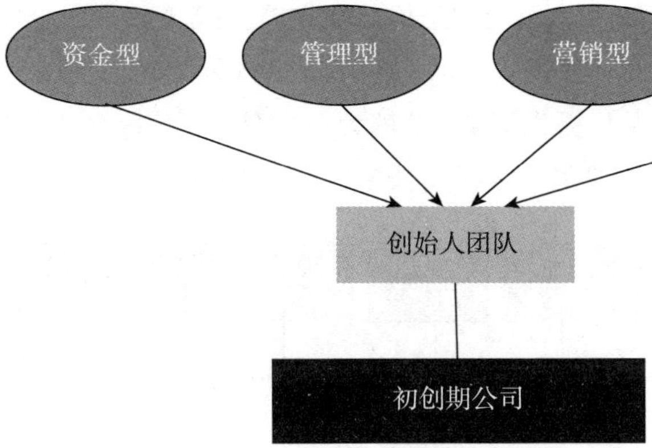

图1-4　初创期股东结构

(二)快速成长期

通过创业期大家共同的打拼,公司终于活了下来,慢慢找到符合自身特征的商业模式、盈利模式,员工也快速增加。企业进入到成长期,此时企业已经有了较好的盈利,员工也看到企业拥有很好的未来,部分员工已经不再满足于只收取公司的劳动报酬,有了参与公司分红的冲动,同时,企业快速发展需要更多生产要素资源的参与,比如更多的资金和人脉资源,通过增发股份换取这些资源是最直接、最有效和最稳定的方式,解决公司实际需求,促进公司进一步快速发展,同时吃水不忘挖井人,要感谢曾经帮助过自己的亲戚朋友。(见图1－5)

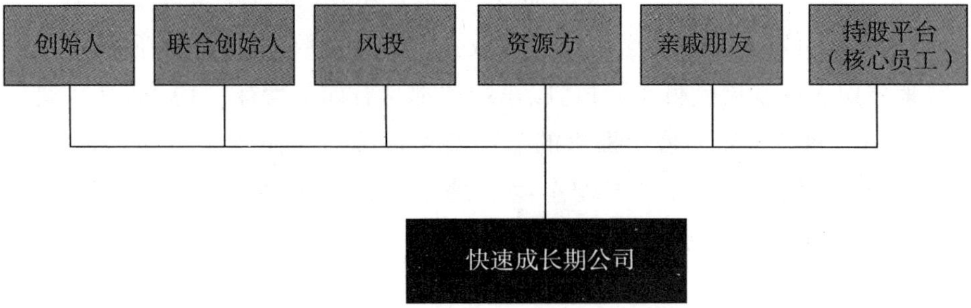

图1－5 快速成长期股东结构

(三)发展期

公司发展进入一个新的阶段,各种资源不断地向公司聚拢,前进一步将成为行业龙头企业,引领行业发展,公司处于不进则退的局面,甚至后退一步可能是危机重重,有生死存亡的危险。公司治理结构基本完善,日常管理基本实现规范化,急需引入机构投资人,由机构投资人从资本的角度规划公司发展,帮助公司引入更高水平更优质的资源并提供资金,以扩大公司规模,提高企业估值。留住、吸引和培养人才是这个阶段另一个重要任务。(见图1－6)

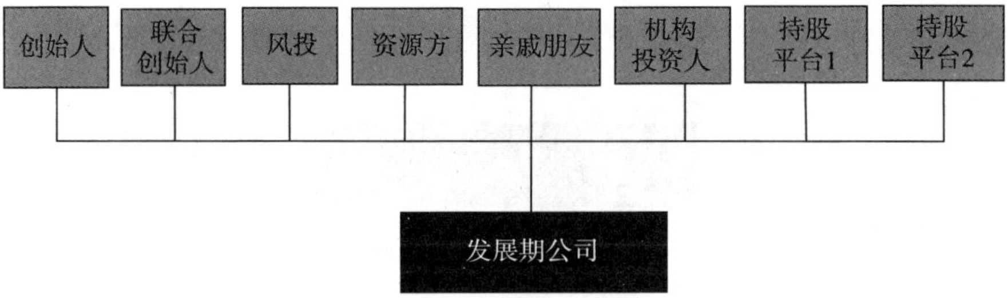

图1－6 发展期股东结构

(四)成熟期

成熟期是指公司基本形成与客户、上下游的利益共同体,抵抗市场风险的能力明显增强，已经具备稳固的行业地位，公司估值在行业中处于前列，公司已经筹划或正在进行新的产业布局。与此同时，在公司发展中做出一定贡献的股东已经没有意愿或者已经没有能力继续为公司发展做出贡献，公司仍然为吸引和培养人才继续努力。（见图1－7）

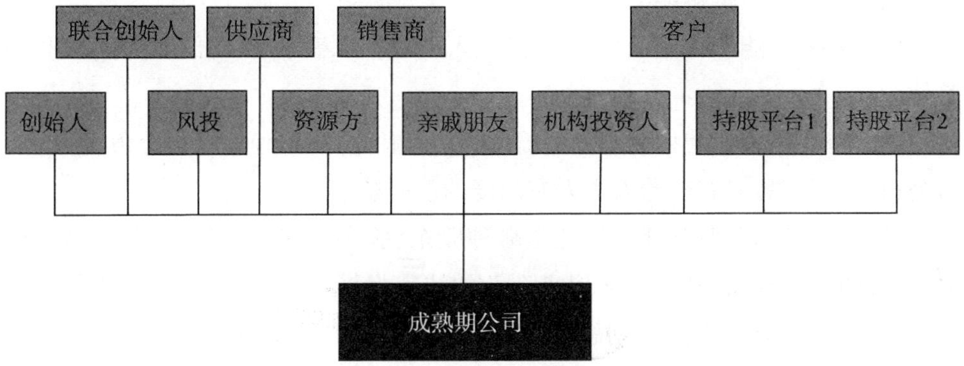

图1－7　成熟期股东结构

（五）公司初创期到公司成熟期的公司股东类型

1. 创始人：项目持有人，最初创业召集人，商业计划书起草者，是创业团队的“带头大哥”。

2. 联合创始人：“带头大哥”最初选择的合作伙伴，也是公司的创始股东，对公司有深厚感情。

3. 高层员工：也可以称为核心员工，为公司发展做出突出贡献的管理团队和技术团队的主要成员，或已经进入公司的决策层，对公司有强烈的归属感，一般通过股权激励取得公司股权。

4. 持股平台：通常以有限合伙企业的形式出现，少部分是有限公司形式，主要用于优秀员工股权激励的持股平台。

5. 亲戚朋友：通常是公司遇到困难的时候，给予力所能及帮助的人。

6. 资源方：在公司发展出现瓶颈时，公司引入的具有特殊的人脉、渠道、品牌等生产要素资源的持有人，为公司在某个阶段的成长取得事半功倍效果做出过特殊贡献。

7. 风投：风险投资人在公司初创阶段，对公司进行早期投资，主要是民间投资，是公司初创阶段主要融资方式。

8. 机构投资人：具有投资资金量大、收集和分析信息能力强等特点，当公司发展到一定阶段才进入，能够帮助进一步规范企业，引入更高水平更优质的资源并提供资金，迅速扩大公司规模，适时退出，追求稳健的投资回报。

9. 供应商：形成纵向联合，整合资源，降低采购成本，形成长期的战略合作，共同加强市场风险抵御能力。

10. 销售商：能够稳定公司的销售收入，捆绑销售商，形成长期共同的利益整体。

11. 客户：指长期使用公司产品，能够稳定销量，在品牌知名度上互相加持，对公司、公司产品或者创始人本人有高度的认同感。

不论公司发展到哪个阶段，还是哪种股东，股东之间都要思想同频、目标同频、意志同频和成长同频，才能促进企业的快速发展。反之，股东之间必然是矛盾重重，经常伴有股东退出问题，股东知情权诉讼等问题，导致公司经营业绩迅速下滑，甚至有关门歇业和公司解散的风险。但我们要认识到，公司要持续发展，就是由股东按预设规则不断进入和退出，不断进行更新和变化的过程，这是正常现象。

三、多种股东类型的必要性

（一）有利于集合各种生产要素资源加快公司发展

公司设立初期，多数是只有创意和想法，而无资金、无员工、无产品，如何才能快速吸引到资金和人才呢？这是摆在创始人面前的第一道难题，利用股权融资和融人是最直接和有效的办法，找到支持创业的投资人，找到一批具有创业梦想、志同道合的能人，其中，有的以个人名义成为股东，有的以有限合伙企业的名义成为股东，有的以有限公司的名义成为股东，为公司发展提供各种生产要素资源，加速公司的发展壮大，公司的发展过程就是股东和股东类型不断变化的过程。

（二）防火墙功能

公司发展过程中需要不断引入新的生产要素，比如资金、技术、人脉和品牌等，而这些生产要素资源的持有人看中的是投资回报，对于成长性比较好，投资回报率比较高的企业，优质生产要素资源会向这样的企业集中，但这些新投资人，为保护自己的投资安全，本能地要求强化对实体公司的经营管理进行干涉。创始人为了集中精力运营实体公司，减少新股东对实体公司经营管理的直接质疑，不允许新投资人直接持有实体公司的股权，而是通过新成立一家公司或有限合伙企业间接持有实体公司的股权。同样对员工进行股权激励时，也让员工先持有有限合伙企业的份额，间接持有实体公司的股权，这样的股权顶层设计使新股东或员工行使权利不能直接及于实体公司，使创始人运营实体公司有更多的回旋余地，这在一定程度上，用新成立的公司或有限合伙企业在新股东或员工与实体公司之间形成了一道防火墙，实体公司的股东数量也会相对比较少，有利于创始人减少干扰，集中精力谋求公司发展(见图1－8、图1－9)。

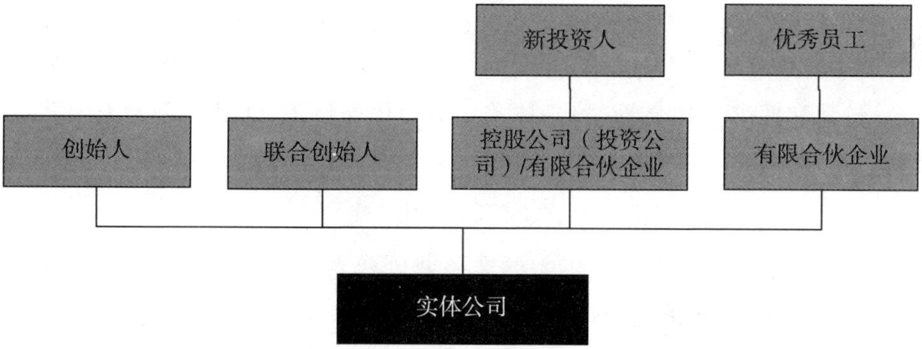

图1－8 股东类型

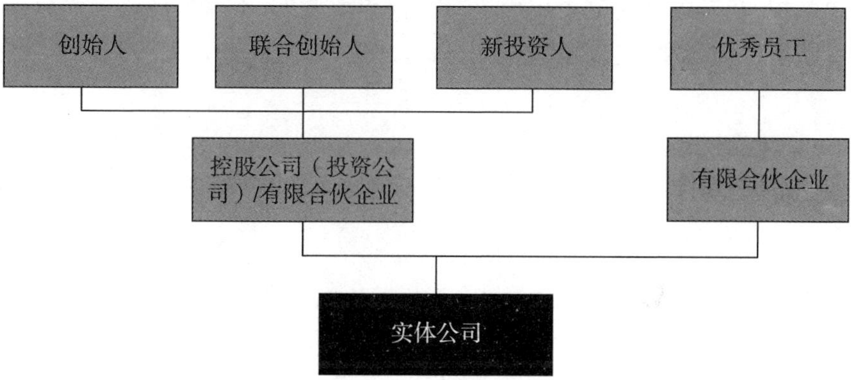

图1－9 股东类型

（三）强化对公司的控制权

实体公司为了发展壮大，不断引入新的资源，新股东的加入稀释原股东的持股比例，会降低原股东的持股数额，如果创始人持股比例低于67%或51%，其对实体公司的运营管理和经营战略的决策权会产生重大不利影响，如何让创始人对实体公司保持控制权呢？就需要对实体公司股东结构进行多样化设计，比如，让新股东通过新设立的有限公司或有限合伙企业间接持有实体公司的股权，创始人通过拥有新设有限公司的控制权或作为有限合伙企业的执行事务合伙人（GP），继续拥有对实体公司的控制权。

（四）有利于对员工实施股权激励

公司能够快速发展，人才是决定性因素，股权激励是留住人才、培养人才和吸引人才的最重要方式，公司一般通过设立有限公司和有限合伙企业作为持股平台，激励和捆绑公司高管、核心技术人员等优秀员工，使其与创始人团队成为利益共同体。

（五）有利于在财富传承过程中保持公司稳定

随着20世纪五六十年代出生的老一辈创业者年龄逐渐增大，20世纪七八十年代出生的新一代进入当打之年，中国已经进入企业管理者接班和财富传承的高峰期，而公司股权是老一辈企业家拥有的最重要资产，如果在实体公司这一层面进行股权传承变更可能会引起公司经营管理的震动，设立有限公司持有实体公司股权，在有限公司这个层面进行股权传承变更，不仅保证公司股权平稳顺利传承给下一代接班人，而且也保证公司经营管理持续稳定。

第二节　顶层股权结构设计

现实中,在公司初创阶段,创始股东之间股权分配问题向来是创始人和联合创始人必须过的心理情感关!合作伙伴之间是否在一起合作比较容易谈妥,但谈到股权分配时,特别是谈到谁占多少股权比例时,都比较难为情,谁都不好意思主动提出。我们创立企业的目的是赚取利润,将来每位股东都会有丰盈的收入,这是每位股东为公司努力打拼的终极动力所在,而股东获得利润收入多少最终体现在持有公司股权比例上,所以股权分配比例就是涉及股东利益的根本问题,股权比例的确定要用发展动态的眼光去看,学会理性决定,股权比例分配不能随意性太强,情绪性地拍脑袋决定,应先请有公信力的第三方根据拟创立公司的实际情况,公平、公正、公开预设股权分配的测算规则,然后再根据在公司初创阶段每位股东持有生产要素资源的重要性以及对公司发展贡献大小的可能程度,测算每位股东的持股比例。

一、股权结构设计

笔者结合多年的实操经验,总结出两种较为完善的股权结构设计方法,供大家参考。

(一)股权结构设计方法一

我国《公司法》第 34 条规定,“股东按照实缴的出资比例分取红利;公司新增资本时,股东有权优先按照实缴的出资比例认缴出资。但是,全体股东约定不按照出资比例分取红利或者不按照出资比例优先认缴出资的除外”。第 42 条规定,“股东会会议由股东按照出资比例行使表决权;但是,公司章程另有规定的除外”。我国的《公司法》属私法,遵循股东意思自治原则,股东可以通过公司章程自行约定表决权比例不等于出资比例,分红比例不等于出资比例。至于,出资比例与股权比例的关系,《公司法》也未强制规定,股东可通过公司章程自行约定。在公司登记机关注册登记的公司,99%的有限公司在成立时,以出资比例作为股权比例、表决权比例和分红权比例分配的唯一标准,而且每位股东持有四者的比例都是相等的。

案例:下面以甲、乙、丙、丁四位出资者共同设立有限公司为例,出资100万元,通常情况下以出资比例为标准,股权比例、表决权比例和分红权比例分配见表1－1:

表1－1　股权比例、表决权比例和分红权比例分配情况

股东	出资额(万元)	股权比例(%)	分红比例(%)	表决权比例(%)
甲:财务投资者	50	50	50	50
乙:投资＋CEO	30	30	30	30
丙:投资＋营销	10	10	10	10
丁:投资＋专利技术	10	10	10	10
合计	100	100	100	100

从表1－1可以看出,这个案例中股权比例、表决权比例和分红权比例是完全等于出资比例的,这是认识的误区,公司设立甚至运营过程中,大部分人认为能够让公司正常运作的生产要素资源只有股东出资。但实际上,只有资金,没有管理、技术和营销渠道公司运营仍然不能正常进行,所以公司的管理、技术和营销渠道与资金一样是公司法人正常生产活动不可或缺的生产要素,在股东认缴出资制度下和融资渠道多样化的今天,股东出资的作用越来越弱化,如果我们能够认识到股东出资只是公司正常运作的生产要素之一,那么在分配股东股权比例、表决权比例和分红权比例时就应该参考公司成立和运营的其他生产要素而不是只参照出资比例,难点在于如何参考,如何衡量其他生产要素对公司的贡献值,这种贡献值在股权比例、表决权比例和分红权比例中各体现多少,这是需要笔者帮助各位企业家和创业者解决的问题。

除表1－1介绍的公司创立四个生产要素之外,进一步细化假设还包括创立召集人、草拟商业计划书、全职工作、信誉最高四个生产要素,一共有八个生产要素,那么我们在计算股权分配、表决权比例和分红权比例时,就应该全部考虑进去。

股权结构设计就是股东持股比例分配设计,根据公司所在行业、产品市场定位、产品研发难度和竞争对手情况设定股权比例分配的计算规则,基本步骤:第一步,区分生产要素的重要性,由四位合作伙伴共同协商,对前述八种生产要素对公司设立和初期运营的重要性进行区分,区分的主要标准是对合作伙伴提供该种生产要素的工作可替代性的程度如何(以具体情况具体分析为原则),从可替代性由弱到强分为非常重要、比较重要、一般重要。第二步,确定赋权数额,这一步直接固定下来,非常重要的生产要素赋权 250,比较重要的生产要素赋权 50,一般重要的生产要素赋权 10。第三步,计算股东的持股比例,列出每位合作伙伴能够提供的主要生产要素和赋权数额,计算每位合作伙伴赋权数额总和,再合并计算所有合作伙伴赋权数额总和,前者除以后者再乘以 100%,就得出每位投资者的持股比例。

我们看案例:

甲出资 50 万元,出资最多,在公司创立初期运营资金这项要素非常重要,有资金才能购买生产和办公设备,租赁生产和办公场所,因此对甲提供的本项生产要素赋权 250。

乙是"带头大哥",出资 30 万元,虽然不是出资最多,但对公司提供运营资金的贡献也是比较大的,比较重要赋权 50;乙还是公司创立召集人,能够集合几位合作伙伴走到一起成立创业团队,并草拟商业计划书,提供给四位合作伙伴讨论项目的可行性,做出决策,因这两项生产要素的工作可替代性比较强,为一般重要赋权 10;乙全职在公司工作,股东为有限公司提供具有特定生产关系的劳动,具有一定的人身依附性,可替代性比较弱,所以赋权 50;公司创立初期,"带头大哥"对公司正常运营至关重要,他的人脉和信誉就是公司的人脉和信誉,对公司运营具有不可替代性,所以赋权 250;CEO 是公司的操盘手,调动公司各种生产要素有序协调统一开展生产经营,在公司遇到困难时,是合作伙伴和全体员工的精神支柱,带领大家共同努力渡过难关,在公司创立初期起着不可替代的作用,所以作为 CEO 也要赋权 250。

丙投资 10 万元,属于一般重要生产要素赋权 10,他是全职,并且为公司提供搭建营销渠道的生产要素,其具有一定的可替代性,属于比较重要的生产要素,所以两项各赋权 50。

丁出资 10 万元,在公司全职工作,他提供专利技术的生产要素,是公司生产制造产品不可替代的资源,所以分别赋权 10、50、250。

根据上述步骤列出每位合作伙伴提供的生产要素和赋权数额,见表 1-2。

表1-2 生产要素和赋权数额

股东	创立召集人	草拟商业计划书	专利技术	出资最多	全职工作	信誉最高	CEO	渠道
甲:投资者				250				
乙:投资+CEO	10	10		50	50	250	250	
丙:投资+营销				10	50			50
丁:投资+专利技术			250	10	50			

甲提供的生产要素:出资,赋权数额:250;甲的持股比例计算公式:250/(250+620+110+310)×100%=19.38%

乙提供的生产要素:创立召集人、草拟商业计划书、出资、全职工作、信誉、CEO,赋权数额:10+10+50+50+250+250=620;乙的持股比例计算公式:620/(250+620+110+310)×100%=48.06%

丙提供的生产要素:出资、全职工作、营销,赋权数额:10+50+50=110;丙的持股比例计算公式:110/(250+620+110+310)×100%=8.53%

丁提供的生产要素:专利技术、出资、全职工作,赋权数额:250+10+50=310;丁的持股比例计算公式:310/(250+620+110+310)×100%=24.03%

整理最终汇总见表1-3:

表1-3 股权比例汇总

股东	出资额(万元)	股权比例(%)	分红比例(%)	表决权比例(%)
甲:资金型股东	50	19.38	19.38	19.38
乙:管理型股东	30	48.06	48.06	48.06
丙:营销型股东	10	8.53	8.53	8.53
丁:技术型股东	10	24.03	24.03	24.03
合计	100	100	100	100

该案例是根据每位合作伙伴能为公司提供的生产要素重要性计算出持股比例,假设表决权比例和分红权比例等同于持股比例,在实践中很难有三者相同的情况出现,比如,乙需要对公司具有控制权,掌握公司发展的方向,有渴望实现人生梦想的情怀,而甲作为纯财务投资者,只看重每年的分红有多少,此时,甲可以让渡一部分比例的表决权给乙,乙用一定比例的分红权进行置换,这些都是股权

结构设计中常见的操作手法。

该案例共选取八个生产要素维度，选取的生产要素维度越多，计算得出的股权比例更接近于每位合作伙伴的贡献度，但在实践中，合作伙伴经过协商通常选取四至五个维度进行持股比例计算。

（二）股权设计方法二

设计思路：第一步，确定创立公司和公司运营初期的生产要素，比如合作伙伴共四人，确定的主要生产要素为资金、运营管理、生产技术和营销渠道。第二步，根据各生产要素在公司创立和运营初期的重要性，确定某一生产要素各合作伙伴应持有的总股权比例为多少，比如，四人经过协商，资金生产要素总股权比例为40%；运营管理生产要素总股权比例为30%；生产技术生产要素总股权比例为20%；营销渠道生产要素总股权比例为10%。第三步，根据各合作伙伴的出资数额和提供的生产要素计算个人的持股比例。

例如，公司注册资本100万元，甲只提供资金50万元，乙负责运营管理并出资30万元，丙负责营销渠道的建设并出资10万元，丁负责生产技术并出资10万元（见图1－10），再根据各股东出资数额和提供的生产要素计算个人的持股比例：

甲持股比例为50/100×40%＝20%；

乙持股比例为30/100×40%＋30%＝42%；

丙持股比例为10/100×40%＋10%＝14%；

丁持股比例为10/100×40%＋20%＝24%。

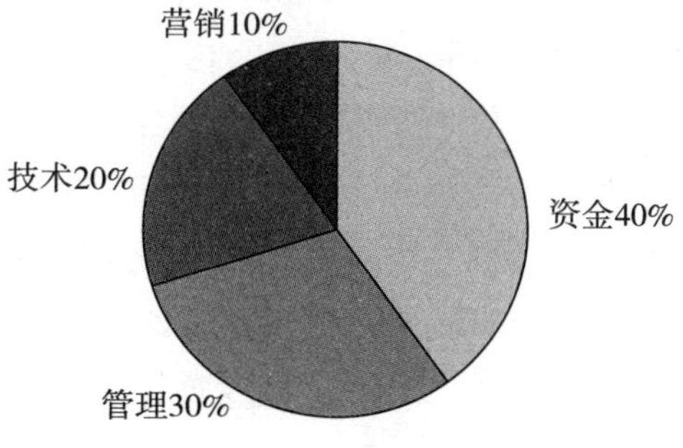

图1－10 按生产要素计算持股比例

在公司创立时应设定运营管理、生产技术和营销渠道三个生产要素的股权比例为限制性股份，直接与公司每年经营业绩和提供该要素个人的业绩挂钩，分期解除限制，达不到业绩标准，不予解除，若3年连续达不到业绩标准，公司设立股权池，该部分股权划入股权池，用于引入新的人才。

以上是笔者为各位企业家和创业者提供两种股权架构设计方法，古人云，"天下熙熙，皆为利来；天下攘攘，皆为利往"，股东结构设计就是为企业找到适合的人，股权结构设计，就是给合适的人分好权和利，让股东的持股数额正确反映其对企业的贡献。创立公司运营不到3年就关门歇业的根本原因在于股东结构不合理、股权架构不合理，没有制定符合公司实际情况的治理和运营规则，很多人把创业失败的原因归结为市场竞争或政府行为，再残酷的市场竞争下都存在规模逐年扩大和利润逐年升高的企业，影响企业成败的因素永远内因大于外因，内因才是决定因素。

通过合理的股东结构和股权结构，把适于公司运营发展的人集合在一起，制定合理的规则，发挥每位合作的优势，促进企业健康、快速发展，各位企业家和创业者不能让公司输在起跑线上！

二、股权经典案例

如果股东的持股数额与股东的贡献值不成比例，会导致股东心理失衡，不能全身心地投入工作，甚至提出分割公司或另外成立有同业竞争的公司，为企业和创始人留下不可预测的风险。

著名的雷士照明案中，雷士照明创始人吴长江出于哥们义气，随意决定其他创始人的持股比例，为公司和自己埋下隐患，最终导致2016年12月21日以挪用资金罪、职务侵占罪被判处有期徒刑14年。这两个罪名是中国企业家在经营企业中最容易涉嫌的罪名，在公司创业初期，企业家单纯地追求企业的发展，没有考虑自己有些经营企业的行为是否合法合规，有时把公司财产装在自己口袋供本人使用或把自己的财产拿到公司使用，不按财务制度办理任何手续，公司股权属于股东，入账的财产属于公司，股东也不能随意使用，两者应予以严格区分，企业家在经营企业过程中一不小心就会涉嫌这两个罪名，下面我详细介绍这两种罪。

根据《刑法》第271条第1款规定，职务侵占罪是公司、企业或者其他单位的人员，利用职务上的便利，将本单位财物非法占为己有，数额较大的行为。数额较大的,处5年以下有期徒刑或者拘役;数额巨大的,处5年以上有期徒刑,可以并处没收财产。最高人民检察院、公安部《关于公安机关管辖的刑事案件立案追诉标准的规定(二)》第84条规定,公司、企业或者其他单位的人员,利用职务上的便利,将本单位财物非法占为己有数额在5000元至1万元以上的,应予立案追诉。

根据《刑法》第272条第1款规定,挪用资金罪,是指公司、企业或者其他单位的工作人员利用职务上的便利,挪用本单位资金归个人使用或者借贷给他人,数额较大、超过3个月未还的,或者虽未超过3个月,但数额较大、进行营利活动的,或者进行非法活动的行为。

对于挪用资金罪的量刑是这样规定的:超过3个月未还或进行营利活动,数额在3万元以上不满5万元的,为拘役刑;数额为5万元的,为有期徒刑6个月,每增加犯罪数额1万元,刑期增加1个月。挪用资金进行非法活动,数额在1.5万元以上不满2万元的,为拘役刑;数额为2万元的,为有期徒刑6个月,每增加犯罪数额3500元,刑期增加1个月。挪用资金30万元或挪用资金3万元未退还的,为有期徒刑3年,每增加挪用资金数额8500元或未退还数额每增加4500元,刑期增加1个月。挪用资金10万元进行非法活动的或挪用资金1.5万元进行非法活动且未退还的,为有期徒刑3年,每增加挪用资金数额5000元或未退还数额每增加2000元,刑期增加1个月。

那么雷士照明的创始人吴长江——当年中国照明界的风云人物为什么涉嫌这两个罪名而判刑入狱的呢?

1998年年底,吴长江从原来的公司辞职,也积累了一定的财富,准备大干一场,电话约来两位老同学胡永宏、杜刚在一起商议,共同出资100万元在广东惠州创立雷士照明,两位老同学欣然同意,吴长江为了展现自己的气度,共同创业的决心,并能体现三位创始人在行使公司权利上能够互相制约,吴长江主持对股权进行分配,他出资45万元,占45%股权,两位同学各出资27.5万元,各占27.5%股权,共持有55%股权。这个股权比例的分配完全是哥们义气的体现,没有充分考虑公司治理的合理性,至于吴长江为什么主动分配自己占45%股权呢?从公司控制权的角度看,唯一能给他一个理由就是超过34%,对于修改公司章程,增加和减少注册资本,以及公司合并、分立、解散或变更公司经营形式的决议具有否决权,找不出其他理由,而持有45%的股权比例和持有34%股权比例的效果是一样的，为何是45%的比例而不是34%的比例呢？只能说明当时吴长江既想当“带头大哥”，又要体现公平，所以拍脑袋决定这个股权结构。

在雷士照明刚创立时，创始人吴长江是最有钱的，也是人脉最广和最有决心干一番事业的，他的主动权非常大，股权比例完全可以分配到67%以上，而这个45%、27.5%、27.5%的股权比例为雷士照明后来股东矛盾、控制权之争埋下祸根。

雷士照明创业初期，三位创始人齐心协力共同为公司发展而奋斗，在吴长江的实际操控下，公司越做越大，盈利也越来越高，2002年，三股东对于如何使用未分配利润出现分歧，吴长江主张转增资本，用于公司扩大再生产，继续做大公司，而其他两个合作伙伴则希望进行分红，直接分给个人，最后没有达成一致意见，从此三人埋下矛盾的种子。2005年，吴长江准备在各省原有比较大经销商的基础上设立省级运营中心，这件事情更导致另外两个股东的不满，矛盾公开化。根据公司章程的规定，另外两个股东和吴长江召开临时股东会，两个股东向吴长江支付8000万元现金，要求其退出公司，吴长江也很爽快同意退出，就在吴长江同意退出后的第三天，雷士照明的供应商、经销商和公司的中高层干部举手表决要求吴长江留下，另外两个股东拿8000万元走人，虽然这一波操作找不到法律依据，但现实中在雷士照明发生了，为了避免出现公司僵局，吴长江向两个股东支付8000万元，收购了55%股权。由于股东矛盾，公司生产和销售受到严重影响，导致公司的现金流不足，在个人和公司现金流不足的双重压力下，对于吴长江来讲他只有股权这张王牌，进行股权融资，稀释股权引入新股东。引入新股东的过程伴随着与新股东对公司控制权的争夺，最后新股东取得胜利，取得公司控制权，把雷士照明在吴长江控制期间的财务进行重新审计，发现吴长江侵占公司财物、挪用公司资金，这是吴长江被判入狱的全部过程。这个过程概述就是：(1)设立公司，随意分配股权；(2)产生股东矛盾；(3)高额收购股权；(4)现金流不足，进行股权融资；(5)引入新股东；(6)引发控制权之争；(7)失去控制权；(8)新股东财务审计；(9)涉嫌职务侵占、挪用资金；(10)被判入狱。从上述过程，我们可以看到这种结果的最根本症结就是公司股权分配太随意，没有体现股东对公司的贡献值。

因此股权分配不能随意，应先请第三方预设股权测算规则，然后根据在公司创设阶段每个股东对企业的贡献大小和可提供的资源多少，来测算股权比例。再制定初创期、快速成长期、发展期、成熟期的战略目标，根据企业发展需要、行业整体发展情况和市场走势,设定下一个阶段公司发展需要引入的资源,充实企业的资本结构、股东结构、管理结构以及外部资源结构。另外,根据股东不同阶段对企业贡献的变化还应动态调整每位股东的持股比例,为企业发展持续提供动力,所以每个阶段股东结构和股权结构都处于不断变化之中,企业的实际控制人要预设性地调整股东结构和股权结构的规则,利用股权引入公司需要的资源和人才,为公司继续快速发展铺好路。

三、股东入股途径

一般股东入股的途径主要分为原始出资、股权转让以及增资三种方式,见图1-11。

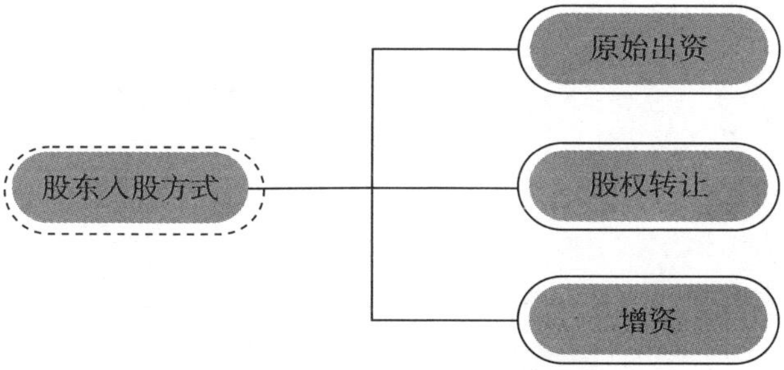

图1-11 股东入股方式

1. 原始出资:有限责任公司在创立时,股东用货币出资,也可以用实物、知识产权、土地使用权等可以用货币估价并能够依法转让的非货币财产作价出资,并在公司登记机关登记为公司股东,公司成立后,应当向股东签发出资证明书。

2. 股权转让:有限责任公司股东向股东以外的人转让其全部或者部分股权,使股东以外的人成为公司新股东,如果向新股东转让全部股权,公司应当注销原股东的出资证明书,向新股东签发出资证明书,并相应修改公司章程和股东名册中有关股东及其出资额的记载。

3. 增资:邀请新股东向公司出资,公司发展需要吸收新的资源加入,增加注册资本,增加的部分由新股东出资,重新计算出资比例,并向新股东签发出资证明书,修改公司章程和股东名册中有关股东及其出资额的记载。

但要注意:邀请新股东向公司出资时,应先对公司重新估值,新股东投入多少资金按比例计算即可,比如估值6000万元,引入新股东出资2000万元,新股东的出资比例是 2000/(2000 + 6000) × 100% = 25%，但公司原注册资本只有 500 万元，现估值 6000 万元，引入新股东 2000 万元的出资，这 2000 万元是不能全部计入注册资本的，其中计入注册资本只有 167 万元，在公司登记机关进行注册资本的变更登记，其余的 1833 万元转为公司的资本公积金。

第二章　股东合作协议与公司章程

第一节　股东合作协议

一、为什么要签订股东合作协议

签订合作协议就是股东之间订立权利和利益分配规则，如果不签订合作协议，股东之间产生分歧没有解决规则可循，分歧逐渐积累就会出现矛盾公开化，最后导致公司解散清算。公司创立初期，股东都有为公司全身心奋斗的决心，碍于情面，没有对利益分配进行约定或约定不清楚，公司发展过程中如果股东的贡献和收入长期不成正比，股东就会心理失衡，久而久之产生隔阂。股东在公司利益分配方面主要体现在两点，一是在分红上，二是在工资和绩效奖励上，所以事先都要在合作协议中做明确约定。

在利益面前人性的弱点通常会发挥得淋漓尽致，所以国家才制定法律调整和规范人的行为，让人知道自己的行为边界在哪里，遵守社会公德，维护公平正义，公司也是同样道理，也要制定规则，规范股东和员工的日常生产经营行为，用规则守住人的道德底线，才能让企业走得更快、更稳、更远。

拟订股东合作协议就是建立在人是极端利己主义者这个假设基础上的，所以合作伙伴在一起创业成立公司就要尊重人性，每位合作伙伴能为公司做多少贡献，就应该拥有多少股权，得到多少分红；适合什么职位就赋予他多大权力；约定他能在公司经营中做出多大贡献，就应该得到多少工资和奖励。

特别是好朋友和好同学合作设立公司，同样也会面临各种困难，很多问题难以预测，经营过程中每位股东都承受巨大压力，更要先立好规矩，丑话说在前头，否则，好朋友都很难持续下去，股东合作协议就是解决股东对公司生产运营产生不同意见的前瞻性约定。

二、股东合作协议基本内容

股东之间签订的合作协议不仅包括合作股东的具体情况，公司设立的基本要素和经营范围,公司的注册资本、出资比例和持股比例,股权的转让、质押、继承和退出机制,公司治理,公司利润分配和清算,违约责任,协议终止和协议争议解决的规定,而且还包括公司运营管理层面各类事项的约定,具体包括如下内容:

1. 合作股东的基本情况,如果是公民个人应包括姓名、身份证号码、经常居住地和联系电话;如果是公司法人、合伙企业应包括组织名称、证照号码、住所地、负责人和联系电话等。

2. 公司设立的基本要素包括公司的名称、住所、组织形式、经营期限、法定代表人等。

3. 公司的经营范围,例如,拟设立一个投资公司,经营范围可以包括投资管理、投资咨询、投资顾问、信息咨询、国内贸易、投资兴办实业、投资房地产开发等。

4. 关于公司的注册资本的约定,是实缴出资还是认缴出资?如果是认缴出资,认缴期数,每期认缴的时间和数额?是以货币出资还是以实物、知识产权或土地使用权出资?各股东的出资比例和持股比例分别是多少?

5. 公司股权转让的约定,股东转让股权是否有时间限制?股权转让程序如何规定?是否对于创始人股权质押有限制性规定?关于股权继承的规定,可以规定股权是否适用法定继承,如果不适用,拟继承股权如何处置?关于股东退出的规定,在何种情况下规定股东退出,退出价格如何确定?

6. 关于公司治理的规定,包括股东表决权的特殊安排,公司股东会、董事会、监事会和经理层职权和议事方式的规定,可以按照《公司法》列举的职权进行规定,也可以根据公司实际需求增加三会一层的职权。

7. 关于公司运营事项的约定,比如,聘请职业经理人的要求、人事制度、财务制度、业务奖励制度、原材料采购、产品销售、产品研发和质量管理等进行原则性约定,合作协议要原则性约定每位股东作为公司管理人员对公司运营管理的权力边界。

8. 关于利润分配和清算的约定,公司在何种情况下进行分红,未足额缴纳注册资本是否分红?在何种情况下股东会决定对公司进行清算?

9. 关于违约责任,单方、双方或不可抗力终止协议和协议争议解决的约定。

10. 各股东认为其他应该写入合作协议的约定。

三、股东合作协议拟定原则

有限公司的重要特征,股东既是公司的所有者,也是公司的管理者,具有双重身份,因此要用股东合作的规则和员工管理的规则,两种规则来调整股东之间的分歧。股东矛盾的出现,导火索大部分都集中在对公司经营管理上,刚开始只是观点不同,但一点一点积累,久而久之,最后彻底爆发,形成公司僵局。

结合多年实务经验,笔者总结出拟定有限公司的股东合作协议要坚持的三个原则:

1. 符合拟成立公司和股东各方的实际需求;
2. 强调公司运营中对股东(管理人员)的目标管理;
3. 对公司管理制度的建立具有指导性作用。

草拟股东合作协议的具体内容本着从拟成立公司的实际情况出发,约定股东各方享有的权利和承担的义务,形成对股东约束与平衡关系。同时,作为公司股东应诚实守信,对公司负有忠诚义务,还应签订《竞业禁止协议》和《保密协议》。

现将各协议范本总结如下,供各位企业家和创业者参考并在使用中举一反三。

四、股东合作协议范本(以设立董事会的有限公司为例)

股东合作协议

甲方:　　　　　　证件号码:　　　　　　住所:

乙方:　　　　　　证件号码:　　　　　　住所:

丙方:　　　　　　证件号码:　　　　　　住所:

(可以是公民个人、也可以是有限合伙企业或法人企业)

……

以上合称“合同各方”或“发起人”

经友好协商,合同各方依据《中华人民共和国公司法》等有关法律法规,一致同意共同出资设立____________有限公司(以下简称公司),并达成如下协议,以资共同遵守。

一、公司名称、住所与经营范围

1.1　公司的中文名称为：____________有限公司。(注:公司名称应当经公司登记机关预先核准)

1.2　公司的住所为：____________。(注:住所应当是公司主要办事机构所在地)

1.3　公司的组织形式为:有限责任公司。

1.4　公司的经营期限为:长期,自公司营业执照签发之日起计。

(注:营业期限也可以是“____年____月____日”或者“至____年____月____日”)

1.5　公司的法定代表人为：____________。

1.6　公司的经营范围为：____________。(以上各项以公司登记机关核定为准)

二、注册资本

2.1　公司注册资本为__万元,发起人均以货币出资。(也可以用实物、知识产权和土地使用权等非货币财产作价出资)

2.2　出资和持股比例如下：

	名称	认缴出资额	持股比例	表决权比例	分红权比例	实缴时间
甲方						
乙方						
丙方						
丁方						

2.3　表决权、分红权比例相关约定。股东的表决权、分红权与其持股比例一致,但任何一方未按约定缴足出资的,其持股比例按未缴足的出资比例数额核减,该股东核减持股部分,由其他股东按其持股比例进行分配并履行出资义务。

2.4　实缴资金的约定。各股东承诺在____年____月____日前依照本协议缴足注册资本。

三、公司股权转让、质押

3.1　在公司登记之日起3年内,除非经过持有2/3以上表决权的发起人同意,否则合同任一方不得转让其持有的股权。

3.2　3年后,合同任一方向合同各方以外的人转让股权(包括将其股权向合同各方以外的人作出包括不限于赠与或者置换、抵债等处分的行为),应当经持有一半以上表决权的股东同意。其他发起人不同意转让的,不同意的发起人应当购买该发起人转让的股权,不购买的,视为同意转让。

经发起人同意转让的股权,在同等条件下,其他发起人有优先购买权。两个以上发起人主张行使优先购买权的,协商确定各自的购买比例;协商不成的,按照转让时各自的出资比例行使优先购买权。

3.3　股权转让的价格由股权转让方与买受方协商确认,协商不成的,由股东会聘请中介机构对拟转让的股权进行评估,以评估结果为准。

3.4　发起人转让公司股权后,其对公司商业秘密保密的义务仍然有效,直至该秘密成为公开信息,否则应承担违约责任。

3.5　股权质押:公司存续期间,发起人所持股权不得对外出质,但为了公司利益并经股东会批准除外。

四、关于法人治理结构的约定

4.1　公司股东会职权及议事方式

4.1.1　股东会由合同各方组成,按照股权比例行使表决权。

(1)决定公司的经营方针和投资计划;

(2)选举和更换非由职工代表担任的董事、监事,决定有关董事、监事的报酬事项;

(3)审议批准董事会的报告;

(4)审议批准监事会的报告;

(5)审议批准公司的年度财务预算方案、决算方案;

(6)审议批准公司的利润分配方案和弥补亏损方案;

(7)对公司增加或者减少注册资本作出决议;

(8)对发行公司债券作出决议;

(9)对公司合并、分立、解散、清算或者变更公司形式作出决议;

(10)修改公司章程;

(11)决定公司的财务审批制度;

(12)决定终止或实质性变更公司主营业务。

(合同各方协商可以根据拟设公司运营管理的实际需要约定股东会

的职权)

上述事项股东以书面形式一致表示同意的,可以不召开股东会会议,直接作出决定,并由全体股东在决定文件上签名、盖章。

4.1.2 股东会会议作出修改公司章程、增加或者减少注册资本的决议,以及公司合并、分立、解散或者变更公司形式的决议,必须经代表2/3以上表决权的股东通过。股东会会议作出的其他决议,应当经代表过半数以上表决权的股东通过。(股东会通过决议事项可以约定高于本条规定的通过比例)

4.2 公司董事会组成、议事方式和权责

4.2.1 公司成立董事会,董事会决定的相关事项形成董事会决议,交由相关执行者执行或备案;董事会成员不得以个人名义干涉公司日常的正常经营,须按董事会决议管理公司的日常经营运作。

4.2.2 董事会成员构成:董事会成员共________人,由发起人各方共同决定产生,董事长由________担任,副董事长由________担任。(董事会成员人数、董事长人选和副董事长人选可以约定由某一方决定或推选)

4.2.3 董事会的运作,董事会原则上应定期召开例会,审议决定公司的重大事项及日常经营状况。董事会决议事项的条件是由董事长主持或董事长委托副董事长主持召开的董事会,并有________或以上董事会成员参加的决议。公司有重要事项须讨论决定的,董事会成员可临时提议召开。

董事会应当对所议事项的决定做成会议记录,出席会议的董事应当在会议记录上签名。

4.2.4 董事会对股东会负责,行使下列职权:

(1)负责召集和主持股东会,并向股东会报告工作;

(2)执行股东会的决议;

(3)决定公司的经营计划和投资方案;

(4)制订公司的年度财务预算方案、决算方案;

(5)制订公司的利润分配方案和弥补亏损方案;

(6)制订公司的增加或减少注册资本的方案;

(7)制订公司合并、分立、变更公司形式、解散的方案;

(8)决定公司内部管理机构的设置;

(9)决定聘任或解聘公司经理及其报酬事项,并根据经理的提名决定聘任或解聘公司副经理及其报酬事项；

(10) 聘任或解聘公司的中层管理人员，决定(包括变更)其职责、权利、任期和报酬；

(11) 决定公司的基本管理制度；

(12) 制定公司的财务审批制度；

(13) 购买和处分超过________万元以上的公司固定资产及生产经营事项；

(14) 制定或修改与关联方的交易制度，包括批准向关联方融资或提供担保事项；

(15) 批准、变更或者终止任何标的额超过________万元的销售合同和采购合同；

(16) 拟定公司年度分红方案。

(合同各方协商可以根据拟设公司运营管理的实际需要约定董事会的职权)

4.2.5 董事会作出的决议，必须经过全体董事超过1/2以上成员同意，董事会决议的表决，实行一人一票。

4.3 公司监事设置和职权

4.3.1 公司设立监事会，监事会成员共________人，由发起人各方共同决定产生。

监事任期3年，可连选连任。监事会主席由全体监事过半数以上选举产生。

4.3.2 公司监事行使下列职权：

(1)检查公司财务；

(2)对董事、高级管理人员执行公司职务的行为进行监督，对违反法律、行政法规、公司章程或者股东会决议的董事、高级管理人员提出罢免的建议；

(3)当董事、高级管理人员的行为损害公司的利益时，要求董事、高级管理人员予以纠正；

(4)提议召开临时股东会会议，在董事不履行公司章程规定的召集和主持股东会会议职责时召集和主持股东会会议；

(5)向股东会会议提出提案；

(6)依照《公司法》第151条的规定，对董事、高级管理人员提起诉讼；

(7)对董事决定的事项提出质询或者建议。

4.3.3 以下情况，由公司监事会选聘的中介机构对公司及公司投资的项目进行特别财务审计，并向股东会报告：

(1)董事提出或监事认为有必要进行审计的；

(2)任一股东提出有必要进行审计的。

4.4 经理职权

4.4.1 公司经理由________担任，并由董事长提名，董事会决定是否聘任，负责公司日常的运营。

4.4.2 经理对董事会负责，行使下列职权：

(1)主持公司的生产经营管理工作，组织实施董事会决议；

(2)组织实施公司年度经营计划和投资方案；

(3)拟订公司内部管理机构设置方案；

(4)拟订公司的基本管理制度；

(5)提请聘任公司副经理和中层管理人员；

(6)董事会授予的其他职权。

4.5 公司财务负责人由________提出人选，董事会聘任并决定其报酬事项。

五、公司运营管理

5.1 以下情况下需重新聘任职业经理人：

5.1.1 原职业经理人不能正常执行公司生产经营工作；

5.1.2 原职业经理人违反竞业禁止和保密协议的约定，损害公司利益；

5.1.3 股东会认为企业的生产经营理念和机制比较落后，需要改进和创新；

5.1.4 公司营业收入和净利润连续3年低于行业平均水平。

5.2 各股东的任职和工作分工：

5.2.1 甲任经理，对董事会负责，负责公司的日常运营管理、财务和人力资源工作，制订公司的战略规划和年度计划；

5.2.2 乙任副经理，负责行政事务、办公用品和原材料的采购工作；

5.2.3 丙任副经理，负责新产品的研发、生产管理、质量管控工作；

5.2.4 丁任副经理，负责销售渠道建设、市场调研和售后服务工作。

5.3 公章的使用：公章包括公司公章、财务专用章、合同专用章，公司公章和合同专用章由公司行政部门保管，财务专用章由公司财务部门保管，使用公章,须经用章部门的主管副经理和经理共同签字确认。

5.4　人事管理

5.4.1　经理、副经理、部门主管的工资由董事会决定;

5.4.2　聘任部门主管须经业务主管副经理和经理共同签字确认后提交董事会讨论决定;

5.4.3　由主管人事副经理与经理共同制定部门主管的经营目标和考核标准。

5.5　主营业务收入

5.5.1　由业务主管副经理和经理制定年度业务收入目标,原则上每年增长不低于×%;

5.5.2　业务主管副经理个人业务收入,不低于100万元/年;

5.5.3　销售费用和业务奖励的约定:

(1)个人业务收入超过100万~500万元(包括本数)以内,销售费用控制在个人业务收入的×%以内,业务奖励为个人业务收入的×%。

(2)个人业务收入超过500万~1000万元(包括本数)以内,销售费用控制在个人业务收入的×%以内,业务奖励为个人业务收入×%。

(3)个人业务收入超过1000万元以上,销售费用控制在个人业务收入的×%以内,业务奖励为个人业务收入的×%。

(4)售后服务满意率达到100%。

5.6　产品研发和生产

5.6.1　每月不少于×天的市场调研,了解市场需求,研发适销对路产品;

5.6.2　每年研发、改进×款产品;

5.6.3　产品的优等品率×%;

5.7　原材料采购:积极拓展办公用品和原材料的采购渠道,降低原材料采购价格,每年在前一年的基础上降低×%的采购成本。

5.8　业务费用

5.8.1　以节约为原则,由财务部门统一支出,统一管理;

5.8.2　经理每月支出的业务费用不超过×元;

5.8.3　副经理每月支出的业务费用不超过×元;

5.8.4　业务费用支出超过×元由分管副经理和经理共同签字确认;

5.8.5 购买________元以下的物品由申购部门的主管副经理签字确认，购买________元以上的物品由申购部门的副经理和经理签字确认。

六、股权退出与继承

6.1 股权退出

6.1.1 经持有1/2(不包本数)以上表决权股东一致同意，有下列情况股东的股权部分或全部退出，其余股东按比例购买该股东的全部股权：

(1)股东因故意或重大过失给公司造成重大损失；

(2)股东因对公司的故意犯罪被判处承担刑事责任的；

(3)股东违反合作协议项下的义务，经催告后在合理期限内仍不履行的；

(4)违反合作协议或公司章程的竞业限制约定的；

(5)违反公司保守商业保密的规定；

(6)因个人原因离职的。

有上述情况的股权退出，退出价格按股东实缴出资额确定。

6.1.2 退出股东应配合办理股权转让全部相关事项，包括但不限于签署相关的股权转让协议、配合在公司登记机关变更登记事宜等。

6.1.3 如果公司连续3年内未实现盈利，本合作协议终止，股东以下方式退出：

(1)由甲方按各方的出资额购买乙、丙、丁方股权，分3年支付；

(2)经股东会决议公司解散，进行清算。

6.2 股权继承

各方同意：如任一股东去世，则其继承人不能继承股东的人身资格，仅继承股东财产权益；对股权财产权益，交由公司指定的评估机构进行评估(评估费用由公司承担)，其余全部或部分股东可按评估价格购买，多位股东要求购买的，购买比例由各方协商，协商不一致的，按照各方持股比例购买。

6.3 离婚时股权的处理

各方同意，任一股东离婚，若其股权被认定为夫妻共同财产，其配偶不能取得股东地位。所持有的股权交由公司指定的评估机构进行评估(评估费用由该股东承担)，并由该股东按评估价格的一半对其配偶进行补偿，否则，其余全部或部分股东有权收购其配偶分配的股权，购买比例各方协商确定，协商不一致的，按照各方持股比例收购。

七、特别约定

7.1 勤勉工作

各方承诺,自本协议签署之日起,各方尽最大努力,勤勉敬业,为公司发展贡献力量,提供资源支持。

7.2 离职、竞业限制、禁止劝诱

7.2.1 全体股东承诺,非经全部其他股东书面同意,不得到与公司有竞争业务的其他用人公司任职,或者自己参与、经营、投资与公司有竞争关系的企业。

7.2.2 全体股东承诺,非经全部其他股东书面同意,该股东不能劝诱、聘用在本协议签署之日之后受聘于公司的员工,并促使其关联方不会从事上述行为。

7.2.3 若各股东有违反上述承诺的行为,则该行为所产生归属该股东的一切收益都归公司所有。

7.3 公司在未来进行股权融资时,各股东持股数额按等比例稀释。

7.4 各方同意,在本协议签订后,任意一方在任职期间所进行的开发、研发、创新所产生的各项技术、知识产权归公司所有,未经公司书面允许,不得以任何方式做其他用途。

八、公司利润分配和清算的约定

8.1 公司利润分配

8.1.1 公司的上一年税后利润在弥补前一年亏损、提取法定公积金后,按约定的分红权比例进行分配,本年的第二个季度应该将上一年的分红汇入各股东的指定账户。

8.1.2 未足额缴纳当期投资的股东,按照本协议第2.3条的约定,计算其分红权利。

8.2 清算特殊约定

若出现以下情况之一的,视为公司处于困难情形,股东会可决定公司是否清算。

(1)公司连续3年亏损;

(2)因公司经营管理、国家政策影响、技术设备落后等主客观原因,公司停产或减产上一年度产量的50%以上。

九、违约责任

9.1 违约事件

本协议各方均应严格遵守本协议的规定,以下每一件事件均构成违约事件:

(1)如果本协议任何一方未能履行其在本协议项下的实质性义务或承诺，以致其他方认为无法达到签署本协议的目的；

(2)如果本协议任何一方为签订本协议出具的任何承诺、保证及其他法律文件在任何实质性方面不真实、不准确、不完整或具有误导性的；

(3)如果本协议任何一方在本协议中所作的任何陈述或保证存在任何实质性方面不真实、不准确、不完整或具有误导性的。

9.2 违约救济

违约方应依本协议约定和法律规定向守约方承担违约责任，即违约方应赔偿因其违约行为给守约方造成的直接或间接损失和追究其违约责任支付的诉讼费、律师费、交通费、差旅费等。如果各方均违约，各方应各自承担其违约给他方造成的损失。

十、协议的终止

10.1 协议终止。本协议各方经协商一致，以书面方式共同终止本协议。

10.2 单方终止。合同各方中任何一方发生违约事件，经其他各方均可发出书面要求其在30日内纠正违约行为或采取充分的补救措施，否则守约方有权终止本协议。

10.3 不可抗力事件

10.3.1 不可抗力事件是指不能预见、不能避免并不能克服的客观情况，包括国家政策法规的变化、严重的疫情、社会动乱和罢工等事件；

10.3.2 不可抗力事件发生后，任何一方均可在事件发生后的3日内通知其他各方解除本协议，并各自承担此前有关本协议项下的支出。

十一、争议解决

如果各方之间因本协议产生任何争议、纠纷或索赔，各方应尽一切努力通过友好协商解决。协商不成的，任一方可提交________人民法院起诉。

十二、其他

12.1 本协议为合同各方之间达成的完整协议，只可通过由各方签署书面文件的方式修改。本协议未尽事宜，可由各方协商一致后，签署补充协议予以约定。补充协议与本协议具有同等法律效力，法律另有规定或协议另有约定的除外。

12.2 本协议自各方签署后成立并生效。

12.3　本协议正本壹式____份，协议各方各执壹份，其余由公司成立后存档，各份具有同等法律效力。

以下无正文

甲方：

乙方：

丙方：

丁方：

年　　月　　日

（若本协议各方或某一方为自然人，其有配偶的，配偶也应在本协议上签名确认）

五、竞业禁止协议范本

××公司股东竞业禁止协议

甲方（公司）：

法定代表人：

乙方（股东）：

身份证号：

鉴于乙方是甲方的股东，经过甲乙双方协商一致，签订以下竞业禁止协议：

第一条　竞业禁止

1.1　竞业禁止：指不得从事与甲方相同或相近的行业。

1.2　与甲方相同或相近的行业：包括但不限于下列行业：

____。

1.3　竞业行为包括：直接或间接地以本人或近亲属的名义或一个企业的实际控制人、许可人、代理人、员工、合伙人、股东或董事或高级管理人员的身份或以其他任何名义，从事与甲方相竞争的行业。

第二条　禁止期间、地域范围

2.1　竞业禁止期间：乙方持有甲方股权期间以及不再持有甲方股权之日起的两年内。

2.2 竞业禁止地域范围：________________。

第三条 乙方的承诺

3.1 乙方不在竞业禁止期间内从事竞业行为。

3.2 乙方不得向竞争对手提供服务或披露任何商业信息。

3.3 乙方在竞业禁止期间内不得直接或间接地劝说、引诱、鼓励或以其他方式促使甲方或其关联方的：

3.3.1 任何员工解除与公司或其关联公司的劳动合同关系；

3.3.2 任何客户、供应商、被许可人、许可人或与公司或其关联公司有实际或潜在业务关系的其他人或实体，终止或以其他方式改变与公司或其关联公司的业务关系。

第四条 违约责任

4.1 乙方违反本合同约定的竞业禁止义务的，应赔偿甲方违约金____万元。违约金不足以赔偿甲方损失的，还应补充赔偿甲方损失。

4.2 甲方损失包括但不限于直接损失、可得利益损失、支付给第三方的赔偿费用/违约金/罚款、调查取证费用/公证费、诉讼费用、律师费用以及因此而支付的其他合理费用。

4.3 乙方违反本协议约定取得收益的，该收益应归甲方所有。

第五条 特别说明

乙方履行本协议约定的竞业禁止义务，甲方无须向乙方支付任何补偿。

第六条 争议解决

因履行本协议引起的任何争议，由协议各方协商解决，协商不成的，应向甲方所在地人民法院起诉。

第七条 附则

7.1 本协议一式二份，协议各方各执一份。具有同等法律效力。

7.2 本协议经各方签署后生效。

甲方(盖章)：

乙方(签字)：

签署时间：   年   月   日

六、保密协议范本

××公司股东保密协议

甲方(公司):
法定代表人:
乙方(股东):
身份证号:

鉴于乙方是公司的股东,知悉甲方的商业秘密,经过甲乙双方协商一致,签订以下保密协议:

第一条 保密内容及范围

1.1 乙方对甲方或者甲方客户(含意向客户)等第三方,甲方负有保密义务的一切保密信息在保密期内负有保密义务。

1.2 本协议中的“保密信息”是指乙方作为甲方股东期间接触到的甲方、甲方客户及甲方关联公司的任何形式的秘密信息,包括但不限于:

(1)任何甲方、甲方客户及甲方关联公司没有公开的观点、发现、发明、公式、程序、计划、图表、模型、参数、数据、标准、商业秘密、专有技术以及任何知识产权等;

(2)甲方、甲方客户及甲方关联公司制作或拥有的任何形式的报告、访谈记录、微信聊天记录、数据、信函、电子邮件、报表、模型等原件或复印件;

(3)甲方、甲方客户及甲方关联公司的技术资料、经营战略及经营信息、客户信息、客户经营状况等;

(4)甲方对外开展项目的项目计划书、报价、合同、项目研究方法和工具等;

(5)甲方内部的公司制度、文件、决议等;

(6)任何甲方、甲方客户及甲方关联公司的财务报表、财务账册和报销凭证、销售合同及客户和经销商名单等;

(7)除上述外,以下信息属于甲方的重要保密信息:____________________。

乙方认可上述“保密信息”不仅适用于乙方在本协议签订之后接触的保密信息,也适用于乙方在本协议生效日期前接触的保密信息。

第二条　乙方的保密义务

2.1　乙方同意为甲方利益尽最大努力，在作为甲方股东期间不组织和不参加任何不正当使用甲方商业秘密的活动。

2.2　乙方在作为甲方股东期间，应严格遵守甲方任何成文或不成文的保密制度；若甲方的保密制度没有规定或者规定不明确之处，乙方亦应本着谨慎、诚实的态度，采取必要、合理的措施，维护其知悉或持有的保密信息。

2.3　甲方或乙方上级在职权范围内就保密事宜对乙方提出的合理要求，乙方应予执行。

2.4　乙方同意对甲方保密信息进行严格保密，包括但不限于：

(1)乙方作为甲方员工从事某一项目时从甲方、甲方客户或甲方关联公司处获得的保密信息，乙方承诺只在该项目或与该项目紧密相关的项目研究时使用；

(2)乙方应对甲方、甲方客户或甲方关联公司交到自己手中的保密信息妥善保管，不得泄露或遗失，在未经甲方事先书面许可，不得保留或复制；

(3)非经甲方事先书面许可，乙方不得直接或间接地以任何方式或向任何第三方披露保密信息；也不得依据保密信息，向任何第三方作出任何建议；

(4)当甲方、甲方客户或甲方关联公司要求乙方交回保密信息时(无论出于何种理由)，乙方应立即将保密信息(及保密信息的载体、复制品等)完整交回甲方；

(5)乙方在甲方任何时候提出要求时，须将一切保密信息(及保密信息的载体、复制品等)在甲方要求的时间内交还甲方；

(6)乙方不是甲方股东后，应严格遵守相关法律规定，以及以上各项保密义务，不得以任何方式利用、传播、披露所掌握或知悉的保密信息，不得利用所掌握或知悉的保密信息从事损害甲方利益或可能对甲方利益造成不利影响的活动，包括向乙方之后投资或任职的公司披露或使用保密信息。

2.5　保密信息的保密期是指：甲方、甲方客户或甲方关联公司对外公布保密信息之前的任何时间。

2.6　甲方客户信息属于甲方的高度秘密信息，乙方股东身份退出后，未经甲方同意，乙方不得直接或间接与甲方客户有业务往来，如甲方客户与乙方联系，乙方应让其与甲方联系或告知甲方。

第三条　特别约定

3.1　履行本协议，甲方无须额外向乙方支付费用或报酬，除非双方另有约定。

3.2　乙方确认，已经知悉并理解甲方的相关制度，包括但不限于《员工手册》《保密制度》等，并同意遵守执行。

3.3　甲方有权不定期的修改、补充、发布有关保密的制度与做法，并通过电子邮件、公司网络平台等进行发布，乙方同意定期查收相关文件，并遵照执行。

第四条　违约责任

4.1　乙方违反保密义务时，应向甲方支付违约金人民币________元。乙方违反本协议规定除向甲方支付前述违约金外，还应向甲方支付因乙方违约导致甲方给第三方的赔偿费用或罚款和调查取证费用、公证费、诉讼费用、律师费用以及因此而支付的其他合理费用。

4.2　如果乙方侵犯甲方客户及甲方关联公司的保密信息或知识产权，甲方有权代表甲方客户及甲方关联公司追究乙方的法律责任。

第五条　争议解决

因履行本协议引起的任何争议，由协议各方协商解决，协商不成的，应向甲方所在地人民法院起诉。

第六条　附则

6.1　本协议一式二份，协议各方各执一份。具有同等法律效力。

6.2　本协议经各方签署后生效。

甲方(盖章)：

乙方(签字)：

签署时间：　　年　　月　　日

第二节　公 司 章 程

公司章程是公司和股东的最高议事规则和行为准则，称为公司的宪法，而股东合作协议是股东之间对拟成立公司的股东之间权利义务的约定，股东合作协议的内容应写进公司章程，通过股东会决议的形式，上升为公司意志，成为公司运营管理和股东日常工作行为的准则，并对外公示，所以公司章程对公司和股东具有强烈的个性化意志，不能完全根据《公司法》法条的规定进行草拟，需要针对股东的现实需求和公司实际经营需求个性化设计。当股东之间出现矛盾，公司运营管理出现问题时，很难在《公司法》规定的条款里找到相对应的解决条款，但在事先预设的个性化公司章程里可以找到答案。

一、公司章程个性化设计要点

《公司法》是拟定公司章程的重要参考模板，我们在参照《公司法》制定公司章程时，更应该注意到《公司法》规定的可以自由设计的条款。比如股东会职权，根据《公司法》规定可以补充规定；股东会开会提前通知时间可以自主约定；股东持有的表决权比例可以不等于出资比例，章程可以自主规定；开会的议事方式可以自主约定，可以选择面对面开会，也可以选择视频会议等；表决方式可以采取无记名投票方式，也可举手方式等。再如董事长产生办法自主规定，董事会职权可以补充规定，董事会的议事方式和表决程序可以自主规定等。

现将《公司法》规定允许公司章程自主设计的条款进行归纳如表 2－1 所示，共 31 条。

表 2-1　《公司法》规定允许公司章程股东自主设计的条款

序号	《公司法》条款
1	第十二条第一款　公司的经营范围由公司章程规定,并依法登记。公司可以修改公司章程,改变经营范围,但是应当办理变更登记
2	第十三条　公司法定代表人依照公司章程的规定,由董事长、执行董事或者经理担任,并依法登记
3	第十六条第一款　公司向其他企业投资或者为他人提供担保,依照公司章程的规定,由董事会或者股东会、股东大会决议;公司章程对投资或者担保的总额及单项投资或者担保的数额有限额规定的,不得超过规定的限额
4	第二十五条第一款　有限责任公司章程应当载明下列事项:……(八)股东会会议认为需要规定的其他事项。股东应当在公司章程上签名、盖章
5	第二十八条第一款　股东应当按期足额缴纳公司章程中规定的各自所认缴的出资额
6	第三十四条　股东按照实缴的出资比例分取红利;公司新增资本时,股东有权优先按照实缴的出资比例认缴出资。但是,全体股东约定不按照出资比例分取红利或者不按照出资比例优先认缴出资的除外
7	第三十七条第一款　股东会行使下列职权:……(十一)公司章程规定的其他职权
8	第四十一条第一款　召开股东会会议,应当于会议召开十五日前通知全体股东;但是,公司章程另有规定或者全体股东另有约定的除外
9	第四十二条　股东会会议由股东按照出资比例行使表决权;但是,公司章程另有规定的除外
10	第四十三条第一款　股东会的议事方式和表决程序,除本法有规定的外,由公司章程规定
11	第四十四条第三款　董事会设董事长一人,可以设副董事长。董事长、副董事长的产生办法由公司章程规定
12	第四十五条第一款　董事任期由公司章程规定,但每届任期不得超过三年。董事任期届满,连选可以连任
13	第四十六条　董事会对股东会负责,行使下列职权:……(十一)公司章程规定的其他职权

续表

序号	《公司法》条款
14	第四十八条第一款　董事会的议事方式和表决程序,除本法有规定的外,由公司章程规定
15	第四十九条　有限责任公司可以设经理,由董事会决定聘任或者解聘。经理对董事会负责,行使下列职权:……公司章程对经理职权另有规定的,从其规定
16	第五十条　股东人数较少或者规模较小的有限责任公司,可以设一名执行董事,不设董事会。执行董事可以兼任公司经理。执行董事的职权由公司章程规定
17	第五十一条第二款　监事会应当包括股东代表和适当比例的公司职工代表,其中职工代表的比例不得低于三分之一,具体比例由公司章程规定
18	第五十三条　监事会、不设监事会的公司的监事行使下列职权:……(七)公司章程规定的其他职权
19	第五十五条第二款　监事会的议事方式和表决程序,除本法有规定的外,由公司章程规定
20	第六十条　一人有限责任公司章程由股东制定
21	第七十一条第四款　公司章程对股权转让另有规定的,从其规定
22	第七十五条　自然人股东死亡后,其合法继承人可以继承股东资格;但是,公司章程另有规定的除外
23	第八十一条　股份有限公司章程应当载明下列事项:……(十二)股东大会会议认为需要规定的其他事项
24	第一百条　股东大会应当每年召开一次年会。有下列情形之一的,应当在两个月内召开临时股东大会:……(六)公司章程规定的其他情形
25	第一百一十七条　股份有限公司设监事会,其成员不得少于三人。 监事会应当包括股东代表和适当比例的公司职工代表,其中职工代表的比例不得低于三分之一,具体比例由公司章程规定。监事会中的职工代表由公司职工通过职工代表大会、职工大会或者其他形式民主选举产生
26	第一百一十九条　股份有限公司的监事会每六个月至少召开一次会议。监事可以提议召开临时监事会会议。 监事会的议事方式和表决程序,除本法有规定的外,由公司章程规定

续表

序号	《公司法》条款
27	第一百四十一条第二款　公司董事、监事、高级管理人员应当向公司申报所持有的本公司的股份及其变动情况，在任职期间每年转让的股份不得超过其所持有本公司股份总数的百分之二十五；所持本公司股份自公司股票上市交易之日起一年内不得转让。上述人员离职后半年内，不得转让其所持有的本公司股份。公司章程可以对公司董事、监事、高级管理人员转让其所持有的本公司股份作出其他限制性规定
28	第一百四十九条　董事、监事、高级管理人员执行公司职务时违反法律、行政法规或者公司章程的规定，给公司造成损失的，应当承担赔偿责任
29	第一百六十六条第四款　公司弥补亏损和提取公积金后所余税后利润，有限责任公司依照本法第三十四条的规定分配；股份有限公司按照股东持有的股份比例分配，但股份有限公司章程规定不按持股比例分配的除外
30	第一百六十九条第一款　公司聘用、解聘承办公司审计业务的会计师事务所，依照公司章程的规定，由股东会、股东大会或者董事会决定
31	第二百一十六条　本法下列用语的含义：（一）高级管理人员，是指公司的经理、副经理、财务负责人，上市公司董事会秘书和公司章程规定的其他人员

在此，对《公司法》规定的股东可以通过公司章程自主设计的部分条款，笔者提供设计思路供各位企业家和创业者参考。

（一）法定代表人产生条款

《公司法》第13条规定，“公司法定代表人依照公司章程的规定，由董事长、执行董事或经理担任……”

法定代表人在公司运营中的重要性不言而喻，在其职权范围内以个人名义从事的所有行为都被直接视为公司行为，公司应当遵守。在一份销售合同上，法定代表人的个人签名和加盖公司公章具有同等法律效力，公司应当承担相应的民事责任，简单地说，法定代表人在职权范围内对外在任何文件上签名就等同于在该文件上盖公司公章，即使超出其职权范围，也不能对抗善意第三人，由此可见，法定代表人还涉及对公司的控制权问题。

依据本条规定，公司的法定代表人只能在两个职位中产生：一是公司的董事长或执行董事（有限公司可以选择设董事会或不设董事会，设董事会的应选出董事长，不设董事会的应选出一名执行董事）；二是公司经理，实际上哪位股东担任法定代表人,该股东就对公司的运营管理就有一定的控制权,如果股东持股比例一家独大,一般由持股比例最多的股东担任或委派的人员担任董事长(执行董事)并担任法定代表人,如果股东持股比例比较接近,一方担任董事长,另一方担任经理,法定代表人由双方协商担任。

若董事长担任法定代表人,本来董事长的权力就很大,又掌握具体运营的权力,就会对总经理的经营决策产生干预;如果总经理担任法定代表人,公司的具体运营管理本来就由总经理组织实施,对外又能代表公司,可能与董事长角色有所冲突。

但如果董事长在股东中产生,总经理为招聘的职业经理人,建议由董事长担任法定代表人。

另外,股东会可以按照有利于公司发展、股东互相监督等因素综合考量,直接在公司章程中写明法定代表人的具体人选。

(二)对外投资和担保

《公司法》第16条规定:“公司向其他企业投资或者为他人提供担保,依照公司章程的规定,由董事会或者股东会、股东大会决议;公司章程对投资或者担保的总额及单项投资或者担保的数额有限额规定的,不得超过规定的限额。

公司为公司股东或者实际控制人提供担保的,必须经股东会或者股东大会决议。

前款规定的股东或者受前款规定的实际控制人支配的股东,不得参加前款规定事项的表决。该项表决由出席会议的其他股东所持表决权的过半数通过。”

企业对外投资和担保一般数额巨大,具有一定的风险,是企业经营活动中的非常重大议题,涉及公司的重大利益,一般由股东会决议,也可以规定由董事会进行决议,但应该具有一定数额的限制,还应在股东会和董事会的职权中规定清楚。

为了降低公司经营风险,保证公司运营有充足的现金流,投资和担保数额在公司章程中应作出一定的限制,比如规定对外投资数额不能超过公司银行存款的30%,对外担保数额不能超过公司资产总额的40%。

为公司股东提供担保时,必须经股东会决议,并且被担保的股东要回避表决,由出席会议的其他股东所持表决权的超过半数通过。

(三)必须载明的事项

《公司法》第 25 条第 1 款规定:“有限责任公司章程应当载明下列事项:……(八)股东会会议认为需要规定的其他事项”。

《公司法》规定的公司法人治理只是一般性规定,不具有特殊性,但现实中,每个公司的创立和运营都是独一无二的,具有不可复制性。《公司法》法条不可能规定,任何公司在公司章程中需要列明的所有事项,所以本条采用列举法列明必须载明的事项之后,用兜底条款授权公司股东会会议根据公司实际需求列明其他事项,既然授权给股东会会议决定,那么只要不违反法律法规强制性规定,不违反公序良俗,不损害公司、股东、债权人和国家利益,为公司实际运营需要而设计的事项都可以列明,包括股东合作协议中约定的公司经营管理事项;规定有权提出修改公司章程的股东;设计对股东进行罚款(但不能超过出资额)等。

(四)股东知情权

《公司法》第 33 条规定:“股东有权查阅、复制公司章程、股东会会议记录、董事会会议决议、监事会会议决议和财务会计报告。

股东可以要求查阅公司会计账簿。股东要求查阅公司会计账簿的,应当向公司提出书面请求,说明目的。公司有合理根据认为股东查阅会计账簿有不正当目的,可能损害公司合法利益的,可以拒绝提供查阅,并应当自股东提出书面请求之日起十五日内书面答复股东并说明理由。公司拒绝提供查阅的,股东可以请求人民法院要求公司提供查阅。”

有限公司在经营过程中,董事长、总经理和财务负责人一般都是控股股东或持股比例相对多的股东担任或委派,多数中小股东处于弱势地位,不能充分了解公司的经营状况,所以本条是为保护中小股东的知情权而设立,但只规定股东有查阅复制公司章程、股东会、董事会、监事会会议记录、会计报告的权利,笔者认为,对于未参与公司经营管理的股东来讲,规定这样的知情权内容显然是不够充分的,对于一些公司的小股东来说,该笔股权投资可能是其大部分家庭资产或个人资产,如果控股股东利用优势地位侵犯小股东的利益,会给小股东造成重大损失,所以笔者认为从切实保护中小股东利益出发,有限公司章程可以进一步自主设计规定股东在某种情形下(比如有合理理由怀疑控股股东侵占公司资产或挪用公司资金）有权要求查阅公司商务合同、报销凭证、记账单、现金流等资料，但应向公司提出申请，说明理由，理由不充分或有泄露公司商业秘密可能性的，公司可以拒绝，但应该规定在一定时间内予以答复并说明理由，如果公司拒绝，股东可以请求人民法院要求公司提供查阅。

股权案例 股东要求查阅公司会计账簿必须存在合理理由

其某与中信国安盟固利电源技术有限公司（以下简称电源公司）股东知情权纠纷上诉案［北京市第一中级人民法院民事判决书（2014）一中民（商）终字第7299号］认为，“会计账簿记载公司经营管理活动，为了平衡股东与公司之间的利益，避免股东知情权滥用，股东在查阅公司会计账簿时，应当以正当目的为限制，亦应当遵循诚实信用原则，合理地行使查阅权。在公司有合理理由相信股东查阅公司会计账簿会对公司利益造成损害时，公司可以拒绝其进行查阅。本案中，电源公司举证证明其某的妻子、儿子等利害关系人参与经营的多家公司与电源公司之间存在竞争关系或者关联关系，电源公司的会计账簿及其与湖南盟力新材料有限公司的合同账册等所记载的客户信息、技术信息、产品价格、成本、生产数量等如被竞争者或者关联者知悉，则可能损害电源公司的合法权益。因此，电源公司在本案中确有合理理由认为股东其某行使知情权可能损害公司合法利益，电源公司拒绝其某查阅公司会计账簿等存在合理根据”。

（五）股东分红权

《公司法》第34条规定：“股东按照实缴的出资比例分取红利；公司新增资本时，股东有权优先按照实缴的出资比例认缴出资。但是，全体股东约定不按照出资比例分取红利或者不按照出资比例优先认缴出资的除外。”

股东出资创立企业就是为了取得利益，其中分红是最重要的利益，如果股东之间没有特殊规定，只有实缴出资才能分取红利，这符合《民法典》关于物权取得法定孳息的规定，法定孳息是原物所生的物，只有出资以后才有原物，才能获得分红的法定孳息，这要引起创立企业的发起人充分注意，有的公司章程对于分取红利和新增资本时认缴出资的规定完全照搬公司法，没有除外约定，最终分红地取得很可能不符合股东本意，容易产生股东纠纷。

根据这一条，还有另外的公司章程设计的点，如果投资人诉求侧重点不同，有的投资只是为了收取红利,并不想参与公司的经营管理,不看重对公司的控制权,有的则想实现人生梦想,把公司做大做强,对公司控制权有需求,因此,对于分红权有需求对控制权没有需求的股东可以让出一定比例的表决权和对公司控制权有需求的股东换取一部分分红权,这样对于侧重需求不同的股东,各取所需,达到各自目的。

另外,有限公司可将全部或部分分红在一定时间内优先分配给某些股东,来吸引这些股东的持续投入或新股东的加入,解决公司快速发展的急需资源,这可以看作是有限公司优先股的设计。

(六)股东会职权

《公司法》第 37 条第 1 款规定:“股东会行使下列职权:……(十一)公司章程规定的其他职权”。

《公司法》列举 11 项股东会的职权,其中第 11 项是兜底的规定“公司章程规定的其他职权”,这就意味着,股东会可以根据对公司实际运营管理的控制程度增加股东会的职权,特别是一些重大的经营管理事项的审批权由股东会来行使,也可以包括董事会的部分职权,主要取决于股东对公司经营管理风险的谨慎程度。

(七)股东表决权

《公司法》第 42 条规定:“股东会会议由股东按照出资比例行使表决权;但是,公司章程另有规定的除外”。

股东的表决权体现对公司的实际控制程度,一般认为出资越多承担的风险越大,理应更在乎公司的运营和发展,所以股东会会议按照股东的出资比例行使表决权,但是,如果公司运营的项目预计有比较好的发展前景,创始人是意志坚定的创业者,具备运营企业的能力并能够全身心地投入公司工作,但因本身资金不足,需要财务投资者,财务投资者出资比例可能高于创始人的出资比例,但财务投资者想得到更多的分红权,而创始人需要取得更多表决权,因此,在股权设计时,股东可以不按出资比例取得表决权比例,章程可以自主设计规定,发起人的表决权比例高于出资比例,而财务投资者分红权比例高于出资比例,这个规定的目的在于公司控制权的设计,让各股东生产要素价值体现在股东之间的表决权和分红权的合理分配,让利于公司运营发展的股东成为实际控制人。

但如何保护出资最多股东的投资风险呢？对于财务投资者，可以要求给予在某些特定决议事项上具有否决权，比如在公司对外投资和对外担保的决策上设置否决权，来有效降低自己的投资风险，其他经营事项上由实际控制人来决策，保证公司决策效率。

（八）董事长产生办法

《公司法》第 44 条第 3 款规定："董事会设董事长一人，可以设副董事长。董事长、副董事长的产生办法由公司章程规定"。

本条规定的是董事长和副董事长的产生方式，体现股东对公司的实际控制，这是公司私权力，法律赋予公司股东协商决定，在实践中，如果股东一方推选担任董事长、其他方股东只能推选担任副董事长，一般认为公司战略规划和重大决策的提出只能董事长说了算，副董事长或其他董事说了也白说，但可以通过章程具体条款的设计，在某些决策上副董事长或董事对董事长权力形成一定的制约，增强董事长决策的合理性。

为了保持公司控制权不变，可以对董事长任职条件和产生办法进行固定，比如，可以规定董事长必须由持股比例最大的股东或某个股东推选人员担任，还可以规定董事长任职的条件，如具体的工作履历、学历和职称等条件。

（九）董事会职权

《公司法》第 46 条规定："董事会对股东会负责，行使下列职权：……（十一）公司章程规定的其他职权"。

本条说明股东可以根据公司运营需要扩充董事会的职权，比如董事会可以行使部分经理的职权和规定行使其他一些特定的经营管理职权。那么，董事会是否可以行使部分股东会职权是有一定争议的，但笔者认为《公司法》规定的股东会部分职权可以授权由董事会行使，比如第 5 项审批公司年度预算和决算方案，第 6 项审批公司的利润分配方案，这两项就可以扩充为董事会职权，但公司章程应限制董事会在行使这两项职权时，不能损害股东利益和债权人利益。

（十）经理职权

《公司法》第 49 条第 1 款规定："有限责任公司可以设经理，由董事会决定聘任或者解聘。经理对董事会负责，行使下列职权：（一）主持公司的生产经营管理工作，组织实施董事会决议；……（八）董事会授予的其他职权。

公司章程对经理职权另有规定的,从其规定。”

《公司法》没有规定有限公司必须设经理,而是由公司章程规定,如果设经理,由董事会决定聘任和解聘,经理对董事会负责,这说明经理的职权来源于董事会的授权,《公司法》在列举的经理职权第8项是兜底项,即“董事会授予的其他职权”,董事会可以根据经营需要授予经理行使管理公司的其他职权。

但是《公司法》对经理职权的规定又增加了另外一款,即“公司章程对经理职权另有规定的,从其规定”,这意味着股东可以按照公司运营需求通过公司章程另外规定经理职权,放弃使用《公司法》对经理职权的规定,但前提是不违反法律规定和公序良俗,不损害股东利益。

(十一)股权转让

《公司法》第71条规定:“有限责任公司的股东之间可以相互转让其全部或者部分股权。

股东向股东以外的人转让股权,应当经其他股东过半数同意。股东应就其股权转让事项书面通知其他股东征求同意,其他股东自接到书面通知之日起满三十日未答复的,视为同意转让。其他股东半数以上不同意转让的,不同意的股东应当购买该转让的股权;不购买的,视为同意转让。

经股东同意转让的股权,在同等条件下,其他股东有优先购买权。两个以上股东主张行使优先购买权的,协商确定各自的购买比例;协商不成的,按照转让时各自的出资比例行使优先购买权。

公司章程对股权转让另有规定的,从其规定。”

首先,这条规定体现有限公司具有非常强的人合性特征,股东之间彼此熟悉、相互了解和相互信任是合作的基础,是共同创立有限公司的前提条件。该条规定有限公司原股东之间股权转让,可以自由转让全部或部分股权,无须征得其他股东同意。当股东对外转让股权时,意味着要引入新股东,新股东提供的生产要素资源是否是公司需要的?是否能对公司发展提供帮助?其他股东并不知道,能否与新股东合作顺利还是未知数,所以赋予其他股东优先购买权,但为防止转让人的正当权益受到损害,又规定“同等条件下”的原股东有优先购买权。

为了保持公司实际控制人和股东的稳定,公司运营管理的持续性,公司章程可以限制不能转让股权的期间,比如可以规定3年内不能转让股权,同时作为公司董事、监事、高级管理人员的股东可以规定更长的时间内不能转让股权。

但本条最后一款又规定公司章程对股权转让另有规定的，从其规定，这说明可以在公司章程中自主设计：向股东以外股权转让的交易对象所具备的条件；向股东以外的人转让股权是否通知其他股东；可以设置更加复杂或更加简单的股权转让程序和股权转让价格的计算方法等。

（十二）股东的股权继承

《公司法》第75条规定："自然人股东死亡后，其合法继承人可以继承股东资格；但是，公司章程另有规定的除外"。

自然人持有公司股权，其死亡后股权属于股东个人遗产，其合法继承人可以依法继承股东资格和股权的财产权益。但有限公司具有"人合性"特征，由继承人继承股东资格，不一定有利于公司发展，因为股权继承人与公司股东并不一定熟悉，其可能也无法为公司发展提供如同被继承股东所有的生产要素资源，合作基础不存在，应当允许公司利用被继承人的股权再引入能为公司发展提供特定生产要素资源的股东加入，所以，《公司法》规定可以通过公司章程自主设计方式排除股东资格的继承，公司章程可以直接规定自然人股东死亡后，由其他股东收购其股权，收购价款由已死亡股东的合法继承人继承。

（十三）公司解散条款

《公司法》第180条规定："公司因下列原因解散：（一）公司章程规定的营业期限届满或者公司章程规定的其他解散事由出现；（二）股东会或者股东大会决议解散；（三）因公司合并或者分立需要解散；（四）依法被吊销营业执照、责令关闭或者被撤销；（五）人民法院依照本法第一百八十二条的规定予以解散。"

本条列举5项公司解散原因，其中第1项是选择性公司解散事由，其中一种选择是公司营业期限届满，另一种选择是公司经营期限没有届满，但股东之间可以预设公司解散事由，所以，股东可以协商通过章程自主设计规定如下公司解散事由：股东产生分歧后无正当理由不参加股东会达到一定次数；认缴出资没有按照规定时间缴纳；公司连续若干年不能盈利等作为公司解散事由。

《公司法》规定的对公司章程自主设计的条款，就是以法律形式固定了企业家或创业者对公司法人治理和经营管理的自主权，股东在制定公司章程时切莫放弃这个权力，要个性化地完善公司治理，为公司发展保驾护航。

二、公司章程范本

现将公司章程的具体内容总结如下，给予各位企业家和创业者参考并在使用中举一反三。

×××××有限公司章程

本范本仅供参考，适用于2～50个股东并设董事会和监事会的有限责任公司

第一章　总　　则

第一条　为规范公司的组织和行为，根据《中华人民共和国公司法》(以下简称《公司法》)和有关法律、行政法规以及规范性文件的规定，制定本章程。

第二条　公司类型：有限责任公司。

第三条　本章程为本公司行为准则，公司、股东、董事、监事和高级管理人员应当严格遵守。

第二章　公司的名称、住所、经营范围、营业期限及注册资本

第四条　公司名称为：________________。

(注：公司名称应当经公司登记机关预先核准)

第五条　公司住所：________________；

邮政编码：________________。

(注：住所应当是公司主要办事机构所在地，公司住所只能有一个)

第六条　公司经营范围：________________________________(依法须经批准的项目，经相关部门批准后方可开展经营活动)。

(注：公司经营范围以公司登记机关登记为准)

第七条　公司的营业期限为长期，自公司营业执照签发之日起计。

(注：营业期限也可以是“____年”或者“至____年____月____日”)

第八条　公司注册资本为人民币________万元。

(注：依法实行注册资本实缴登记制的公司，应当将本条修改为：“公司注册

资本为人民币________万元,已实缴”)

第九条 公司可以增加注册资本和减少注册资本。公司增加注册资本时,股东有权优先按照实缴的出资比例认缴新增资本的出资。全体股东另有约定的除外。

(注:可以约定按照其他比例认缴新增注册资本,并修改本条)

第三章 公司的股东

第十条 公司股东共________个,分别是:

1. 姓名(名称):________________,证件名称:________________,证件号码________________,住所:____;

2. 姓名(名称):________________,证件名称:________________,证件号码________________,住所:____。

若股东较多,建议可采取表格方式列明。

股东姓名	身份证号码	住所

(注:股东的姓名或者名称应当与公司股东名册的记载一致)

第十一条 公司应当按照《公司法》的规定置备股东名册。股东名册记载信息发生变化的,公司应当及时更新。

记载于股东名册的股东,可以依股东名册主张行使股东权利。

第十二条 公司成立后,应当向已缴纳出资的股东签发出资证明书,出资证明书的记载事项应当符合《公司法》的规定。

第十三条 股东享有下列权利:

(一)依法享有资产收益、参与重大决策和选择管理者等权利。

(二)要求公司为其签发出资证明书。

(三)按照本章程规定的方式分取红利。

(四)有依法律和本章程的规定转让股权、优先购买其他股东转让的股权以及优先认缴公司新增注册资本的权利。

(五)按有关规定质押所持有的股权。

(六)对公司的业务、经营和财务管理工作进行监督,提出建议或质询。有权查阅、复制公司章程、股东会会议记录和财务会计报告。有权要求查阅公司会计账簿,公司拒绝提供查阅的,股东可以请求人民法院要求公司提供查阅。

(七)在公司清算完毕并清偿公司债务后,按照本章程规定的方式分配剩余财产。

(八)参加股东会,并按本章程规定的方式行使表决权。

(九)有选举和被选举为董事或者监事的权利。

(十)股东会的决议内容或会议召集程序、表决方式违反法律、行政法规或者公司章程的,股东可以依法请求人民法院撤销。

(注:可以根据需要依法约定股东的其他权利,并记载于本条)

第十四条　股东履行下列义务:

(一)以其认缴的出资额为限对公司承担责任。

(二)应当按期足额缴纳本章程载明的各自所认缴的出资额;以货币出资的,应当将货币出资足额存入公司在银行开设的账户;以非货币财产出资的,应当依法办理其财产权转移到公司名下的手续。

(三)遵守公司章程,保守公司秘密。

(四)支持公司的经营管理,促进公司业务发展。

(五)不得抽逃出资。

(六)不得滥用股东权利损害公司或者其他股东的利益。

(七)不得滥用公司法人独立地位和股东有限责任损害公司债权人的利益。

第四章　股东的出资额、出资时间和出资方式

第十五条　股东的出资额、出资时间和出资方式:

1. 股东姓名(名称):______________,认缴出资________万元,在______年______月______日前缴足,其中,以货币出资________万元,以________(其他出资方式)作价出资________万元。

2. 股东姓名(名称):______________,认缴出资______万元,在______年______月______日前缴足,其中,以货币出资________万元,以________(其他出

资方式)作价出资________万元。

若股东较多,建议可采取表格方式列明。

姓名	出资额(万元)	出资方式	出资时间

(注:1. 其他出资方式包括实物、知识产权、土地使用权、股权、债权转股权等可以用货币估价并可以依法转让的非货币财产。

2. 实行注册资本实缴登记制的公司,应当将本条中的“在______年______月______日前缴足”修改为“已于______年______月______日缴足。”

3. 实行注册资本认缴登记制的公司,在股东缴纳出资后应当依法公示;可以将缴纳情况记载于本条,并依法向公司登记机关备案本章程。

4. 注册资本分期缴付的,可以将全体股东约定的出资期限内各股东分期出资的期数和每一期的出资额、出资时间、出资方式记载于本条)

第十六条 股东以非货币财产出资的,对出资的非货币财产须评估作价,核实财产,不得高估或者低估作价。法律、行政法规对评估作价有具体规定的,从其规定。

(注:股东不得以劳务、信用、自然人姓名、商誉、特许经营权或者设定担保的财产等作价出资)

第十七条 股东应当以自己的名义出资。

第十八条 股东的出资期限不得超过本章程规定的公司营业期限。

(注:股东约定的出资期限应当具有合理性及可行性。公司章程规定了明确的营业期限的,出资期限应当在营业期限内;股东为法人或者其他组织且其主体资格证明载明存续期限的,其出资期限应当在该存续期限内;股东为自然人的,其出资期限应当在人类寿命的合理范围内)

第十九条 股东不按照本章程规定缴纳出资的,除应当向公司足额缴纳外,还应当向已按期足额缴纳出资的股东承担违约责任。

(注:股东承担违约责任的具体方式可记载于本条)

第二十条　公司成立后，发现作为设立公司出资的非货币财产的实际价额显著低于公司章程所定价额的，应当由交付该出资的股东补足其差额；公司设立时的其他股东承担连带责任。

第二十一条　公司发生债务纠纷或者依法解散清算时，如资不抵债，未缴足出资的股东应先缴足出资。

第五章　公司的股权转让

第二十二条　股东之间可以相互转让其全部或者部分股权。

股东向股东以外的人转让股权，应当经其他股东过半数同意。股东应就其股权转让事项书面通知其他股东征求同意，其他股东自接到书面通知之日起满30日未答复的，视为同意转让。其他股东半数以上不同意转让的，不同意的股东应当购买该转让的股权；不购买的，视为同意转让。

经股东同意转让的股权，在同等条件下，其他股东有优先购买权。两个以上股东主张行使优先购买权的，协商确定各自的购买比例；协商不成的，按照转让时各自的实缴出资比例行使优先购买权。

本条第二款规定的“视为同意转让”，受让方可要求公司出具书面证明。

（注：对股权转让另有约定的，应按约定修改本条内容）

第二十三条　人民法院依照法律规定的强制执行程序转让股东的股权时，其他股东在同等条件下有优先购买权，其他股东自人民法院通知之日起满20日不行使优先购买权的，视为放弃优先购买权。

第二十四条　转让股权后，公司应当注销原股东的出资证明书，向新股东签发出资证明书，并相应修改本章程和股东名册中有关股东及其出资的记载。

第二十五条　股东可以依照《公司法》的规定，请求公司按照合理的价格收购其股权。股东与公司不能达成股权收购协议的，股东可以依法向人民法院提起诉讼。

公司收购本公司股权后，应当办理减资登记。

第二十六条　股东未履行或者未全面履行出资义务即转让股权的，受让人应当承继转让人的出资义务。

第二十七条　自然人股东死亡后，其合法继承人可以继承股东资格。股东未履行或者未全面履行出资义务的，继承人应当承继股东的出资义务。

(注:对股权继承另有约定的,应按约定修改本条内容)

第六章 公司的法定代表人

第二十八条 公司法定代表人由________担任。

第二十九条 法定代表人的职权:

(一)法定代表人是法定代表公司行使职权的签字人。

(二)法定代表人在法律、行政法规以及本章程规定的职权范围内行使职权,代表公司参加民事活动,对企业的生产经营和管理全面负责。

(三)公司法定代表人可以委托他人代行职权,委托他人代行职权时,应当出具《授权委托书》。法律、行政法规规定必须由法定代表人行使的职权,不得委托他人代行。

第三十条 法定代表人应当遵守法律、行政法规以及本章程的规定,不得滥用职权,不得作出违背公司股东会、董事会决议的行为,不得违反对公司的忠实义务和勤勉义务。

法定代表人违反上述规定,损害公司或者股东利益的,应当承担相应的责任。

第三十一条 法定代表人出现下列情形的,应当解除其职务,重新任命符合法律、行政法规和本章程规定的任职资格的法定代表人:

(一)法定代表人有法律、行政法规或者部门规章规定不得担任法定代表人的情形的;

(二)法定代表人由董事长或者经理担任,但其丧失董事或者经理资格的;

(三)正在被执行刑罚或者正在被执行刑事强制措施,无法履行法定代表人职责的;

(四)正在被公安机关或者国家安全机关通缉的;

(五)其他导致法定代表人无法履行职责的法定情形。

第七章 公司的组织机构及其产生办法、职权、议事规则

第三十二条 公司股东会由全体股东组成,股东会是公司的最高权力机构。

第三十三条 股东会行使下列职权:

(一)决定公司的经营方针和投资计划;

（二）选举和更换非由职工代表担任的董事、监事，决定有关董事、监事的报酬事项；

（三）审议批准董事会的报告；

（四）审议批准监事会的报告；

（五）审议批准公司的年度财务预算方案、决算方案；

（六）审议批准公司的利润分配方案和弥补亏损方案；

（七）对公司增加或者减少注册资本作出决议；

（八）对发行公司债券作出决议；

（九）对公司合并、分立、解散、清算或者变更公司形式作出决议；

（十）修改公司章程。

（注：可以依法规定股东会的其他职权，并记载于本条）

上述事项股东以书面形式一致表示同意的，可以不召开股东会会议，直接作出决定，并由全体股东在决定文件上签名、盖章。

第三十四条　股东会会议分为定期会议和临时会议。

定期会议在每个会计年度期末召开一次。

（注：可以自行约定股东会定期会议召开的频次及时间，并相应修改本条）

代表十分之一以上表决权的股东，三分之一以上的董事，监事会提议召开有限责任公司股东会临时会议的，应当召开临时会议。

第三十五条　股东会会议由董事会召集并主持；董事会不能履行或者不履行召集股东会会议职责的，由监事会召集并主持；监事会不召集的，代表十分之一以上表决权的股东可以自行召集并主持。

第三十六条　召开股东会会议，应当于会议召开15日前通知全体股东；但是，全体股东另有约定的除外。

会议通知的内容应当包括股东会召开的时间、地点、议题等。

（注：股东可以约定15日以上的期限，并修改本条）

第三十七条　股东会应当对股东会会议通知情况、股东出席情况、表决情况以及所议事项的决议作成会议记录，出席会议的股东应当在会议记录上签名。

第三十八条　股东按照认缴出资比例行使表决权。

（注：可以约定按实缴出资比例或者其他比例行使表决权，并相应修改本条。约定按实缴出资比例行使表决权的，本章程第十五条应当载明股东实

缴信息)

第三十九条 股东会会议作出修改公司章程、增加或者减少注册资本的决议,以及公司合并、分立、解散或者变更公司形式的决议,必须经代表三分之二以上表决权的股东通过。

股东会会议作出的其他决议,应当经代表超过半数表决权的股东通过。

(注:可以另行约定股东会会议通过其他决议的表决权比例,并根据约定修改本条第二款)

股东会会议作出公司合并、分立以及减少注册资本决议的,公司应当自作出决议之日起10日内通知债权人,并于30日内在报纸上公告。

第四十条 公司设董事会,对公司股东会负责,董事会由________名董事组成,董事长由________担任,副董事长由________担任。

第四十一条 董事长每届任期3年。董事长任期届满,连选可以连任。

(注:董事长每届任期不得超过3年)

董事长任期届满未及时改选,或者董事长在任期内辞职的,在改选出的董事长就任前,原董事长仍应当依照法律、行政法规和公司章程的规定,履行董事长职务。

第四十二条 董事会对股东会负责,行使下列职权:

(一)负责召集和主持股东会,并向股东会报告工作;

(二)执行股东会的决议;

(三)决定公司的经营计划和投资方案;

(四)制订公司的年度财务预算方案、决算方案;

(五)制订公司的利润分配方案和弥补亏损方案;

(六)制订公司的增加或减少注册资本的方案;

(七)制订公司合并、分立、变更公司形式、解散的方案;

(八)决定公司内部管理机构的设置;

(九)决定聘任或者解聘公司经理及其报酬事项,并根据经理的提名决定聘任公司副经理及其报酬事项;

(十)聘任或解聘公司中层管理人员,决定(包括变更)其职责、权利、任期和报酬等相关事项;

(十一)决定公司的财务审批制度;

(十二)决定公司的基本管理制度;

(十三)购买和处分超过________万元以上的公司固定资产及生产经营事项;

(十四)制定或修改与关联方的交易制度,包括批准向关联方融资或提供担保事项;

(十五)批准、变更或者终止任何标的额超过________万元的销售合同和采购合同;

(十六)拟定公司年度分红方案;

(十七)聘任和解聘公司财务负责人。

第四十三条　董事会每年定时召开________次董事会,并不定期召开临时董事会例会,董事会决定的相关事项应形成董事会决议,交由相关执行者执行和备案;董事会成员不得以个人名义干预公司日常的正常经营,须按董事会决议管理公司的日常经营运作。

董事会应当对所议事项的决定作成会议记录,出席会议的董事应当在会议记录上签名。

董事会作出的决议,必须经过全体董事会成员1/2(不包括本数)以上同意。董事会决议的表决,实行一人一票。

第四十四条　公司经理由董事长提名,董事会决定聘任或者解聘。经理对董事会负责,行使下列职权:

(一)主持公司的生产经营管理工作,组织实施董事会的决定;

(二)组织实施公司年度经营计划和投资方案;

(三)拟订公司内部管理机构设置方案;

(四)拟订公司的基本管理制度;

(五)制定公司的具体规章;

(六)提请聘任或者解聘公司副经理;

(七)决定聘任或者解聘除应由董事会决定聘任或者解聘以外的管理人员;

(八)董事会授予的其他职权。

(注:公司可以不设经理,应当删除本条)

第四十五条　公司设立监事会,监事会成员共________人。监事会主席由全体监事超过半数选举产生。

（注：监事为职工代表的，可由职工代表大会、职工大会或其他形式民主选举产生，并修改本条）

第四十六条 监事每届任期3年。监事任期届满，连选可以连任。

第四十七条 董事、高级管理人员以及财务负责人不得兼任监事。

第四十八条 监事行使下列职权：

（一）检查公司财务；

（二）对董事、高级管理人员执行公司职务的行为进行监督，对违反法律、行政法规、公司章程或者股东会决议的董事、高级管理人员提出罢免的建议；

（三）当董事、高级管理人员的行为损害公司的利益时，要求董事、高级管理人员予以纠正；

（四）提议召开临时股东会会议，在董事会不履行本章程规定的召集和主持股东会会议职责时召集和主持股东会会议；

（五）向股东会会议提出提案；

（六）依照《公司法》第一百五十一条的规定，对董事、高级管理人员提起诉讼；

（七）对董事会决定的事项提出质询或者建议。

（注：可以约定监事的其他职权，并修改本条）

第四十九条 有下列情形之一的，不得担任公司的董事、监事、高级管理人员：

（一）无民事行为能力或者限制民事行为能力；

（二）因贪污、贿赂、侵占财产、挪用财产或者破坏社会主义市场经济秩序，被判处刑罚，执行期满未逾5年，或者因犯罪被剥夺政治权利，执行期满未逾5年；

（三）担任破产清算的公司、企业的董事或者厂长、经理，对该公司、企业的破产负有个人责任的，自该公司、企业破产清算完结之日起未逾3年；

（四）担任因违法被吊销营业执照、责令关闭的公司、企业的法定代表人，并负有个人责任的，自该公司、企业被吊销营业执照之日起未逾3年；

（五）个人所负数额较大的债务到期未清偿。

公司违反前款规定选举董事、监事或者聘任高级管理人员的，该选举或者聘任无效。

董事、监事、高级管理人员在任职期间出现本条第一款所列情形的，公司应当解除其职务。

第五十条 公司董事、监事、高级管理人员应当遵守法律、行政法规和公司章程的规定，对公司负有忠实义务和勤勉义务：

（一）谨慎、认真、勤勉地行使股东会、公司赋予的权利，以保证公司的商业行为符合国家法律、行政法规以及国家各项政策的要求，商业活动符合公司章程规定的业务范围；

（二）公平对待所有股东；

（三）及时了解公司业务经营管理状况；

（四）对公司定期报告签署书面确认意见；

（五）如实向监事提供有关情况和资料，不得妨碍监事行使职权；

（六）保证公司所披露的信息真实、准确、完整；

（七）法律、行政法规和公司章程规定的其他义务。

第五十一条 董事、高级管理人员不得有下列行为：

（一）挪用公司资金；

（二）将公司资金以其个人名义或者以其他个人名义开立账户存储；

（三）违反公司章程的规定，未经股东会同意，将公司资金借贷给他人或者以公司财产为他人提供担保；

（四）违反公司章程的规定或者未经股东会同意，与本公司订立合同或者进行交易；

（五）未经股东会同意，利用职务便利为自己或者他人谋取属于公司的商业机会，自营或者为他人经营与所任职公司同类的业务；

（六）接受他人与公司交易的佣金归为己有；

（七）擅自披露公司秘密；

（八）违反对公司忠实义务的其他行为。

董事、高级管理人员违反前款规定所得的收入应当归公司所有。

第五十二条 董事、监事、高级管理人员执行公司职务时违反法律、行政法规或者公司章程的规定，给公司造成损失的，应当承担赔偿责任。

第五十三条 公司依照法律、行政法规和国家财政主管部门的规定建立财务、会计制度。公司应当在每一个会计年度终了时制作财务会计报告，并依法经会计师事务所审计。

公司聘用、解聘承办公司审计业务的会计师事务所，应当由股东会决定。

（注：可以约定由董事会决定公司聘用、解聘承办公司审计业务的会计师事务所，并相应修改本款）

公司依照法律规定在分配当年税后利润时，提取利润的百分之十列入公司法定公积金，法定公积金累计额为公司注册资本的百分之五十以上的，可不再提取。

公司弥补亏损和提取公积金后所余税后利润，按照股东的实缴出资比例分配。不按实缴的出资比例分取红利的，应经全体股东同意。

（注：可以约定按其他比例分取红利，并修改本款）

公司的公积金用于弥补亏损，扩大公司生产经营或者转为增加公司资本。

公司除法定的会计账册外，不得另立会计账册。

对公司的资产，不得以任何个人名义开立账户存储。

任何个人不得挪用公司资金或者将公司资金借贷给他人，不得侵占公司的财产。

第五十四条 公司应当在下一会计年度开始之后第________个月前将公司财务会计报告送交各股东。

第五十五条 公司的________部门负责保管公司的公章、财务专用章、合同专用章和营业执照。

第八章 公司的解散、清算

第五十六条 公司因下列原因解散：

（一）公司章程规定的营业期限届满；

（二）股东会决议解散；

（三）因公司合并或者分立需要解散；

（四）依法被吊销营业执照、责令关闭或者停业整顿；

（五）人民法院依《公司法》第一百八十二条的规定予以解散。

（注：可以规定公司的其他解散事由）

第五十七条 公司出现除上一条第（三）项以外的解散事由时，应当在解散事由出现之日起15日内成立清算组，开始清算。清算组由股东组成，其中非自然人股东应当指定人员行使相应权利。

第五十八条　清算组在清算期间行使下列职权：

（一）清理公司财产，分别编制资产负债表和财产清单；

（二）通知、公告债权人；

（三）处理与清算有关的公司未了结的业务；

（四）清缴所欠税款以及清算过程中产生的税款；

（五）清理债权、债务；

（六）处理公司清偿债务后的剩余财产；

（七）代表公司参与民事诉讼活动。

第五十九条　清算组应当自成立之日起10日内通知债权人，并于60日内在报纸上进行公告。

第六十条　清算组在清算公司财产、编制资产负债表和财产清单后，应当制定清算方案，并报股东会或者人民法院确认。

公司财产在分别支付清算费用、职工工资、社会保险费用和法定补偿金，缴纳所欠税款，清偿公司债务后的剩余财产，按照股东的实缴出资比例分配。

清算期间，公司存续，但不得开展与清算无关的经营活动。公司财产在未依照前款规定清偿前，不得分配给股东。

第六十一条　公司清算结束后，清算组应当制作清算报告，报股东会或者人民法院确认，并向公司登记机关申请注销公司登记，公告公司终止。

第九章　公司的其他规定

第六十二条　股东、董事、监事应当把联系方式（包括通信地址、电话、电子邮箱、微信号、QQ号等）报公司置备，发生变动的，应及时报公司予以更新。

第六十三条　本章程涉及的股东会会议，应采取电子邮件、书面、微信号、QQ号等方式通知。

第六十四条　公司可以向其他企业投资或者为他人提供担保，并由股东会决议。

（注：1. 可以约定由董事会决定公司对外投资和担保事项，并修改本款内容。

2. 可以约定对投资或者担保的总额及单项投资或者担保的数额的限额规定，并记载于本条）

公司向其他企业投资的,除法律另有规定外,不得成为对所投资企业的债务承担连带责任的出资人。

公司为公司股东或者实际控制人提供担保的,必须经股东会决议。

前款规定的股东或者受前款规定的实际控制人支配的股东,不得参加前款规定事项的表决。该项表决由出席会议的其他股东所持表决权的超过半数通过。

第六十五条 公司应当通过企业信用信息公示系统向社会公示章程、年度报告、股东缴纳出资情况等信息,具体公示内容按国家相关规定执行。

第六十六条 本章程于______年______月______日订立。

股东签名、盖章:

法定代表人签名:

第三章　如何避免和解决股东矛盾

第一节　股东矛盾的危害

合伙成立公司创业失败的原因很多,有外因也有内因,其中外因包括:市场竞争激烈,国家产业政策调整,遭遇不可抗力事件等;而内因包括没有人才、没有技术、设备落后、管理缺位和股东矛盾等,但笔者认为创业失败最根本在于内因,其中公司经营管理过程中的股东分歧逐渐演变为无法解决的股东矛盾是最主要因素,那么如何避免和解决股东矛盾呢?

首先我们要明白一个道理,运作一个项目不一定非要通过设立公司来完成。要看项目的具体情况,如果这个项目交易几次或运作很短时间就可以结束,能够通过合作协议把各方的投入资金、角色定位、收益和权利义务约定清楚就不用成立公司,可以采取类似公司的形式设立关键岗位来运营管理项目。如果专利项目和技术通过评估在市场上处于比较领先地位或能够填补行业空白,项目实施后会源源不断为客户提供产品和服务,满足市场需求,必须通过建立一个紧密而稳定的团队进行分工合作,并制定规范的运营管理机制才能保证项目所有人和投资人的权益,那必须设立公司进行运作。但是,设立公司非常复杂,要建立三会一层、法人治理规则、基本管理制度等,而且还可能会产生对公司运营危害最大的股东矛盾。

我们先看一个案例,感受一下股东矛盾对公司危害有多大!

一、股权案例

三个自然人股东创立A公司,出资最多的股东不参与经营,其他两位股东,一位负责公司日常管理,另一位负责业务开拓。公司生产定制机器,客户群体比较单一,其中甲客户欠货款高达800万元,占公司应收货款总额的75%,此时,与甲客户已经没有业务交易,甲客户每个月只还10万元,据了解当时甲客户还在开展业务,但订单在减少,业务出现萎缩。他们找律师咨询,律师给他们的建议是由于没有业务往来，应该立刻对它提起诉讼，查封资产，所欠货款可以全部收回来，如果不起诉，收款会越来越困难。两位股东商量之后，认为现在每月还能收到10万元，如果起诉每月10万元就没有了，谁也不愿意承担起诉后果不利的决策风险。半年后，甲客户每月只能支付3万元，生产已经开始断断续续地进行，有大批工人开始辞职，他们又找律师咨询，律师给的建议是此时起诉肯定没有上次效果好，但现在起诉还是会有一定效果。承担日常管理责任的股东认为，甲客户与负责业务开拓的股东熟悉，由他决定是否起诉，而负责业务开拓的股东认为，承担管理责任的股东是大哥，大哥应该做决策，在互相推脱之下，两个股东谁也不愿承担责任，还是没有作起诉的决定。

这时候的A公司，由于客户单一，甲客户的货款没有收回，缺乏流动资金已经停产，股东矛盾开始公开化。又半年过去，由于甲客户完全停产，原来每月支付3万元货款也停止支付。三位股东一起找律师咨询，问现在是否还有办法把货款收回，律师查询客户的资产情况，发现甲客户的土地、厂房和设备在9个月之前已经抵押给银行，也就是说如果第一次咨询律师之后对甲客户提起诉讼，完全可以收回全部货款，但是由于股东的矛盾和决策的犹豫错过了追收货款的黄金时间，最终导致这笔关系到A公司生死存亡的货款不能追回，三位股东当场吵翻，互相指责，积怨已久的矛盾瞬间爆发，业务股东指责管理股东决策犹犹豫豫，管理股东指责业务股东跟踪客户不利，出资最多的股东指责这两位股东没经营好企业。实际上，在他们第一次找律师咨询时，已经开始互相埋怨，最后A公司在股东的互骂声中彻底丧失转机，等待的只有解散清算。

类似上述案例产生的股东矛盾，在企业经营过程中比较常见，只是有些不至于导致企业解散清算，但股东矛盾的确对公司发展危害非常大，其会导致企业失去发展方向，人心涣散，丧失战斗力，公司的未来可想而知。

二、构建股东间的信任机制

合作伙伴创业成立公司，既要学习成功的经验也要吸取失败的教训，但大多数创业者把目光投向成功的企业和企业家，当然他们的成功经验是有借鉴意义，但大多数不可复制。笔者认为，创业者更应关注创业失败的公司，在创业阶段，吸取失败的教训更有现实意义。

在分析股东矛盾产生原因和提出解决方案之前，提醒各位企业家和创业者应该充分清楚,合理的公司治理机制、股权分配规则、利益分配机制、绩效考核制度固然重要,都无法绝对替代合作伙伴之间的相互理解、相互信任和互相包容,因为制定再详细的规则也不可能完全解决未来发生的所有问题,有些问题要通过信任机制协商解决。如何建立信任机制?建议建立定期例会制度,经常在一起讨论各自的想法和期望,说出自己的疑惑和不满,形成任何想法都可以讲出来对事不对人的氛围,只要对公司发展有利,能够解决问题,都不要藏着掖着,都应该说出来探讨。

合作伙伴之间一定要相互理解,某位股东平时做事很谨慎,但偶尔有某一件事情没处理好,给公司造成了一些损失,首先,给他的不是埋怨,而是和他共同剖析问题出在哪里?给予帮助和支持。合作伙伴之间一定要相互信任,你的合作伙伴,按规定出差住四星级酒店,突然有一天拿回来五星级酒店的住宿发票报销,你一定要相信这是为了工作的需要,因为你信任他。同样,也要经常用赞美和欣赏眼光去看我们的合作伙伴,这样能激发他无穷的工作能量和工作动力。

和谐的股东关系,信任机制的长期存在,再加上制定适用和详细的规则,几乎令股东矛盾无藏身之处,即使有时工作中也会发生一些摩擦,也很容易迎刃而解,特别是实际控制人或控股股东要带头,做好榜样,是减少股东矛盾和解决股东矛盾的关键。

第二节　股东矛盾产生原因

下面笔者根据实操经验总结出产生股东矛盾的五大原因及其解决方法，仅供各位企业家和创业者参考和吸取经验。

一、关于股东结构问题产生的股东矛盾

(一)股东之间个人性格的相互冲突

性格是一个人对现实生活比较稳定的一种态度，以及与这种态度相应的习惯化的行为方式中表现出来的人格特征，性格一经形成便比较稳定，个体之间的人格差异的核心是性格差异，性格是人的个性中最重要、最显著的心理特征，其决定人的外在行为表现，比如性格都外向，在公司经营管理中都想把自己的管理理念施加给别人，经常让员工左右为难，管理制度朝令夕改，如果性格都内向，都不善于对外沟通交流，对外关系难以维护，客户难以开拓；如果都关注具体方案落地，研究工作细节，企业发展没有目标和方向，如果都讲究战略方向，公司只有未来没有现在，好高骛远不能脚踏实地；如果理性思考问题，股东合作斤斤计较，无奉献精神，内耗严重，公司举步不前，如果都感性处理问题，不计成本和收益，公司成为股东个人情怀的牺牲品，这就是性格不能互补的结果。但很难找到性格完全互补的两个人，有限公司的出资者通常既是公司股东也是公司的董事或经理或高级管理人员，因为创业走在一起，虽然个性明显，但至少应该知道在工作中以大局为重，能够相互补充，相互包容，相互妥协，把公司的事情办好。

(二)股东为公司提供的生产要素资源不能互补

如果股东为企业提供的生产要素不能互补，导致公司运营的某一个环节明显薄弱，经营管理出现短板，导致企业发展困难或缓慢，这个问题在第一章股东设计中已经详细阐述，这里不再重复。

(三)如何解决股东结构问题产生的股东矛盾

如果股东的人生观和价值观大致相同,性格互补,大家对公司的发展有共同的目标,而且,目标一旦确定,大家有不达目标誓不罢休的决心,比较容易干成事。

公司设立或引进新股东之初,无法完全了解某些股东的性格,也不确认为公司提供的生产要素是否是公司真正需要的?但如果经过一段时间磨合之后,发现部分股东确实不符合公司需求,形成“请神容易送神难”的局面,会严重影响公司发展,那么我们在引入不十分了解的股东时应采取什么预案呢?建议采取“先试婚再结婚”方式解决,创始人找到认为符合公司发展需求的合作伙伴,可以先授予期权,约定分期兑现,可以按期权的持股比例授予分红权,但暂时不能登记在股东名册之中,也不能在公司登记机关登记为股东,然后设定一段时间的磨合期,股东性格有一定冲突没关系,但是在讨论公司事务时要头脑清醒,知道大家是为了同一个目标,以公司大局为重,关键时刻能够互相妥协,互相支持,如果确实提供了与其他股东互补的生产要素资源,并促进了公司发展,就可以按约定兑现股权并进行登记注册。比如,约定分四期兑现,一年一期,每期注册登记应授予股权总数的1/4,每年实现约定条件就登记注册1/4股权,达不到约定条件不予兑现,如果连续若干年不能实现约定的条件,收回未授予的期权,用这些期权再寻找新的替代者,这样能最大限度减少对公司的不利影响。

二、关于股权分配不公平问题产生的股东矛盾

股权分配不公平问题产生的股东矛盾常见有以下情形:

一是股东实际贡献大,持股比例小。

二是纯财务投资型股东持股比例过大。

三是股权比例平均,无控股股东。

四是未预留股权池。

(一)股权案例

案例一

甲、乙、丙一起创业,共同投资100万元设立公司,甲出资最多,出资70万

元，占70%股权，乙和丙出资少，各出资15万元，各占15%股权，乙是管理高手，丙懂技术。对于表决权比例和分红权比例没有特殊约定。甲不参与经营管理，只是财务投资者，乙和丙全身心地投入公司工作，努力打拼，公司成长很快，乙在艰苦奋斗中迅速成长，以CEO身份操盘整个公司。某本行业巨头看中公司，进行并购谈判，给出估值5000万元，各方达成初步股权收购意向，只等尽职调查完毕之后签订正式股权收购协议并支付价款。问题来了，如果按持股比例分配收购价款，甲分得3500万元，乙和丙各得750万元。但乙认为自己的收益和付出不成正比，应分得更多一些，于是找到甲，称由于自己对公司发展贡献最大，能否让出一部分并购价款给自己？甲不同意，股东内部开始争斗，公司业绩下滑很快。敏锐的并购方意识到，对公司真正具有价值的是乙和丙，给出让乙和丙无法拒绝的期权和年薪，并购方挖墙脚成功，并终止并购。这个结果股东甲始料未及，也后悔没有把收购价款分给乙和丙一部分。

分析：本案例财务投资型股东持股比例过大，而实际参与经营管理的股东持股比例过小，但对公司经营发展贡献最大，付出和收益不成正比而产生的股东矛盾。

案例二

甲、乙、丙、丁四位好朋友共同创业成立公司，因为都是好兄弟，为了不伤和气，平均分配股权，刚开始大家能够为了共同目标，不计较个人得失，努力付出，5年后，公司的销售收入和净利润都得到大幅提高，成为行业里的后起之秀，这时，公司有了钱之后，各自才意识到公司控制权问题，谁是CEO谁就能按自己的想法经营公司，于是股东内部开始勾心斗角，试图争CEO这个位置，最后大家不欢而散，乙和丙退出，另外成立与原公司有竞争关系的公司，结果，不但好兄弟没做成，而且公司也大伤元气，最后两家公司成了竞争对手，经营始终没有起色。

分析：股东持股比例平均，在股东会层面没有控股股东，公司经营管理层面控制权作用放大，股东矛盾从实际经营运作层面向股东层面传导。

案例三

甲和乙两位创始人,分别为管理型股东持股比例55%和技术型股东持股比例45%,一年后,由于市场竞争激烈,技术型股东产品研发滞后,已经不能符合市场需求,导致公司业务严重萎缩,需要以股权吸引优秀技术人才加入,但技术型股东不愿意减少持股比例,退出部分股权,而管理型股东也不愿意缩减自己的持股比例,唯恐失去公司的控制权,双方不能达成一致意见,产生隔阂,无法吸引优秀技术人才加入,公司失去市场竞争力。

分析:二股东持股比例相对平均,没有前瞻性的预留后续吸引优秀人才加入的股权池。

(二)解决思路

无数案例表明,股东持股比例不公平最终会导致公司衰落甚至关门歇业的结果,那么如何避免这样的结果发生呢?类似情况如果不幸出现,该如何解决呢?

在探讨解决办法之前,笔者想先谈一谈很多企业家和创业者容易忽略的问题。

我们一贯的认知是好哥们好朋友共同创业,不分你我,不应该过多计较,股权应该平分,创业初期,公司的股权价值基本等于投入资金,有时甚至低于投入资金,刚开始,大家都不会在意股权价值问题,而且,合作正处于蜜月期,大家都在为公司活下来而奋斗,股东内部对公司战略方向和经营决策都不会有太大的分歧,平分股权大多也相安无事。

但是,在公司发展的过程中,每位股东都在不断学习和成长,不断和外部各种事物沟通交流,人的知识、资源、观点和思维方式会发生变化,所以在面对公司运营管理的各种问题时,每个股东有不同的抉择和行为方法。但公司的各种事务在运营层面必须作出抉择,否则无法继续经营,如果持股比例均等,讨论问题时意见不一致,谁都不肯让步,那谁的意见都不能成为公司的决策,公司就会陷入无法形成一致意见的僵局局面,导致公司运转困难,甚至进入瘫痪状态,这是公司不能承受的,也是股东不愿意看到的。

1. 如何避免由于持股比例不公平产生的股东矛盾

首先,合作伙伴要有足够清醒的认识,共同创业是合作各方协商一致制定公司运作规则并在各种规则调整下的商业行为，与兄弟感情无关。

其次，股东各方要认识到，其为公司提供的生产要素只是支撑公司经营运作各种资源中的一种资源而已，而且，应该按照一定的预设规则核算每位股东的持股比例，并让信誉最高，大家都认可的合作伙伴成为实际控制人，这样的人要敢于承担责任，能够扛起公司责任带领大家往前冲，并作为公司决策最后拍板之人。

最后，我们制定的股权分配规则，要识别人性，尊重人性，以合作伙伴能为公司提供多少生产要素，做出多少贡献的可能性为原则，为其分配多少持股比例。

2. 如何解决因股权分配不公问题已经产生的股东矛盾

第一，先调整心态，让思绪重新回到起点，想想大家为什么走到一起，当初想到何处去？"带头大哥"要起到表率作用，力求重新带领大家形成自我化解矛盾的机制，有矛盾不能视而不见，相互指责或埋怨不能解决问题，要及时沟通和协商，形成自我检讨和自我批评的工作氛围，重点在于解决问题。

第二，对于纯财务投资型的持股比例过大的股东与股权比例相对小而对公司贡献大的股东之间矛盾的问题，笔者建议及时聘请第三方帮助调解，第三方从公平、公正、公开角度出发，利用专业知识和专业技巧，帮助股东找到矛盾产生的根源和化解矛盾的方法。笔者认为在解决股东矛盾之初，不要触及各位股东的股权存量，先制定未来业务发展产生增量后的利益分配规则，并把公司管理、生产和营销理顺好，以各股东对公司贡献多少为标准再逐步探讨持股比例的动态调整规则。

第三，公司发展到一定阶段，内部和外部环境发生变化，控股股东或实际控制人没有及时调整自己，自己的技术水平和管理思维不符合公司发展需求，导致其没有能力带领其他股东继续提高公司的盈利水平和扩大公司规模，小股东会有意见，这种情况可以尝试将企业的所有权与经营权分离，股东不直接参与企业经营管理，以高薪加授予股权的形式聘请职业经理人经营管理企业，股东只负责重大经营事项的决策和对生产经营的监督。

第四，如果股权平均，公司运营管理决策上经常意见不一致，各股东可以根据自己的实际情况各自提出公司未来的经营目标和管理方案，并聘请第三方参与对比各方案的优劣，留下提出最佳可行性方案的股东经营管理企业，其他股东只参与重大经营事项的决策和对生产经营的监督，经营管理企业的股东承诺给予其他股东一定数额的保底分红，经营管理的股东单独对公司的盈亏负责，并设立对其持股比例的动态调整机制，根据每年经营指标的增长和减少情况，其持股比例也进行相应调整。

第五，好聚好散，让某一位或几位股东收购其他股东全部或部分股权，其他股东友好退出抽回资金走人，另寻发展。

第六，引入财务投资型股东，每位股东受让其持有的全部或部分股权，由财务投资型股东成为控股股东，再重新制定公司运营管理规则。

以上是笔者根据实践经验总结的股东因持股比例不公平而产生矛盾的解决方案，每个公司实际情况不同，解决方案也会不一样，各位企业家和创业者要因地制宜，不能机械套用。

三、关于收益分配不公产生股东矛盾的问题

有限公司股东通常既是公司的所有者也是管理者，所以其收益通常包括分红、工资和绩效奖金等，股东收益分配不公产生股东矛盾问题就是股东的付出和收益不成正比股东产生心理失衡问题，原因是一般股东的各项收益分配没有制定规则或制定规则但显失公平，无法体现股东对公司发展的贡献，另外，还有公司财务信息不公开、不透明的原因。

笔者提供如下解决思路供各位企业家和创业者参考：

1. 公司发展规划不清晰，没有制定收益分配规则，股东作为公司高级管理人员心理预期过高。

有限公司的投资者创立企业通常有三个内心预期，分别是个人在公司的权力预期；个人对公司的发展预期；个人在公司的收益预期。其中个人收益预期是股东诉求的核心，如果没有达到股东个人收益预期，就可能导致其心理失衡，互相埋怨，互相推卸责任。投资有风险，入市需谨慎是投资者必须明白的道理，如果要使股东投资风险变小，公司也要给股东制定个人工作目标，这与公司发展规划和股东收益是一脉相承的，股东是公司的董事或经理或其他高级管理人员，股东个人工作目标达到了，公司发展目标就会实现，同时股东个人收益也会得到满足，如果股东投资回报仍然低于预期，股东需要实时调整预期，同时还要努力工作为公司发展多做贡献。

2. 公司制定的收益分配规则显失公平，导致股东付出与收益不对称。

这个问题不能回避，一定要公开来谈，否则影响工作积极性和进取心，在公

司运营中，工资和绩效奖金体现每位股东的日常工作贡献，应根据工作岗位制定不同业绩目标，再根据股东所在岗位工作目标达成情况分配本人收益，要体现谁承担的责任最大，业绩最好，谁获得的收益就最多。

3. 财务信息不公开，持股比例相对小的股东怀疑实际控制人侵占公司财物或挪用公司资金，股东合作互相信任最为重要，为避免猜疑，减少误会，应依据《公司法》的规定，在合作协议和公司章程中对财务资料公开的内容和程序进行规定，控股股东或实际控制人应保证切实执行。

四、关于股东作为公司高级管理人员，依规定享有公司部分运营管理权却得不到切实保证而产生的股东矛盾问题

（一）控股股东不尊重持股比例相对小股东的运营管理权

股东作为公司的高级管理人员，应按照公司章程和公司基本管理制度的规定享有公司日常管理权力，股东之间互相尊重、互相配合，互相妥协，在自己的权力边界范围内行事，控股股东应及时调整思维，讲诚信敢担当，工作中多沟通，要给其他股东表演的机会，不应大事小事独断专行。

另外，要警惕公司管理人员当中股东亲属过多的问题，容易形成小利益集团，引起股东矛盾。

（二）经常上前线听到炮声的股东不能做决策的问题

有些控股股东不亲自深入市场，坐在办公室听声音听汇报来做决策，作出的决策与市场需求有差距，影响业务开拓，在业务拓展的问题上，如果控股股东不去一线，就不应角色错位，做好公司日常管理和后勤服务，把决策权前移，放权给在市场一线拼杀的股东，充分发挥业务责任人的主观能动性和创造力。

股东出现矛盾自我调整固然重要，第三方介入更是解决矛盾的最佳方法，股东之间存在良好的合作基础，在合作之初各方有共同的目的和愿景，为矛盾化解提供可能性。

（三）股权案例

某公司有甲、乙、丙股东三人，甲是管理型股东，负责公司的运营管理，平时话不多，性格沉稳；乙是业务型股东，脾气耿直，性格爽朗；丙是技术型股东，外柔内刚，爱钻牛角尖。

近一年来由于公司现金流不足,给公司的正常运作造成极大困难,主要原因是产品都销售出去了,但账期过长积累应收款太多,另外,产品质量投诉也有所增加,乙和丙经常互相埋怨,矛盾已接近公开化,甲对乙也有意见,三人在互为不满心态的引导下,在较长的一段时间内对于公司内经营管理的重大问题从未达成一致意见。

三人同意解散公司并聘请专业机构进行清算,某律师事务所的陈律师接受该公司委托制定清算方案。经盘点,公司资产包括少量的库存原料、机械设备、应收账款和租赁未到期的办公楼和生产车间,其中应收账款占绝大部分,应付账款是应收账款的1/2左右,如果公司进行清算不但要立刻清偿公司债务,而且也不利于追收应收账款。陈律师劝三位股东冷静,为他们详细分析了产品市场竞争力和公司财务现状,认为公司产品仍处于市场竞争的第一集团,现在的困难只是现金流不足的问题,因为遇到一点困难,意气用事就解散公司实在可惜,陈律师建议他们调整心态,先不谈公司解散问题,搁置矛盾,重新出发,先集中精力解决现金流不足问题。

三名股东冷静思考之后同意搁置矛盾,重新再出发解决矛盾的思路,陈律师为他们制定了加快应收账款追收方案,约定由乙和丙共同拜访客户,丙完善售后服务,乙催收货款,甲负责做好后勤工作,稳定员工情绪。并提取货款回收总额的20%作为奖励金分配给各自团队,其中甲团队分6%,乙团队和丙团队各分7%。按照这个协议履行半年之后,公司虽然不赚钱,但应收账款已经大幅度减少,公司现金流大幅增加,公司又恢复往日的活力。

由于丙也走进市场一线,售后服务大大改善,本来产品在市场上就具有竞争力,和客户的黏性又进一步增加,销售量也有很大提升,市场占有率进一步提高,各位股东天天忙于公司业务,不再互相埋怨。

调整之后最大收获是改变甲和丙的工作方式,甲工作重点转到制定公司战略和后勤服务,丙也经常跑客户,更加理解和支持乙的工作,大家互相配合,互相包容,现在公司得到极大的提升和发展,谈起过往的矛盾,大家都认为没有解决不了的事情。

解决股东矛盾聘请第三方介入是最好的选择,股东自己解决容易走进死胡同,在调解时,第三方最重要的是帮助股东转换思路,跳出矛盾寻找公司未来。

最后笔者强调,即使再完美的股权分配规则、利益分配机制、绩效考核制度,都无法绝对替代合作伙伴之间的互相信任，互相理解，互相托付，要经常用欣赏的眼光去看你的合作伙伴，公司的良性发展有赖于和谐的股东关系和信任机制的长期存在。

五、未约定股权退出机制或应退出股东拒不退出的问题

有限公司的股东全部或部分退出股权的原因很多，比如，股东泄露公司商业秘密损害公司权益；股东因损害公司利益受到刑事处罚；股东之间产生矛盾无法化解，失去人合性基础；股东作为有限公司管理人员对公司贡献小或没有任何贡献等，以上这些原因都可以在公司章程中规定出来作为股东退出的原因，未规定股东退出机制，也是很多有限公司现行公司章程的通病。已经不适合继续作为公司的股东仍然不退出全部或部分股权，通常会产生股东矛盾，为公司运营管理开倒车，如何解决呢？

事实上，公司创业过程中会非常艰苦，特别是创业初期生存的压力，不是每个人都承受得了的，中途就会有人离开，是非常正常的事情，公司后来的发展由剩下的创始人完成。如果离开的创始人持有的股权不退出，若干年后公司发展得非常好，回来说公司有 15% 的股权是属于他的，对于仍留在岗位上艰苦奋斗的创始人来说非常不公平，所以规定股权退出机制非常必要。

（一）股权案例

公司创始人两人，为激励和留住人才，对在公司工作时间比较长的 3 名核心员工授予 3% ~7% 不等比例的股权，并在公司登记机关注册登记，但授予协议中没有约定股权退出机制。后来其中一名员工因为在业务交往中收受供应商回扣，与创始人矛盾激化，被解除劳动合同离开公司，但持有的股权没有退出，1 年之后，由于公司发展势头良好，吸引机构投资人的关注，经过谈判，机构投资人同意增资入股，拟持有股权比例为 13%，股权融资应当作股权变更登记，所有原股东应签字同意，原来被解除劳动合同的员工以此要挟创始人给一笔较大数额的现金，否则不签字，创始人不能接受，重新成立一家公司，把资产和客户都转移到新公司，机构投资人认为新公司的估值远低于原公司，在新公司获得同样的持股比例，出资数额只能是原来的 1/3，创始人不能同意，最后公司没有完成融资。

这个案例说明公司章程规定股权退出机制的重要性，如果没有规定股权退出机制，对于公司对外投资、股权融资和债权融资，甚至对于董事会、监事会成员

和经理的产生都会产生不利影响。

(二)有限公司如何设计股东退出机制

一般情况下,如果公司章程已经规定股权退出条款,某位股东违反章程规定应该办理股权退出,但是,该股东不签股权转让协议,也不去公司登记机关配合办理股权变更登记,怎么办?实践中,这种纠纷大部分都是协商处理,由实际控制人或控股股东作出一定让步,拟退出股东才配合办理过户手续,也有尝试通过提起民事诉讼解决的,但法院判决之后,即使向法院申请强制执行,还是需要退出股东配合,才可以达到股权退出的目的。

有没有另外一种方式,不需要退出股东配合,也能达到股权退出的目的呢?当然有,股东除名!公司章程规定若干股权退出情形,如果股东的行为符合公司章程规定的股权退出情形,股东会就可以启动股东强制退出程序,按照公司章程规定的程序通知股东召开股东会,公布被除名股东除名证据,形成除名决议,不需要征求被除名股东的意见。公司作出除名决后,不需要被除名股东的配合,被除名股东的股东资格丧失,然后,使用股东会除名决议到公司登记机关办理股权变更登记。但实践中公司登记机关还是要求被除名股东在决议上签字确认或签订股权转让协议,否则不协助办理变更登记。此时,可以再通过启动民事诉讼程序确认股东会决议有效或通过行政诉讼方式判决政府主管部门履行协助股权变更登记义务。

如果被除名股东对股东会除名决议有异议,被除名股东可以通过向法院提起民事诉讼,确认股东会决议无效的方式进行救济。

那么,对股东进行除名具体情形有哪些呢?

两类情况可对股东进行除名,一类是法定情形,另一类是公司章程规定情形。

1. 法定情形

最高人民法院《关于适用〈中华人民共和国公司法〉若干问题的规定(三)》(以下简称《公司法解释三》)第 17 条第 1 款规定,“有限责任公司的股东未履行出资义务或者抽逃全部出资,经公司催告缴纳或返还,在合理期间内仍未缴纳或者返还出资,公司以股东会决议解除该股东的股东资格,该股东请求确认该解除行为无效的,人民法院不予支持”,该款规定股东会解除股东资格的三个条件:(1)股东未履行出资义务或者抽逃全部出资;(2)经公司催告其缴纳或返还;

(3)在合理期间内仍未缴纳或者返还出资,即满足上述三个条件可启动对该股东的除名程序。

2. 公司章程规定情形

有限公司章程可以设计解除股东资格的条件、程序和支付对价的规定。

(1)解除条件可以在公司章程中参考下列设计：

①有证据证明泄露公司商业秘密给公司造成重大损失；

②有证据证明违反竞业禁止的规定,严重侵害公司利益；

③因个人行为侵害公司利益判处刑罚；

④因个人行为给公司形象造成恶劣影响的；

⑤有证据证明其他严重损害公司利益的行为。

(2)解除程序可以在公司章程中参考下列设计：

①向全体股东(包括拟被除名股东)发出召开股东除名的股东会临时会议；

②召开临时股东会议并公布除名证据；

③拟被除名股东自行辩解；

④进行除名表决；

⑤保存会议视频、会议记录和除名证据。

被除名股东回避表决,除名决议经参与表决的1/2以上表决权的股东通过即可。

(3)支付对价的规定：

公司章程可以规定,一旦股东被除名,其股权由控股股东或实际控制人买受,并向被除名股东预留的账号支付若干款项作为对价,一般不高于其最初的投资额。

创始人需要时刻清醒和坦诚面对自己,始终不忘提醒自己创业的原动力是什么,是获得经济回报,还是实现自己的人生梦想？其实,都没有对错之分,好坏之别,只是要忠于自己。目的清晰之后,就知道如何取舍,更容易达成自己的目标,如果两个都想要,反而一个也得不到,还容易导致心态失衡,工作中侵害其他股东权益,造成股东矛盾,最终公司也没运营好,得不偿失。

第三节　设置股权动态调整机制

随着公司的发展,股东的知识水平在变,管理技能在变,贡献值在变,公司对生产要素需求的广度和高度也在变,如果股权架构不变就是反人性的,也是最值得忧虑的。设置股权动态调整机制,既能有效减少产生股东矛盾的隐患,也有利于提高公司经营水平,更有利于后期融资和吸引人才。

一、为什么要进行股东的股权动态调整

(一)股权案例

有一家生物医药公司,共甲、乙两位创始人,甲是业务出身,擅长商务拓展和市场运作,负责为公司整合各类资源,乙是专业技术人才,专业过硬,技术大咖。创业初期,甲持股比例是75%,乙持股比例是25%。2年后,这个项目运作的越来越成功,乙的技术研发成果凸显市场价值,乙越来越变成企业的关键人物,市场开拓也逐渐依赖乙的技术研发能力。

同时,公司开始获得机构投资人的青睐,投资人认为公司的价值核心是乙的技术研发能力,但由于甲、乙的持股比例没有任何动态调整的预先设计,乙越来越觉得自己的付出与持股比例、利益回报不对等,付出得多,持股比例少,没有决策权,利益分配少,两位股东几次谈判试图对持股比例进行调整,但没有达成一致意向,结果乙离开公司另立山头,该公司受到致命的打击。

笔者通过上述案例提醒各位企业家和创始人,要时刻强化企业为奋斗者提供舞台的意识,股权没有终身制,基于创始人对企业创立之初的贡献,保留其一部分股权无可厚非,但股东要有危机意识、责任心和使命感,企业要发展,股东更要努力工作,股东没有贡献,其价值和回报无从谈起。可以说,股权的动态调整就是要触动股东内心,与股东的利益回报、工作表现和个人价值贡献深度融合。

（二）有限公司制定股权动态调整机制要考虑以下四点

1. 股东价值观是否一致？即使个别股东的个人价值观与公司整体目标有偏差，但在工作决策中知道与其他股东互相妥协，以公司整体利益为重，具有大局意识，最终能够互相理解，达成共识。

2. 在制定股权动态调整规则时，一般情况下要确保对公司贡献最大的股东持股比例最多，并作为公司的实际控制人。在公司运营中，某位股东核心地位的确立，不仅表现在出资最多，还表现在其具有很强的运营管理能力，处理问题公平公正，高超的专业技能和高尚的人格魅力。

3. 预留合理比例的股权池，既可用来做股权激励，留住优秀人才，也可用来后续吸引优秀人才，给公司持续发展留下股权调整空间。

4. 股权分期兑现机制，在公司发展过程中，股东进进出出时有发生，而股权分期兑现是保证有些股东离开时或对公司的贡献与即将授予的股权比例不对等时，部分未兑现的股权不予兑现，尽最大可能保证股权结构的稳定性。

（三）制定股权动态调整机制必须设立公司发展的阶段性目标

设立公司阶段性发展目标是股东会根据公司的战略规划确定的，阶段性发展目标是对股东在该阶段对公司贡献的检验，根据对股东贡献检验的结果再结合事先预设的股权动态调整规则进行调整。

那么如何设立公司的阶段性发展目标呢？首先选取发展目标的维度，再找参照物。公司发展目标维度通常选取营业收入、净利润、现金流或客户数量等，比如选取了营业收入和净利润的维度，建议从以下几个方面选取参照物：（1）公司上一年度的营业收入和净利润的增长率；（2）公司所在行业的上一年度的营业收入和净利润增长率；（3）中国 GDP 的年增长率。

比如以中国 GDP 增长率为参照物，设立一个具有挑战性的阶段性目标，进行股权的动态调整，在不考虑各种客观因素的情况下，如果公司营业收入和净利润的增长率达到我国当年 GDP 增长率的 2 ~ 4 倍，就进行股权动态调整。

因此，股权动态调整机制就是公司通过设立阶段性增长目标，再根据各个股东的岗位职责进行目标分解，最终按照公司目标和股东个人目标的完成情况，以预设规则重新调整股东的持股比例，从而达到股东的阶段性付出和收益的平衡，让这个阶段作出贡献的股东获得更多的股权额度，体现对其劳动成果和承担风险的肯定。

每个公司应根据自己产品的研发能力、销售能力、商业模式和所处的行业特点制定个性化的发展目标。笔者建议每年设立一个目标，每三年设立一个阶段性目标，设立目标是要充分考虑主客观因素，比如产品的市场竞争力、研发投入力度、国家产业政策、突发性自然灾害和疫情等，比如过去两年的新冠疫情对企业经营发展影响就非常大，是不可抗力的灾难，所以制定公司发展目标周期尽量短些。

在实现每年和每个阶段性目标之后，再对制定的下一年和下一个阶段性目标进行检讨和修订，确保下一个年度和下一个阶段性目标具有足够的挑战性和实现的可能性。

还要注意，股权动态调整的股权兑现要体现股东对公司的价值贡献。比如，依靠人脉关系促成业务交易后，此时的人脉关系对企业才有价值。另外，如果你领取了该笔业务的销售奖励，则这笔贡献不应列入股权动态调整的价值贡献之中，若不领取该笔业务的奖励，可以作为股权动态调整的价值贡献。

二、股权动态调整机制的种类

（一）分期兑现股权的动态调整机制

在公司刚设立之初，股东之间约定对于非资金生产要素的股权比例实行分期兑现机制，比如对运营管理、生产技术和营销渠道等生产要素确定的股权比例，在向该生产要素的持有股东确认持股比例总额后分期兑现，然后根据设定的阶段性目标的达成情况进行分期在公司登记机关登记注册。

但是，应注意：

首先，对于初创企业来讲，创始人不宜投入过多的现金，能够保证在初创期运营使用即可，如果公司业务发展需要必须登记一定数额的注册资本，可以采取认缴制，计算分期缴纳注册资本的数额和期数，进行分期变更登记。

为什么呢？如果在公司创立之初，某创始人投入了大量资金，但公司运营暂时还不需要他这么多现金，就会导致该创始人投入资金的股权价值被高估，比如公司只需要 80 万元现金，某创始人只需投入 20 万元现金即可，应占 25% 股权，但该创始人必须投入 40 万元现金，占了 40% 股权，但他投入的其中 20 万元现金此时公司用不上，闲置起来，但仍然占 15% 的股权，这明显不合理，若这 20 万元下一期投入，那时公司估值已经增加数倍，那时20万元现金的股权价值可能只有5%，甚至1%，所以前期这40万元现金占40%股权比例对其他股东明显不公平。

其次，分期兑现股权机制就是按照股东在公司每年实现经营目标作出贡献的程度，逐年兑现事先约定的股权比例数额，目前大家普遍接受分期兑现股权的方式是，先登记一部分比例的股权，其他股权再按三年分期兑现，如果本年度公司和个人目标都没完或公司目标完成个人目标没完成，则延迟下一年再视完成情况兑现，再完成不了，该比例股权进入股权池，用于吸引新的人才。

再次，分期股权兑现机制重在强调股东对公司的贡献有时间分段的要求，可避免追求短期利益的股东从中获得较大权益，同时也可以让创业初期持股比例较少的但在公司运营中做出更大贡献的股东，通过股权动态调整机制进行股权补偿，使其付出和收益达到平衡，甚至有机会逐渐成为控股股东或实际控制人。

最后，分期兑现的股权动态调整机制，也有对赌的意义存在，比如，希望公司2021年度能够实现公司净利润增长率达到30%，那么，每一个人都要努力工作，大家必须完成目标才能得到事先约定的股权比例。

对新引进人才授予的股权也要实行股权分期兑现机制，可以先按照授予的股权比例让该人才享有全部股权的分红权，甚至可以让他参与公司股东会会议和公司经营管理会议，但在公司登记机关登记时，先登记一小部分比例的股权，其他部分股权再分若干年注册登记，目的是观察彼此的性格能否互补？在工作中出现不同观点时能否互相妥协、互相理解和支持，能否为公司继续研发新产品等，当然，也可以设定当该人才作出更大的贡献时第二年加速兑现。

（二）设立股权池的动态调整机制

公司刚设立时预留一部分股权，在公司发展中，用于对公司发展作出超额贡献的股东进行奖励，对优秀员工进行股权激励，或者用于吸引人才和吸引紧缺的生产要素资源，因此预留股权池进行后续股权动态调整，对企业发展至关重要。

公司运营中设定阶段性发展目标，如果责任股东没有完成，让其减少事先约定的一定比例的股权，成立股权池，用来激励下一阶段作出突出贡献的股东，也可以用于吸引公司紧缺人才。

另外，需要注意以下三点：

1. 利用股权对外融资时，要通过公司估值的增减来反映不同阶段投入资金的股权价值,例如在初创阶段,公司估值200万元,投入2万元资金,占有公司0.99%比例的股权。而在公司发展初期,公司估值400万元,投入2万元资金,就占公司0.4975%比例的股权,估值的增加就是对原股东承担高风险的补偿。

2. 股东提供的生产要素为劳动力资源的,最初商定的持股比例一般比较低,比如部分小股东最初仅是一线的技术操作工,但他的工作效率和工作经验会随着时间的推移而提高,这就意味着他的劳动力价值对公司的贡献不断提升,所以在评估劳动力生产要素的股权价值进行动态调整时,要有发展的眼光。

3. 土地生产要素未来很可能会升值,这是非股东主观因素导致的结果,可以在股权动态调整规则中予以规定,土地价格升高到一定程度时,该生产要素的提供者持股比例可以适度的增加,但一定要有最高限制,因为土地价格的提高和股东个人的持续努力无关,大多是地域政策红利和土地市场竞争的结果。

第四章　如何设计公司控制权

第一节　什么是公司控制权

一、股权案例

创始人甲拥有一项先进的专利技术，找来好朋友乙共同投资成立公司进行创业，在持股比例的分配问题上，甲为了展示公平，保证不让自己好朋友吃亏，主动提出各持股比例50%，这是一个典型的容易造成公司僵局的股权分配模式。在经营过程中，如果股东会的重大决策，股东双方意见不一致，谁也说服不了谁，创始人甲对于公司的经营、管理和发展的想法将无法落地执行。

公司发展初期，股东双方为了公司的生存而拼搏，大部分的决策都能按照甲的想法落地，随着公司资产的积累，销售收入和利润持续增长，乙开始有了自己"独特"的见解，乙对甲提出的重大经营决策开始持反对意见，经常出现谁也说服不了谁的局面，但公司在甲的精心运营下，还是有一定的发展。如何解决公司决策谁也说服不了谁的问题呢？乙提出一个方案，再引入一个股东，他们各转让5%股权给新股东，公司重大事项的决策多一个人讨论，增强科学性，甲考虑到打算引进的新股东自己也比较熟悉，对他的人品也颇为认同，同意这个解决方案，于是，两人共同转让5%的股权给新股东丙，丙持有公司10%的股权比例。丙刚进来时提出的建议还是比较客观，甲提出的重大经营决策方案，在股东会也获得通过，但一年以后情况发生变化，丙的意见经常和乙的意见一致，乙经常会主动提议召开临时股东会并在股东会上提出他的经营思路，有时甲反对也起不到任何作用，最终股东会按照乙的意见形成决议，甲乙之间的矛盾越来越大。

后来，乙把自己持有公司的45%的股权转让给了丙，丙持有55%股权，成为公司的实际控制人，免去甲在公司一切经营管理层面的职务，甲被迫离开公司。这是一个典型的在公司创立阶段创始人没有进行公司控制权设计，最后被夺去控制权的案例，朋友情谊在资本和利益面前变得暗淡无光，资本的逐利性表现得淋漓尽致，不注重对公司控制权的设计对创始人来说，结果很悲伤。

创始人没有公司控制权，无论对公司战略、发展目标和经营管理有多么好的想法，都是空想不能落地执行。比如，公司部分股东作为公司的高级管理人员，不能持续为公司作出贡献，需要重新调整工作岗位，或者为了完善公司产业链需要扩大对外投资，但因为各股东持股比例比较平均，之前也没有制定重大事项的特殊表决规则，在股东会中不能超过半数以上的表决权同意，创始人的上述想法都会无法实施。

二、公司控制权

什么是公司控制权？我们所说的公司控制权就是对公司战略发展、重大决策和经营管理具有的话语权，进一步说就是对公司的经营和管理追求长久和完全的控制。任何企业对创始人来说，拥有控制权往往比持有更多的股份还重要。比如，华为的任正非老先生，只拥有华为 1.98% 的股份，却拥有华为的 100% 控制权，根据阿里巴巴 2020 财年报告马云只占阿里巴巴 4.8% 的股份，但也拥有阿里巴巴的 100% 控制权。很多人对控制权有误解，认为自己在公司持有多少股权比例，就对公司拥有多少权利，其实，在公司持有多少比例的股权与对公司是否有控制权并不是绝对的对应关系。

公司发展过程中，创始人要达到长久和完全控制公司的目的并不是一件容易的事，公司发展的过程就是各方力量不断相互妥协和互相牵制的过程。股权的不断稀释换来公司发展的资金、资源和核心人才，如何能保证创始人（团队）始终掌握公司控制权已经成为公司治理科学化的核心问题。

第二节　公司控制权的设计

公司控制权设计分为三个部分，一是股权层面的控制权设计，二是公司董事会层面的控制权设计，三是公司经营管理层面的控制权设计。

一、公司股权层面的控制权设计

公司股权层面的控制权设计包括持有股权比例超过67%或51%或34%、股权代持、设立持股平台持股、表决权委托、签订一致行动协议、同股不同权、提高通过重大事项表决权比例等。

(一)持有股权比例超过67%或51%或34%

1. 持有股权比例超过67%

拥有公司67%以上比例的股权对股东会职权形成完全的控制，持有股权比例超过67%这条线与持有公司100%股权在公司控制权的效果是一样的，没有任何区别，股东会的任何职权只要持有超过67%股权(表决权)的股东同意都可以通过。除非公司章程另有规定，比如把某些股东会职权表决权通过比例调高，否则股东拥有超过67%的持股比例，就是拥有股东会完整的控制权，因此称之为完全控制线。

《公司法》第43条规定：

股东会的议事方式和表决程序，除本法有规定的外，由公司章程规定。

股东会会议作出修改公司章程、增加或者减少注册资本的决议，以及公司合并、分立、解散或者变更公司形式的决议，必须经代表2/3以上表决权的股东通过。

2. 持有股权比例超过51%

拥有超过51%的股权比例常常被称为绝对控股，实际上用“绝对”二字是不准确的，有些人认为股东持股比例达到51%就可以在股东会中拥有绝对话语权，甚至在公司里呼风唤雨，且不说在公司治理中，股东会的话语权与公司实际经营管理的话语权是两回事，而事实上 51% 的持股比例只是一个“相对控股”的概念，根据《公司法》第 216 条第 2 项的规定，持股 50% 以上的股东属于控股股东，股东会绝大多数关系到公司经营发展的重大职权都可以按控股股东的意志通过，但还是有少部分关系公司生死存亡的根本性职权受到限制，比如受限制的股东会职权有修改公司章程、增加注册资本、减少注册资本、公司合并、公司分立、公司解散和变更公司形式等。从这个意义上讲持股比例超过 50% 低于 67% 只是一个“相对”概念而不是“绝对”概念。

3. 持有股权比例超过 34%

持有超过 34% 的股权比例在公司股东会中具有防御性控制权，股东会的大部分职权能否通过都无法控制，但修改公司章程、增加和减少注册资本、公司合并、分立、解散，变更公司经营形式，没有该股东同意无法通过。最重要的是股东会修改公司章程的职权，该股东不同意无法按其他股东的意志修改，致使其他股东对于股东会职权的行使受到极大限制。

此外，股东也可以在股东协议和章程中对于某些特定权利设置“一票否决权”的限制性条款，这种限制是各方出于各自利益需求相互妥协的结果，符合当时股东各方的真实意思表示，在不损害利益相关方、不违反公序良俗和法律强制性规定的情况下，其效力应得到认可。

4. 股权案例

有三个好兄弟熊三、牛四和马五，他们 3 年前共同注册一家公司，注册资本 100 万元，在公司成立之初分配股权时，三人计划平分天下，每人持股 1/3。但工商注册要求持股比例需要以百分数显示，不能以分数登记，于是熊三提出自己出资 34 万元，占股比例为 34%；牛四和马五各出资 33 万元，占股比例各为 33%。当时牛四和马五并未多想，因为 33% 和 34% 只相差 1%，相差不大，况且，也未超过 50% 成为控股股东，当时并没在意。公司运营两年后，熊三与牛四、马五的经营理念不合，经常发生冲突，公司发展缓慢，牛四和马五便合议谋划，解除熊三的执行董事职务和其担任法定代表人，但二人查阅公司章程发现，如果更换执行董事和法定代表人，必须先经代表 2/3 以上表决权的股东通过，但二人持有的表决权比例无法通过。那么是否可以先修改公司章程呢？根据《公司法》和公司章程的规定，修改公司章程也必须经代表 2/3 以上表决权的股东通过。所以，牛四和马五合计持有股权比例为66%，无论哪种途径提议更换董事长和法定代表人的目的都无法达到。

股权是股东对公司各项权利中的最根本权利，是各项股东权利的源头，公司创始人为了能够使自己的想法贯彻于公司重大决策和经营管理之中，从公司创立开始就应该特别注重对公司股权的控股，从而拥有对公司股东会的控制权，最直接的控制权就是持股比例超过67%或51%，而股权按50∶50、65∶35、40∶40∶20、50∶40∶10的比例分配，任何一个股东对公司的控制权都具有不确定性，容易造成公司僵局，这些股权分配比例通常称为僵局比例，如果公司设立初期是两个或三个股东按照僵局比例分配股权，开始一般不会有太大问题，因为大家还在为解决公司生存问题而拼搏，公司市场价值还不大，股东不会关注公司控制权的问题，但随着公司财富的不断积累，每位股东在公司享有利益的期望值会增大，如果期望与现实有落差时，股东对于如何分配权力和利益就会有不同意见，特别是小股东可能从自己角度出发在公司的重大决策中行使否决权，阻止公司重大经营发展事项落地，有时公司已经敏锐嗅到市场需求，但不能快速决策，丧失发展良机，损害股东利益，特别是持股比例最大股东的利益，所以，创始人对公司具有控制权至关重要。

另外，在公司融资过程中，无论股权如何稀释，创始人的持股比例必须在34%以上，保证对修改公司章程有否决的权利，一般恶意并购者成为公司控股股东之后，首先就是要对公司章程进行修改，以实现自己对公司改变治理模式的想法，但公司章程是为创始人（原控股股东）量身定制的，创始人只要保持有34%以上的股权，即使失去控股股东的地位也能在一定程度上保障自己的权利。

（二）股权代持

1. 定义

股权代持又称委托持股、隐名投资或假名投资，是指实际出资人与他人约定，以他人名义代实际出资人履行股东权利和义务的一种股权安排方式。股权代持是保证创始人对公司具有控制权的方法之一，如果创始人持股比例未达到控制公司股东会的控股线，比如未超过67%或51%，但是他年富力强、威望高，其他小股东非常信服，为了保证公司长远和持续发展，需要保持公司控制权的稳定性，同时也为了避免后续股权融资时，因股权稀释进一步减少创始人的持股份额，小股东与创始人签订股权代持协议，小股东将其持有公司的股权委托创始人代为持有，小股东作为隐名股东，其股权实名登记在创始人名下，创始人成为小股东的显名股东。这里要特别说明，依据法律规定，在公司登记机关登记为公司股东具有对外公示作用，拥有《公司法》规定的各项权利，实际出资人在隐名情况下，对公司没有任何直接权利，不能对抗善意第三人，实际出资人只能通过代持协议证明本人是公司实际股东，通过代持协议保障自己的权利，对公司只能通过代持人行使权利，但代持协议经公司和其他股东确认后可以做特殊约定，实际出资人拥有除实名登记、签字确认之外的其他股东权利。

2. 股权代持的风险

股权代持没有真实反映公司实际出资人的股东身份，破坏公司股东结构和股权结构的确定性和稳定性，代持人存在侵害实际出资人合法权益的可能性，所以股权代持会存在一系列的法律风险。

(1)对实际出资人的风险

风险一：实际出资人主张股东显名，要求在公司登记机关实名登记为股东，实操中公司登记机关作为一个股权转让的过程来看待，需要签订股权转让合同，如果股权增值还要缴纳个人所得税。另外，股东内部也需经其他股东过半数同意才能转让，有些股东会认为与代持人合作已经比较默契，如果实际出资人显名登记，可能与实际出资人合作存在人合性障碍，不同意股东变更，根据《公司法解释三》第 24 条第 3 款规定，“实际出资人未经公司其他股东半数以上同意，请求公司变更股东、签发出资证明书、记载于股东名册、记载于公司章程并办理公司登记机关登记的，人民法院不予支持”。

这说明实际出资人若通过诉讼的方式达到显名的目的，但实际出资人不能提供公司其他股东过半数同意的相关证据，法院将无法支持实际出资人的诉讼请求。

风险二：根据《公司法解释三》第 24 条第 1 款“有限责任公司的实际出资人与名义出资人订立合同，约定由实际出资人出资并享有投资权益，以名义出资人为名义股东，实际出资人与名义股东对该合同效力发生争议的，如无法律规定的无效情形，人民法院应当认定该合同有效”的规定，实际出资人与代持人之间签订的股权代持协议是合法有效的，但代持协议只存在于实际出资人和代持人之间，约定协议双方的权利和义务，如果公司和其他股东事先不知道股权代持关系，或者知道代持关系但对隐名股东的身份不予认可，那么实际出资人的股东权利无法直接得到保障。例如，实际出资人与代持人签订的代持合同约定公司年终利润分红直接汇入实际出资人账户，如果公司没有确认代持关系，公司不会把分红直接支付给实际出资人，实际出资人只能根据代持协议的约定，由代持人收取分红后再转给自己。再如，实际出资人无法直接行使股东知情权，根据《公司法》第33条“股东有权查阅、复制公司章程、股东会会议记录、董事会会议决议、监事会会议决议和财务会计报告。股东可以要求查阅公司会计账簿。股东要求查阅公司会计账簿的，应当向公司提出书面请求，说明目的。公司有合理根据认为股东查阅会计账簿有不正当目的，可能损害公司合法利益的，可以拒绝提供查阅，并应当自股东提出书面请求之日起十五日内书面答复股东并说明理由。公司拒绝提供查阅的，股东可以请求人民法院要求公司提供查阅”的规定，只有登记注册的股东，才有权查阅公司章程，股东会决议，董事会决议，查阅会计账簿，如果公司拒绝股东查阅，可以提起民事诉讼，法院可以判决公司向股东公开，但实际出资人没有记载于股东名册也没有在公司登记机关进行股东登记，法院不会判决实际出资人有权查阅公司相关资料。

风险三：根据《公司法解释三》第25条第1款规定：“名义股东将登记于其名下的股权转让、质押或者以其他方式处分，实际出资人以其对于股权享有实际权利为由，请求认定处分股权行为无效的，人民法院可以参照民法典第三百一十一条的规定处理”。也就是说代持人将代持股权转让或质押，保护善意第三人的利益将优先于保护实际出资人，如果代持人违反代持协议的约定，擅自转让代持股权或对代持股权设定质押，买受人或质押权人不知道该股权为代持股权，按照善意取得原理，善意第三人可以获得受让的股权或可以行使质押权，实际出资人只能依据代持协议向代持人主张违约责任。

风险四：代持人因债务纠纷被提起诉讼，判决承担责任后成为被执行人，人民法院为保护债权人利益，代持股权可以作为被执行财产进行评估拍卖，实际出资人没有法律依据阻止法院的查封和拍卖行为，只能在事后，依据代持协议向代持人主张赔偿损失。

（2）对代持人的风险

风险一：由于实际出资人怠于出资，代持人未按约定履行出资义务，公司或其他股东起诉代持人对公司履行出资义务或债权人起诉代持人对公司债务承担补充清偿责任，代持人会有承担相应责任的风险。根据《公司法解释三》第13条第1款“股东未履行或者未全面履行出资义务，公司或者其他股东请求其向公司依法全面履行出资义务的,人民法院应予支持”和第 2 款“公司债权人请求未履行或者未全面履行出资义务的股东在未出资本息范围内对公司债务不能清偿的部分承担补充赔偿责任的,人民法院应予支持”的规定,代持人在公司登记机关登记为公司股东,是股东合作协议中的一方当事人,如果全体股东约定注册资本采取认缴方式分期缴纳,注册资本的缴纳,代持人受制于实际出资人,如果实际出资人出于恶意或有其他目的不向代持人支付认缴的出资款,代持人只能自己先向公司或债权人承担责任,然后再依据代持协议向实际出资人追诉,要求实际出资人赔偿损失,但代持人的法律风险是一直存在的。

风险二:如果代持人拟退出股东身份,需要以股权转让的方式向实际出资人转让股权,但能否转让成功还存在不确定性。根据《公司法》第 71 条第 2 款的规定,“股东向股东以外的人转让股权,应当经其他股东过半数同意。股东应就其股权转让事项书面通知其他股东征求同意,其他股东自接到书面通知之日起满三十日未答复的,视为同意转让。其他股东半数以上不同意转让的,不同意的股东应当购买该转让的股权”。如果其他股东事先不知道代持人的股权是代他人持有的,在代持人要求对外转让股权时,其他股东不同意代持人退出,代持人代持的股权可能由其他股东收购,导致实际出资人不能受让代持人的股权,代持人的股权退出未达到代持协议约定的由实际出资人显名登记的目的。

有限责任公司注册登记的股东与实际出资者具有一致性,是出资人行使股东权利的本质要求,另外,有限公司还具有人合性和资合性特征,并以人合性特征更为突出,股权代持不仅使实际出资人不能直接行使股东权利,而且直接破坏股东之间的信任关系,不利于股东稳定和公司持续发展。因此,为了保持股东之间的彼此信任,保证公司的人合性特征,公司通过合作协议和公司章程对于新股东入资、股权对外转让等事项进行比较严格的规定。但出于各种目的的股权代持行为,一旦代持人要求退出公司或实际出资人要求确认股东身份,特别在实际出资人与公司其他股东缺乏信任的情况下,就会破坏公司的和谐稳定。

创立公司是否请他人代持股权,是否为他人代持股权,应根据实际情况审时度势,由于对代持双方都存在很大风险,一定要做好风险评估。

当然,可以通过在代持协议里公司盖章确认和其他股东签名确认的方式,保障实际投资人的权利,也保证代持人能够退出,但无论如何代持行为都有风险,要慎重使用,但这种处理方式,对于创始人达到对公司实际控制的目的还是有一定积极意义的。

(三)设立持股平台持股

1. 持股平台常见形式

设立持股平台常见的有两种形式,一种是有限责任公司形式,另一种是有限合伙企业形式。对比两种持股平台形式的优劣,有限公司要签订股东合作协议,设立公司章程、并完善公司法人治理结构设立三会一层,仍然可能产生公司控制权问题,而有限合伙企业,相对简单易操作,各方签订一份合伙协议就可以了,合伙人分为普通合伙人(GP)和有限合伙人(LP),普通合伙人管理合伙事务,控制合伙企业,对合伙企业的债务承担无限连带责任,也称为执行事务合伙人,有限合伙人不参与合伙企业事务的管理,只参与利润分配,并以其认缴的出资额为限对合伙企业债务承担责任。在实际设计落地中,为了实现创始人对合伙企业的实际控制和承担有限责任,普通合伙人一般由创始人设立的有限公司担任。所以,通过有限合伙企业的持股平台形式加强创始人对公司的控制权是一种比较常见的方式,这种设计就是让部分股东成为有限合伙企业里的合伙人,让其先向有限合伙企业出资,再由有限合伙企业向公司出资,使这部分股东达到间接持有公司股权的目的,这部分股东成为合伙企业的合伙人之后只享有经济收益,由执行事务合伙人对有限合伙企业的日常管理进行决策,创始人达到通过有限合伙企业加强控制公司的目的。

2. 股权案例

蚂蚁金融服务集团起源于2004年成立的支付宝,2013年3月,阿里以蚂蚁金服为核心筹建小微金融服务集团,目前蚂蚁集团市值已经超过2万亿元,马云作为实际控制人,但个人持股比例不超过8.8%,远低于公司在注册成立时的80%。

那么马云是如何通过持有小比例股权实际控制一家超2万亿元市值的金融帝国的呢?

我们先看蚂蚁集团申请上市前的股权结构,见图4-1。

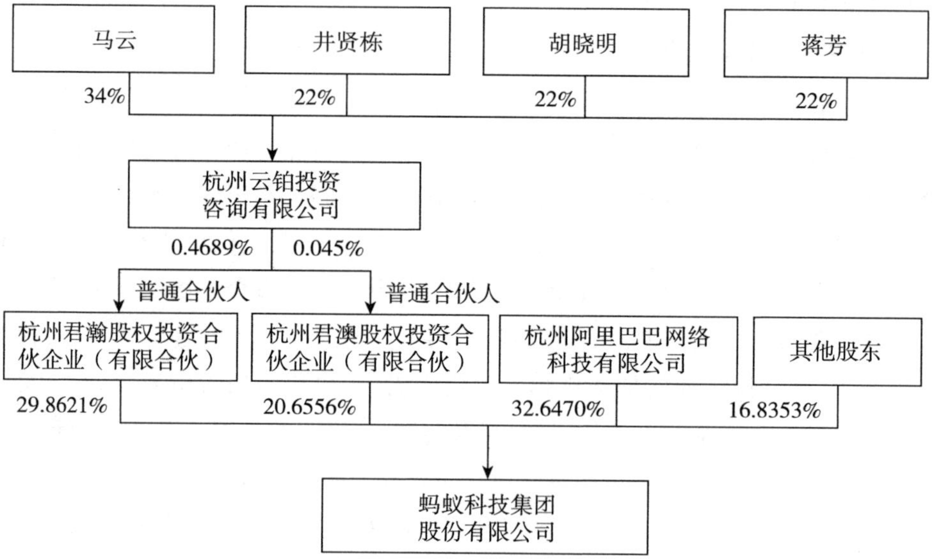

图4－1 蚂蚁集团上市前股权结构(源自招股说明书)

从蚂蚁集团的股权架构可以看出,杭州云铂投资咨询有限公司(以下简称杭州云铂)是整个股权架构的核心,马云持有杭州云铂34%股权,是杭州云铂的实际控制人,杭州云铂作为杭州君瀚股权投资合伙企业(以下简称君瀚合伙)与杭州君澳股权投资合伙企业(以下简称君澳合伙)的普通合伙人,实际控制这两个合伙企业,两个合伙企业合计持有蚂蚁科技集团股份有限公司(以下简称蚂蚁集团)超过50%的股权,是蚂蚁集团的控股股东,马云就是通过有限合伙企业架构设计,层层延伸控制权,最终成为蚂蚁集团的实际控制人。

马云不是自己本人作为君瀚合伙和君澳合伙的普通合伙人,而是注册了杭州云铂作为普通合伙人,原因主要有两个:

一个是风险隔离,根据《合伙企业法》的规定普通合伙人对合伙企业的债务承担无限连带责任,而马云通过出资设立杭州云铂作为普通合伙人(马云对杭州云铂的债务承担有限责任),这样一来,两个合伙企业的债务均由杭州云铂承担无限连带责任,隔离了马云对君瀚合伙和君澳合伙债务的连带责任。

另一个是调整灵活,如果马云直接作为有限合伙企业的普通合伙人,他不能再作为该有限合伙企业的有限合伙人,而通过杭州云铂担任普通合伙人,马云既可以行使普通合伙人的权力,又可以再做有限合伙人。另外,如果未来马云不想做蚂蚁集团的实际控制人，也无须通过杭州云铂转让有限合伙企业的份额，直接转让其持有的杭州云铂股份即可。

有限合伙架构的优点在于可以实现投资与话语权相互分离，普通合伙人虽然出资很少，但是在合伙协议中可以约定享有合伙企业的全部话语权，担任执行事务合伙人，有四两拨千斤之妙用，而有限合伙人虽然没有话语权，但是未来可以享受投资收益的所有权。

这是通过设立持股平台的方式实现公司控制权的经典案例。

（四）表决权委托

1. 定义

公司股东在一段较长时间内，将其所有股东权利中的表决权委托给第三方行使，委托人和受托人之间应签订委托协议，明确由受托人行使表决权的具体事项和表决意见，通常会议的召集人要求受托人每次召开股东会都必须出示特定的委托书。在公司发展过程中，创始人为了达到控制公司的目的，通过部分股东表决权委托给自己行使的方式，使自己持有的表决权比例超过67%或51%。当然表决权委托中的受托人并不一定是公司股东。

2. 股权案例

江苏天常复合材料有限公司（以下简称江苏天常）实际控制人为陈美城，该公司的子公司连云港天常复合材料有限公司（以下简称连云港天常），江苏天常曾进行一次股改并在2017年11月申报IPO，后撤回并重新变更为有限公司，在申报IPO前，江苏天常与连云港天常的自然人股东肖彩霞签署了《委托投票权协议》，约定肖彩霞将其持有连云港天常19%的股权对应的表决权等权利授权给江苏天常行使，具体包括：（1）连云港天常股东会议审议议案时，江苏天常可根据自己的意志行使19%的股权对应的表决权；（2）江苏天常享有19%的股权对应的提案权、提名权等股东权利；（3）委托期限自协议签署之日起至肖彩霞持股比例低于1%以内之日；（4）上述授权委托无条件且不可撤销。肖彩霞承诺自协议签订之日起5年内不转让上述19%的股权，期限届满后拟转让股权的，同等条件下江苏天常享有优先购买权。

肖彩霞委托投票表决权主要原因：其长期生活在北京，仅承担财务投资人角色；肖彩霞与陈美城也是多年朋友，双方存在较深的信任关系；江苏天常多年来经营管理连云港天常业绩良好。因此，肖彩霞愿意将连云港天常19%的股份权对应的投票权委托给江苏天常行使。

3. 表决权委托的风险

在我国，无论是上市公司、非上市股份公司还是有限公司，持股比例低的股东想通过表决权委托的方式争取到公司控制权是非常困难的，但是当几个大股东持股比例相近时，在争夺对公司控制权的过程中，小股东的表决权委托给谁就会起到关键作用，尤其是在各方表决权极其接近的时候，小股东手中表决权就会左右全局。

还有另外一个风险，基于合同约定的委托关系是可以依法解除的，如果有些股东解除委托权怎么办？所以对于创始人来讲，表决权委托合同的委托权限、委托时间、违约责任等条款要约定具体明确，特别是约定高额的违约金是防止委托协议解除的重要方法。股东表决权委托使得全部或一部分股东统一行使股东权利，对于上市公司来讲维持控制权的稳定，维护广大投资者的利益有积极作用，现在监管部门的监管思路是将表决权委托双方视为一致行动人纳入监管，进一步规范表决权协议提前解除的行为，同时将委托双方视为一致行动人，减少表决权委托协议纠纷产生的机会，同时也限制当事人表决权委托撤销的可能性，进而实现上市公司的控制权和所有权分离的有效制衡。

(五)签订一致行动协议

1. 定义

根据证监会《上市公司收购管理办法》第83条第1款的规定，一致行动是指投资者通过协议、其他安排，与其他投资者共同扩大其所能够支配的一个上市公司股份表决权数量的行为或者事实。

签订一致行动协议的各方构成的一致行动人，此处的“协议”，不仅包括一致行动协议，也包括股东合作协议和章程里的一致行动条款等书面文件。另外，一致行动的定义虽然只在《上市公司收购管理办法》中有明确定义，但在非上市公司的控制权设计中也被大量采用，很多一致行动协议不仅涉及股东的表决权问题，还涉及其他股东权利。

2. 股权案例

海天调味食品股份有限公司(海天味业:603288)的创始人为庞康，庞康、程雪、陈军阳、黄文彪、叶燕桥和吴振兴六人作为海天味业的实际控制人，合计持有佛山市海天调味食品股份有限公司49.66%的股份，同时也是母公司广东海天集团股份有限公司(以下简称海天集团)的实际控制人,六人合计持有海天集团57.05%的股份。

六人中,“带头大哥”一直是庞康,上市前庞康持有海天味业股权比例为10.66%,上市后为9.57%,上市前,庞康持有海天味业母公司海天集团股权比例为30.44%,上市后持有比例上升至39.3663%,而海天集团持有海天味业的股权比例为58.26%,也就是说,庞康通过直接和间接共持有海天味业股权比例为32.5%,没有达到34%的重大事项否决权的比例。为了保证对海天味业的控制权,庞康与其他五人在2011年签署《一致行动确认及协议》,约定六人对股东会表决事项有不同意见时,根据持有多数股份的人意见行使表决权,至今持股比例最高的共同实际控制人一直为庞康。

六位实际控制人均是公司元老级高层管理人员,在海天集团和海天味业相继工作超过20年,经历了公司的不断发展壮大,签订一致行动协议后使得公司控制权长期维持稳定,有利于公司的基业长青,繁荣发展。

对于有限公司来说,“一致行动”就是创始人和公司部分股东通过协议约定就公司特定事项的决策采取一致行动,如果大家意见不一致时,部分股东按照创始股东的意见表决,创始人以巩固在公司中的控制地位。

举个例子,几个人一起创业,经过数轮融资稀释股权之后,创始人我持股比例只有33%,联合创始人你只有12%,联合创始人他只有8%,按照任何一个人的持股比例在公司都不能形成决策权,但三个人加一起超过51%,就可以控制股东会职权的绝大部分决策事项,那就签署一致行动协议约定:在公司股东会重大事项表决之前,我们三位先开个小会,讨论一下我们是什么意见,讨论出一致意见之后再参加公司股东会的表决。如果我们三个人不能达成一致意见,为了快速决策,那就以创始人意见为准。

(六)同股不同权

1.定义

所谓的同股不同权,是指公司资本结构中包含两类或多类不同表决权的股权安排。比如,同股不同权为AB股结构,A类股一般由管理层持有,而管理层通常为创始人或联合创始人及其团队;B类股一般为财务投资者股东持有,此类股东一般对创始人及其团队非常认可并看好公司发展前景,重点追求的是利益回报,因此,愿意放弃一定的表决权作为交换条件。这种股权安排对于科技创新型且成长性比较强的企业既可以直接利用股权进行融资，同时又能避免表决权过度稀释，造成创始人及其团队丧失公司控股权，保障此类企业能够稳定发展。类似百度、阿里、京东等均为“AB 股结构”。

2. 我国法律同股不同权的差异化安排

设立 AB 股结构使创始人团队实现对公司的控制权，这是大家习惯说法，在我国，按照科创板上市规则，应称之为表决权差异安排。

表决权差异安排根据我国的现行法律规定有两类：

第一类是在有限公司里面，按传统思维，享有对公司绝对控制权最直接的方式，就是在出资比例上占绝对优势，比如出资比例超过 51% 或 67%，进而掌握公司股东会绝大比例的表决权。如果根据《公司法》第 42 条“股东会会议由股东按照出资比例行使表决权；但是，公司章程另有规定的除外”的规定，有限公司的股东可以自主约定，股东的表决权可以不等于出资比例，这种设计可以让出资比例相对小的但能力强、德高望重的股东，持有能够控制公司股东会的大比例表决权，这种安排实际就是其他股东让渡表决权给能力强、德高望重的创始人股东来控制公司，保证公司在经营管理中快速形成决策，占领市场，保障公司利润最大化，股东收益最大化。

实践中，不少企业家还认为有限责任公司也应该是同股同权，公司股东的表决权是按照出资比例确定的，这本没有错，但在当今的社会，创业已经不是单打独斗的项目，更不是出资为王的表演，而应该强调抱团发展，集中各种资源（资金、技术、管理、人脉和营销渠道等），打造共同发展的事业合伙人机制，在某种程度上，人力资本的价值已比资金的价值更为重要的今天，如果再一味地按照出资比例决定表决权比例，已不适应时代发展需求。

第二类是存在于科创板上市的股份有限公司，2019 年 1 月 28 日证监会依据国务院的要求出台了《关于在上海证券交易所设立科创板并试点注册制的实施意见》，随后的 3 月，证监会又发布了《科创板首次公开发行股票注册管理办法（试行）》《科创板上市公司持续监管办法（试行）》，上海证券交易所也依据证监会的授权发布了《上海证券交易所科创板股票发行上市审核规则》《上海证券交易所科创板股票上市规则》（以下简称上市规则）等一系列规定，这些规范性文件形成具有中国特色的“同股不同权”的表决权差异化安排。

上市规则规定的科创板上市条件，淡化了利润指标条件要求，更多地强调企业的市值和营业收入指标条件，表决权差异化安排就是为了使市值高并且营业收入比较好的成长型企业，实现上市融资，并且保持创始人团队公司控制权而设计的，我国原来对股份有限公司的设计是不承认这种表决权的差异化安排，一直是同股同权，但这次科创板上市规则做了大胆探索，是为了让一些优质的技术领先的科技创新型企业在国内落地生根，因此，借鉴了国外成熟资本市场的经验，给达到一定规模的拟在科创板上市企业开了一个口子，可以做表决权差异安排，但这是有条件的：要求市值及财务指标应当至少符合下列标准中的一项：一项是预计市值不低于人民币100亿元；另一项是预计市值不低于人民币50亿元，且最近一年营业收入不低于人民币5亿元。

科创板上市规则还规定发行人在首次公开发行并上市前不具有表决权差异安排条件的，在上市后不得以任何方式设置此类安排，意思是刚上市时不够条件做表决权差异安排的，上市以后达到条件也不可以进行这样的安排，还规定每份特别表决权股份的表决权数量应该相同，且不得超过每份普通股份的表决权数量的10倍。

3. 股权案例

2018年7月9日，小米集团正式在香港证券交易所上市，股票代码01810. HK，虽然发行当日出现跌破发行价，但估值依然超过540亿美元，跻身有史以来全球科技股IPO前三名，小米集团在香港上市对于香港股市具有里程碑意义，因为是在香港上市首家有“同股不同权”（AB股）安排的公司。

小米上市前，在港交所看来，这种同股不同权结构安排违反股权平等原则，会伤害中小股东利益，原上市规则禁止设置双层股权结构，但是港交所自“错过”阿里巴巴之后，开始着手对IPO进行改革，对科技企业在港股上市的限制放宽，可以做“同股不同权”的安排，小米向香港证券交易所递交IPO申请，成为香港股市改革后首个吃螃蟹的公司。

小米《招股说明书》披露“本公司股本将分为A类股份及B类股份，对于提呈本公司股东大会的任何决议案，A类股份持有人每股可投10票，而B类股份持有人则每股可投一票，除有限保留事项有关的决议案投票外，每股股份享有一票投票权”。

“除有关保留事项的决议案外，不同投票权受益人可就本公司股东大会上任何事项的股东决议案行使以下投票权：

(A)雷军可因(Ⅰ)实益拥有4,295,187,720股A类股份;(Ⅱ)实益拥有2,283,106,380股B类股份及(Ⅲ)根据投票代理协议的378,410,630股B类股份行使55.20%投票权;(B)林斌可因(Ⅰ)实益拥有2,400,000,000股A类股份及(Ⅱ)实益拥有391,233,610股B类股份行使29.52%投票权。”

根据小米集团的招股说明书披露可知,上市前小米集团公司章程约定了不同的投票权架构。持有公司A类普通股的股东为SMART MOBILE HOLDINGS LIMITED(雷军的持股平台)、林斌、AS TRUSTEE OF BIN LIN TRUST(林斌的持股平台)。投票权架构中关于A类普通股与B类普通股和其他各轮优先股的设计区别在于对于审议事项时所能代表的投票权数量的区别。除涉及极少数保留事项有关的决议案外,对于提呈公司股东大会的任何决议案,A类股份持有人每股可投10票,而B类股份持有人每股可投1票。而对于保留事项的议案,A类股份、B类股份每股股份均只有1票投票权。保留事项包括:

(1)修订章程或细则,包括修改任何类别股份所附的权利;

(2)委任、选举或任免任何独立非执行董事;

(3)委任或撤换公司会计师;

(4)公司主动清算或结算。

根据香港联合交易所有限公司的《上市章程》规定,小米集团在香港上市之日后将继续实行的特殊投票权架构:A类普通股为一类,B类普通股为另一类;在股东投票时,每A类普通股股份有10份投票权,每B类普通股或优先股股份有1份投票权。

此外,雷军掌握小米控制权主要通过其自持的A类股票和B类股票,但是同时也有其他股东持有的小比例股份,把投票权委托给他行使。可见,掌握公司控制权不仅限于一种方式,完全可以按需要设计多种方式共同使用。

(七)提高通过重大事项表决权比例

通常公司章程规定股东会职权,绝大多数必须经代表1/2以上表决权的股东通过,而少数重大事项,如修改公司章程;公司分立、合并、解散;增加、减少注册资本,变更经营形式,需经代表2/3以上表决权股东通过。公司章程可以设计重大事项提高表决权通过比例,比如,在选举和更换董事需要代表2/3以上表决权股东通过,修改公司章程需要代表3/4以上表决权股东通过,这样外部投资人通过恶意并购变更公司董事和修改公司章程就很难了,因为对于非创始人股东持股比例超过67%或75%是非常困难的，除非创始人同意变更和修改，否则作为创始人股东无论如何进行股权稀释也很难低于34%或25%，但前提是在公司成立时对公司章程的设计要更符合创始人和公司的实际要求。

二、公司董事会层面的控制权设计

公司董事会层面的控制权是指对公司经营管理具有直接决定权的董事会的控制，包括对董事会组成人员的结构、董事的提名、选举和罢免、董事长的一票否决权、董事长和董事任职条件的设置、决定聘任和解聘总经理、法定代表人人选等一系列安排。

《公司法》第111条规定："董事会会议应有过半数的董事出席方可举行。董事会作出决议，必须经全体董事的过半数通过。董事会决议的表决，实行一人一票"，因此，建议创始人及其团队在公司初创时期董事会的席位应超过2/3，而随着后期不断融资董事的席位也不能低于1/2，以保证创始人及其团队在董事会的决策权。

董事会层面的控制权，在股权相对分散或持股比例相对平均的公司中尤其重要，这类公司对公司的控制往往体现于对公司董事会的控制，如果公司召开股东会的次数很少，一年可能就一两次的定期会议，公司的日常经营决策基本通过董事会会议形成决议，所以，控制了董事会，也就控制了公司的绝大部分经营管理权。在公司融资过程中，投资人的投资条件之一往往要求向公司委派董事，此时董事会的构成会发生变化，需要创始人格外关注公司章程规定董事会组成人员的条件设置。

（一）公司董事提名权、选举权和罢免权设计

董事包括独立董事和非独立董事，要选举产生公司董事，首先需要提名候选人，《公司法》第102条第2款规定："单独或者合计持有公司百分之三以上股份的股东，可以在股东大会召开十日前提出临时提案并书面提交董事会；董事会应当在收到提案后二日内通知其他股东，并将该临时提案提交股东大会审议"，本条规定间接赋予了股东对董事的提名权，以临时提案的形式向股东大会行使提名或更换董事的权利。而对于独立董事提名也有专门的规范文件，在《关于在上市公司建立独立董事制度的指导意见》第4条第1项规定："上市公司董事会、监事会、单独或者合并持有上市公司已发行股份1%以上的股东可以提出独立

董事候选人”。董事的提名权是体现股东为保障自己的投资利益参与公司经营管理的应有之义，董事的意见能够左右公司经营管理决策，特别是上市公司中的非独立董事，深度参与公司实际运作，更加关乎上市公司的未来。

公司重大日常经营事项的决策通常由公司董事会进行决议，也就是说，控制董事的选举和罢免就是控制公司的经营决策，所以公司控制权之争也体现在董事的提名、选举和罢免上，为了保障创始人对董事会层面的控制权，可以在章程中预设，对创始人股东以外股东的董事提名权进行限制，比如新股东在3年之内没有董事的提名权，新股东在一定时期内就很难插手公司的日常经营决策，很大程度减少恶意并购发生的概率。

(二)设置董事长的一票否决权

有限公司召开董事会，决议通过比例《公司法》没有规定，公司章程可以按公司实际情况自己设定，这是出于有限公司更侧重人合性要求的考虑，法律没有过多干预，但可以按照股份有限公司的规定“董事会会议应有过半数的董事出席方可举行，董事会做出决议，必须经全体董事过半数通过”，在有限公司，公司章程可以设置，除了“董事会做出决议，必须经全体董事过半数通过”之外，还可以设定董事会某些经营事项董事长有一票否决权或某些经营事项由董事长单独作出决定。

(三)董事长和董事任职条件的设置

有限公司设立之初，公司的董事长和董事通常由公司创始人及其团队担任，为了保持公司经营管理的决策控制权不变，公司章程可以对董事长和董事的产生办法和任职条件进行固定，比如，可以规定必须由创始股东或某个股东提名的人员担任董事长；创始股东可以提名多名董事；董事的选举采取等额选举的方式。还可以规定董事长和董事的任职条件，比如工作履历条件、学历条件、职称条件、是否拥有知识产权条件等，甚至可以在公司章程里直接写明执行董事和董事长的人选，以限制创始股东以外股东提名董事，来保持公司控制权的稳定。

(四)总经理的提名权和决定聘任和解聘

《公司法》第49条第1款规定，“有限责任公司可以设经理，由董事会决定聘任或者解聘”，经理对执行董事或董事会负责，落实董事会的各项经营决议和对公司的日常经营管理，也是体现创始人对公司拥有控制权的重要方式之一，因此,公司章程可以规定董事长有提名经理的权利,以保证创始人对公司日常经营管理的控制。

(五)法定代表人的人选的确定

公司法定代表人通常由公司董事长或总经理担任,并在公司登记机关进行公示,在法律和公司章程规定的职权范围内,对外直接代表公司,是对外公示的公司负责人,法定代表人的职务行为就是公司的行为,形成法律后果由公司承担。也就是说,公司法定代表人在签订商务合同时可以代表公司签字,公司就要受到合同的约束,履行合同规定的权利和义务,对于初创公司来说,公司的董事长、总经理和法定代表人通常会由创始股东或其指定的人担任,担任法定代表人是对公司具有控制权的重要标志之一。

(六)股权案例

阿里巴巴的公司控制权设计经验

阿里巴巴的股权非常分散,在股权层面很难形成对公司的控制,正因为股权分散,公司董事会层面控制权设计就显得十分必要,马云作为阿里巴巴的创始人,在其个人持有的阿里巴巴股权比例只有4.8%左右,但依然拥有对公司的控制权,阿里巴巴的公司控制权设计是公司控制权设计最成功的典型案例,那么它是怎么做到的呢?

(1)阿里合伙人的董事提名权

董事会是公司经营管理的具体执行者,阿里巴巴董事会拥有管理公司的最高权力,通过公司章程设计确保阿里合伙人提名的公司董事候选人当选公司董事。

第一,阿里巴巴一半董事的提名权由阿里合伙人拥有,股东大会投票必须从提名董事候选人中选举出公司董事。

第二,马云、蔡崇信和软银、雅虎就投票选举董事达成一致协议,保证阿里合伙人提名的董事全部能够选入董事会。

第三,如果要修改公司章程中关于阿里合伙人的董事提名权及其相关条款,必须在股东大会上得到出席股东大会的所有股东所持表决票数95%以上的同意,否则不能修改。

由于阿里巴巴上市主体的注册地在开曼，开曼的公司法对公司特别事项的表决通过没有具体持股比例的限制，所以公司章程可以对公司特别事项的表决通过规定一个很高的股权比例，从而在某些股东提出修改公司章程条款的议案时不能顺利通过，以保证阿里合伙人对公司经营管理的控制权。

(2)"合伙人"决定董事会一半以上人选

阿里合伙人拥有公司董事提名权，而合伙人提名的董事又总能在董事会中占有一半以上的席位。那么合伙人内部是如何提名董事，并能够成功入选董事会的呢？

首先，公司章程规定，合伙人享有提名董事会简单多数(50%以上)成员候选人的专有权。而在阿里合伙人当中设置一种类型合伙人叫永久合伙人，永久合伙人除非退休、离职、丧失行为能力或被合伙人会议50%以上合伙人投票除名，否则一直享有公司董事提名权，马云、蔡崇信就是阿里的永久合伙人，因此马云除非退休否则始终有董事提名权。

其次，被合伙人提名的董事要想成为董事会正式成员，根据公司章程规定，需在年度股东大会上经持有1/2以上表决权的股东通过。马云、蔡崇信与软银、雅虎通过达成的投票协议约定，软银(在持有阿里不低于15%的股份的情况下)、雅虎在股东大会上支持合伙人所提名的董事成为公司董事会成员。由于马云、蔡崇信、雅虎、软银持有的阿里股份比例超过69.5%，因此合伙人所提名的董事候选人最大可能会当选为公司董事。

在公司控制权设计上，阿里为保证合伙人对公司的控制权万无一失，公司章程规定，即使阿里合伙人提名的董事候选人没有当选为董事，或当选后因某种原因离开董事会，那么阿里合伙人有权指定临时过渡董事填补空缺，行使董事职权，直到下届年度股东大会召开，其提名的董事候选人成功当选为董事。而且，公司章程规定，在任何时间，不论任何原因，当董事会成员中阿里合伙人所提名的董事少于简单多数时，阿里合伙人都有权指定不足数量的董事会成员，以确保董事会成员中简单多数是由合伙人提名。

通过这种设计，合伙人总能让自己提名的人当选董事或行使董事的权利，以马云和蔡崇信为首的合伙人通过这样的程序实际控制了公司半数以上的董事，从而达到通过董事会管理公司的目的。

(3)确保合伙人的意志一致

上述合伙人制度设计极大地保证了合伙人对阿里的控制权,那么如果合伙人之间对于提名董事候选人意见不一致如何处理呢?

阿里有自己的一套规则对进入阿里合伙人团队的合伙人有着严格的条件限制,合伙人最基本的条件是要持有公司股份,而且要对公司发展做出过积极贡献,对公司文化高度认可,愿意为公司使命、愿景和价值观全身心地投入工作并贡献全部力量。在进入合伙人团队的程序上也有严格的要求,首先要经过合伙人委员会提名,然后再经过全体合伙人投票,75%以上的合伙人投票同意才能正式进入合伙人团队,经过层层的严格筛选出的阿里合伙人对公司的战略和发展目标是一致认可的。

阿里的合伙人制度使得马云带领的核心团队团结一心,目标一致,确保公司的控制权稳定。

三、公司运营管理层面控制权设计

公司运营管理层面的控制权是指能够对公司实际运营和业务发展产生实质和重大影响的某些环节的实际控制,比如对公司各类印章和证照的保管、对公司财务和资金的控制、对公司业务核心资源的控制、对知识产权使用权的控制等。

(一)对各类印章、营业执照的保管

公司各种印章的刻制需要提交营业执照复印件和法定代表人身份证复印件,然后到公安机关许可的刻制企业进行刻制,因此刻制印章有严格的程序要求,因为印章对外代表公司法人的意志,公司应对其出具加盖公司印章的承诺性文件予以遵守,并以公司法人自有财产为限承担民事责任,可见印章的使用对公司来讲非同小可,所以公司应建立各类印章和营业执照的管理制度,切实保证公章、财务专用章、合同专用章、营业执照掌握在创始人的掌控之下,保障公司各种经营活动的顺利进行。

(二)对公司财务和资金的控制

公司财务和资金是公司运营管理的核心,统筹公司的经营计划、产品研发、资产管理、生产管理、销售收入等,公司的财务和资金合理运筹有利于提高企业生产经营水平和提高公司的经济效益,因此,公司的创始人必须掌控公司的财务

管理和资金运作，以促进公司取得良好的经营效果。

（三）对公司业务核心资源的控制

公司业务的核心资源包括经销商、供应商和重大客户等，这些资源能够使公司产品迅速占领市场和持续增加市场占有率，为企业带来源源不断的销售收入和利润收入，经销商和供应商是否稳定在一定程度上决定企业的存亡，因此公司创始人如果能够代表公司与供应商、经销商存在紧密的联系，相当于把上游与下游企业资源掌握在手中，在公司经营管理过程中就获得一定程度的主动权。

（四）对公司知识产权使用权的控制

尤其对于科技创新企业来讲，这类企业的核心就在于知识产权（专利、商标和专用技术）、经营数据、代码、域名、账号等，掌握知识产权、经营数据、代码、域名、账号等，这些核心资源就是控制公司运营发展的命脉，创始人通过掌握公司核心知识产权和技术秘密，能极大程度地获得公司话语权，进而加强对公司的控制。

四、结语

公司控制权对于创始人的重要程度不言而喻，公司就是创始人从小精心培育的孩子，养大了，健康成长，未来可能还会成为国家栋梁之材，就有人过来争着领养。不同的是，孩子有血有肉、有情有义，养育之恩无法割断，而公司不同，以资本为纽带，资本的自然属性是逐利性，谁有钱就可能跟谁走，一号店、俏江南、雷士照明就是教训，但无论如何都离不开公司诞生之时的控制权设计，各位企业家，创业不易，守业更难，我们要倍加珍惜企业平安的日子，平安时做足准备，把我们的房子修成铜墙铁壁，为未来狂风暴雨做准备，等到哪一天狂风暴雨真的来了，吹漏了屋顶，再去修补，可能来不及了，即使修好了，代价也会非常大，比如宝万之争的万科的结局。

第五章　如何引入投资者及其注意事项

第一节　如何引入投资者

公司发展的过程通常伴随股东持股比例的不断变动，公司为了扩大市场占有份额和增强发展后劲，首先就要考虑利用股权引入新的资源，比如利用股权引入资金、技术、人脉和营销渠道等，公司引入投资者过程就是使投资者成为公司股东的过程，包括股权转让、向公司增资两种方式。

一、老股东股权转让

由老股东与拟新引入的股东签订《股权转让协议》，老股东将其全部或部分股份转让给新股东。《公司法》第 71 条规定，"股东向股东以外的人转让股权，应当经其他股东过半数同意。股东应就其股权转让事项书面通知其他股东征求同意，其他股东自接到书面通知之日起满三十日未答复的，视为同意转让。其他股东半数以上不同意转让的，不同意的股东应当购买该转让的股权；不购买的，视为同意转让。经股东同意转让的股权，在同等条件下，其他股东有优先购买权。两个以上股东主张行使优先购买权的，协商确定各自的购买比例；协商不成的，按照转让时各自的出资比例行使优先购买权。公司章程对股权转让另有规定的，从其规定"，如果公司章程对公司股权转让没有特殊规定，应该按照上述法律规定的程序进行转让，股东向股东以外的人转让股权，需书面通知其他股东征求其他股东是否同意，避免未履行转让的通知程序而导致《股权转让协议》被撤销。

向新股东转让股权的流程一般为：(1)向股东发出股权转让意向函；(2)公司股东会决议，股东过半数同意；(3)向未同意股东发出征询函；(4)未同意股东不购买的，出售股权股东与新股东签订股权转让协议；(5)支付转让款；(6)公司登记机关变更登记。

新引入的股东需要注意以下三个问题：第一，本次股权转让是否经股东会同意？第二，未同意的股东是否放弃优先购买权？第三，出让方是否履行了通知义务？

股权转让协议签订的主体为老股东和新股东，新股东向原股东支付款项，转让价款的所有权是老股东而不是公司，老股东需配合履行股权变更登记的义务。在实践中，新股东可以要求公司或其他股东作为协议的一方，让其履行部分义务并承担一定责任，从而降低股权转让风险。

二、公司增资

公司增资也就是向公司新增资本是指为满足公司发展的资金需求，扩大经营规模，提升业务，向公司增加注册资本金。为明确各方的权利义务需要签订增资协议，签订协议的主体有三种情形：第一，投资者与公司签订；第二，投资者与原股东签订；第三，投资者与公司、公司原股东共同签订。

（一）投资者与公司签订增资协议

公司的股份由股东持有，公司引入新的投资者，应经股东会同意。《公司法》第 34 条规定，“公司新增资本时，股东有权优先按照实缴的出资比例认缴出资。但是，全体股东约定不按照出资比例分取红利或者不按照出资比例优先认缴出资的除外”。因此，在公司章程没有除外规定的情况下，如有新股东向公司增资入股，应先召开股东会作出同意新股东向公司增资的决议，老股东需做出放弃全部或部分优先认缴增资的承诺。

具体流程一般为：（1）各股东同意新股东增资的股东会决议；（2）向未同意股东发出征询函；（3）未同意股东放弃优先认缴增资的承诺；（4）签订增资协议；（5）修改公司章程；（6）向公司交付资金或资产；（7）办理公司股东变更登记。

由于增资协议签订主体为公司与投资者，增资协议无法对原股东进行约束，如出现违约情形，仅能要求公司承担违约责任，而违约情形通常由原控股股东引起。

（二）投资者与公司原股东签订投资协议

第二种情形是直接由公司原股东与投资者签订投资合作协议，由全体原股东确认新增加股东，然后修改公司章程，投资者向公司交付资金或资产，公司进行股东变更登记。

此种方式需要新的投资者与原股东各方重新签订合作协议，在公司登记机关完成股权变更登记。可见,直接和原股东达成投资协议之后,公司收到投资款,新的投资者登记为公司股东,实现各自目的,公司增加了注册资本金,原股东增加了经营公司的动力。

(三)投资者与公司、公司原股东签订增资协议(可约定对赌条款)

公司与投资者签订投资协议,具体的法律依据和流程在前述第一种情形中已经详细阐述,本种形式的协议主体之所以在第一种情形的基础上增加公司原股东,目的是增强投资者投资信心,减少投资者的风险预期,应投资者要求,公司原股东可以对投资者的风险承担一定的责任,一般这样约定:“原股东经营公司未实现________万元业务收入和未实现相对上一年________%利润增长率,投资者有权要求公司原股东购买其持有的部分或全部股权,并支付一定的违约金”,即约定业绩和利润的对赌条款。但如果要求公司回购投资者的股份,会涉及公司减资的问题,程序比较复杂,还可能出现侵害债权人利益情况,因此,对赌条款最好不要直接与公司约定,而是约定在没有实现经营目标的情况下由原股东承担责任。

综上,公司与投资者进行合作时,应注意投资协议签订主体,将公司主体与股东主体明确区分,不能一概而论。另外,还需对违约条款、退出条款和分红条款等进行明确约定,使得引进的新股东可进可退,同时增强资金的使用效率,降低投资者的投资风险。

第二节　引入新股东的注意事项

一、引入新股东的注意事项

(一)注意新股东提供的生产要素资源与原股东是否匹配

刘备、关羽、张飞人生理想、价值观均相同,桃园三结义建立了初创公司,形成最稳固、最有战斗力合伙人制公司模式。刘备是创始人,制定目标和愿景;关羽、张飞是联合创始人,武艺高强、冲锋陷阵,是忠诚、高效的执行者。

创业初期发展并不顺利,一直无法打开局面,刘备意识到,关羽和张飞提供的生产要素雷同,公司无法快速发展,缺少具有管理才能的股东,于是邀请新的股东诸葛亮加入,才有了隆中对、出师表,未出茅庐三分天下的佳话。后来取得川蜀富饶之地,建立蜀国,刘备团队在引入具有管理才能的新股东之后,公司才取得成功。

合理的股东结构一定是每个股东为企业提供的生产要素是不同的,股东提供的生产要素包括资金、管理、技术、渠道等,一个互补的股东组合才能发挥各自优势,使企业加快发展,在公司发展过程中,如果公司缺少某方面的生产要素资源,可以通过引入新股东的方法进行弥补。

(二)引入新生产要素强度与公司发展规划相匹配

公司发展缺少资金,如果有投资者有意向增资,是不是投资者给多少钱就同意增资多少呢?当然不是,要按照公司的发展规划,对新股东提供生产要素类型和投资金额应有所选择,着重关注是否符合企业发展每个阶段的需要,另外,如果这个阶段公司管理偏弱,应该引进管理型股东,以缺哪补哪,缺什么补什么为原则。

可以思考这样一个问题:某个阶段,企业发展需要融资 100 万元资金,支付对价是 5% 股权,但投资者人说他可以给出 200 万元的资金,要 10%(大约数)的股权，创始人给不给呢？

笔者的回答是绝对不给，首先，根据公司发展规划测算，目前阶段公司有100万元就够用，用不着200万元；其次，公司释放出10%的股权换来200万元，对价金额比较小且对公司控制权可能带来不利影响。眼光放长远，如果现在释放5%，换来100万元，用这100万元提升产品研发水平、搭建营销渠道，企业再发展两年，估值增加3倍，只要释放5%股权就能换来300万元，那么在这个阶段为什么不释放5%股权融资100万元呢？因此，各位企业家和创业者一定注意，要根据企业实际需求和企业的战略规划来融资，切莫盲目，否则，您公司股权价值会被严重低估。

企业在走上坡路，经营持续向好时做战略规划，引入投资者，才会给投资者美好的未来和愿景，能以较低的代价换来更多的生产要素资源。但现实中，企业家们往往在现金流紧张时去融资，资本的本质具有逐利性，企业经营状况不佳，估值就会降低，融资谈判中没有议价能力，融资同样的资金付出的代价自然会更大。

（三）引入投资者必须对公司进行估值

公司估值是引入投资者和进行股权交易的前提，一家公司通过股权稀释的方式引入生产要素，该生产要素的所有者应该占多少权益取决于企业的价值，再根据生产要素的评估价值确定持股比例。

（四）引入技术型、人脉型、营销型、管理型股东如何确定股权比例

首先要看拟引入的新股东提供的生产要素资源是不是公司迫切需要的？然后评估付出的代价是否是公司和原股东可以承受的？再考虑在不引入的情况下，是否可以通过现有股东资源可以优化解决？如果优化一下就可以解决，最好暂时不要引入，但缺少该生产要素资源会对现阶段的公司发展产生极大不利影响，可以考虑引入新股东，对于新股东的股权比例确定和引入思路，以下案例予以说明：

表5－1　引入新股东生产要素资源分配

股东	生产要素	生产要素资源原分配比例（协商确定）	原股权比例	生产要素资源调整分配（协商确定）	调整后的股权比例
甲	资金	①资金19.38%	19.38%	①资金17.38%	17.38%
乙	资金、信誉、经营管理、人脉	①运营管理20%；②信誉14%；③人脉8%；④资金6.06%	48.06%	①运营管理20%；②信誉14%；③人脉8%；④资金6.06%	48.06%
丙	资金、营销渠道建设、团队管理	①营销渠道建设5%；②资金2%；③团队管理1.53%	8.53%	①营销渠道建设5%；②资金2%；③团队管理1.53%	8.53%
丁	资金、专利技术、研发、团队管理	①研发8%；②专利技术7%；③资金2%；④团队管理7.03%	24.03%	①研发4%；②专利技术7%；③资金2%；④团队管理7.03%	24.03%
戊	研发	①研发	无	①6%（成长期）	6%

如表5－1所示，一家处在发展阶段的科技创新公司，由于公司的产品研发出现瓶颈，现售产品已经不能适应市场需求，原技术性股东失去产品创新的动力，创始人决定引入一名技术型人才，经与拟引入的人才协商决定分期授予其6%的股权，那么问题来了，这6%股权从哪里来呢？原股东共同协商决定由原资金型股东让出2%，理由是随着时间的推移，公司估值的大幅度增加，原始投入的资金的使用贡献值会逐渐变弱，所以要让出2%。而原技术型股东，即本次拟引入技术型人才的责任股东，但原来的专利技术尚在使用中，并未完全失去效用，故责任股东让出4%，最后新引进技术型人才持有6%的股权，但股权采取分期兑现模式，进入公司当年先注册登记2%的股权，余下再分三年兑现，目的在于观察新老股东在工作中的磨合情况以及能否为公司持续研发出适销对路的新产品，当然，在新股东作出的贡献超出预期时，可以加速兑现。如果新股东的技术水平没有达到市场需求或贡献没有达到预期，可以用尚未兑现股权再寻找替代者，把对公司股权结构的影响降至最低。

（五）资金型股东增资如何计算股权比例

假设公司注册资本100万元，估值500万元，引入投资者300万元的投资，新引入投资者的股权占比应为300万元/（500万元+300万元）×100%＝37.5%。计算公式如下所示：

$$股权比例 = \frac{投资额}{估值 + 投资额} \times 100\%$$

在账务处理上，是否将300万元都计入所有者权益类的实收资本科目呢？答案是否定的，应将一部分计入实收资本科目，一部分计入资本公积科目，经计算得出有60万元计入实收资本科目，其他240万元计入资本公积科目。确定计入实收资本科目的计算公式如下所示：

原注册资本：y

计入注册资本：x　　$$Z = \frac{x}{y + x} \times 100\%$$

股权比例：Z

（六）非货币财产作价问题

非货币财产作价问题。根据《公司法》第27条规定，“股东可以用货币出资，也可以用实物、知识产权、土地使用权等可以用货币估价并可以依法转让的非货币财产作价出资；但是，法律、行政法规规定不得作为出资的财产除外。对作为出资的非货币财产应当评估作价，核实财产，不得高估或者低估作价”。在实践中，以非货币财产出资入股的作价方式主要有三种：评估作价、协商作价或者先评估再协商作价。但无论哪种作价方式入股，都不得高估和低估作价。高估作价，股东将承担出资不实的责任，补足出资，低估作价对计算出资人的持股比例和该非货币财产使用价值的发挥也都是不利的。

1. 非货币财产出资的交付问题，主要考虑该生产要素到位标准。有两种情况，一种是已签订增资协议，约定非货币财产作价出资，所有权还没有变更至公司名下，但公司已经实际使用；另一种是已经将所有权变更至公司名下，但公司没有实际使用。比如专利技术人身依附性强，有时虽然所有权已变更公司名下，但要通过实际应用才能发挥作用，因此，建议增资协议对交付的标准进行约定，从非货币财产既要变更到公司名下又能让公司实际使用的标准出发拟定交付标准。

2. 必须把握融资节奏,对创始人的控制权做合理安排,在A轮、B轮、C轮,甚至D轮都要以稀释小比例股份为原则,每轮融资够用就好,不要贪多,随着公司的发展壮大,公司估值越来越高,股权越往后就越值钱。

(七)注意明股实债的问题

明股实债就是指投资者通过受让或增资的方式持有公司股权并注册登记为公司股东,其特点是约定出资人享有固定回报,并在约定的时间内触发约定的条件,公司的创始股东以原价或溢价购买投资者持有的公司股权,实际上就是带股权转让条款和固定回报的股权性融资,需要强调的是只要注册登记为股东就应该认定为股权性融资,在账务处理上,登记在资产负债表的所有者权益类的实收资本科目,如果是借款,应该记入在负债类科目,这是根本区别。

在增资协议中约定固定收益,可以视为本次融资进行的优先股设计,进行优先分红,如果约定由公司承担支付固定收益的义务,但由于公司该年度没有分红或分红不足以支付固定收益的,可以约定由公司控股股东进行支付或补足差额。

上述列举的关于增资入股需要注意的问题,仅仅是一部分,仅供各位企业家和创业者参考。

二、引入投资者之对赌协议

现实中,目标公司需要资金,投资方寻找投资项目,目标公司成长性较强,有比较好的发展前景,双方均有意向合作,投资方以目标公司股权性融资的方式成为股东,但投资方要求目标公司或创始人(实际控制人)保证自己的投资安全,在一定时间内对投资回报做出承诺,如果没有兑现承诺怎么办呢?目标公司或创始人(实际控制人)需要把投资人持有目标公司的股权以事先确定的价格买回去或给予投资方一定的金钱补偿,这就是对赌协议。

由此可见,“对赌协议”的目的在于解决目标公司缺少发展资金进行融资与投资者对目标公司未来发展不确定性担心、投资回报不确定性担心之间关系的问题,不仅仅局限于对“业绩指标”的对赌。

(一)相关案例

蒙牛的对赌协议(股权转让)

2002年,外部财务投资者摩根士丹利、鼎晖和英联等外资股东和蒙牛管理层所有的金牛公司(蒙牛的法人股东)达成了一份股权调整协议,这份股权调整协议就是我们通常所讲的对赌协议。根据协议的约定,自2003年起,未来3年,如果蒙牛年复合增长中低于50%,蒙牛将会转让根据事先约定的计算公式计算所得的某一数量股份(也可以用现金代替)给摩根士丹利、鼎晖和英联3家机构投资人;反之,蒙牛的年复合盈利增长率如超过50%,摩根士丹利、鼎晖和英联3家机构投资者将会转让用事先约定的计算公式计算所得的某一数量股份给予金牛公司。双方达成协议,但无论如何涉及转让的股份总共不得超过7830万股(占蒙牛已发行股份的7.8%)。

对赌结果的表现形式主要有现金补偿、股份补偿或回购股份等,最终蒙牛的对赌协议结果是用股份补偿的。这里我们要明确的是,对赌条件的设定必须是自己通过努力能够实现的,如果自己无论多么努力命运仍然掌握在别人手里,就不要签对赌协议。

(二)对赌协议的效力认定

对赌协议实践中存在两种形式:一种是投资方与控股股东或实际控制人签订的对赌协议;另一种是投资方与目标公司签订的对赌协议。

投资方与目标公司的控股股东或者实际控制人签订对赌协议是一定有效的,而投资方与目标公司之间签订的对赌协议的效力,目前在司法实践中尚存在争议,下面选取两个经典案例供大家参考。

【中国“对赌第一案”】——认可与股东签订的对赌协议,
不认可与目标公司签订的对赌协议

2007年,苏州工业园区海富投资有限公司(以下简称海富投资)与甘肃众星锌业有限公司(后更名为甘肃世恒有色资源再利用有限公司,以下简称甘肃世恒)签订了《增资协议书》,约定了对赌条款:

1.“海富投资现金出资2000万元投资甘肃世恒,占甘肃世恒增资后注册资本的3.85%”。

2.约定甘肃世恒2008年净利润目标不低于3000万元人民币,如果甘肃世恒2008年实际净利润完不成3000万元,海富公司有权要求甘肃世恒予以补偿,如果甘肃世恒未能履行补偿义务,海富公司有权要求香港迪亚(甘肃世恒股东)履行补偿义务。补偿金额=(1-2008年实际净利润/3000万元)×本次投资金额。

履行过程双方争议焦点：

1.《增资协议书》第7条第2项(前述第2点)内容是否具有法律效力；

2. 如果有效,甘肃世恒、香港迪亚、陆波应否承担补偿责任。

最高人民法院认为,本对赌协议分为海富投资和甘肃世恒之间对赌条款、与目标公司的对赌条款和海富投资与香港迪亚之间对赌条款、与股东间的对赌条款。

最高人民法院认可股东之间的对赌条款的效力,即海富投资与香港迪亚之间对赌协议的效力,但否认股东与目标公司之间的对赌条款的效力,即海富投资和甘肃世恒之间对赌协议的效力。

最终判决:投资方与公司对赌无效,与股东对赌有效。

【“华工案”】——认可与目标公司的对赌协议

2019年4月,江苏省高级人民法院作出(2019)苏民再62号案判决(“华工案”)

案情概括:2011年7月,江苏华工创业投资有限公司(以下简称华工创投)与扬州锻压机床有限公司(以下简称锻压有限)及锻压有限的股东签署了《增资扩股协议》和《补充协议》。

主要约定：

1. 若锻压有限在2014年12月31日前未能在国内资本市场上市或锻压有限主营业务、实际控制人、董事会成员发生重大变化,华工创投有权要求锻压有限以现金回购华工创投所持有的全部锻压有限的股份;

2. 回购价款为投资本金加上年回报率8%的固定收益;

3. 各方应在华工创投提出回购要求之日起30日内完成回购股权有关事项,包括完成股东大会决议、签署股权转让合同以及其他法律文件、支付股权回购款、完成工商变更登记。

2011年12月,锻压有限经扬州工商局核准变更为扬州锻压机床股份有限公司(以下简称锻压股份)。

2014年11月,因锻压股份未能于2014年12月31日前完成国内上市,故华工创投要求锻压股份进行回购。

江苏省高级人民法院认定本案涉及的回购条款系有效，其主要理由如下：

1. 我国《公司法》并不禁止有限责任公司回购本公司股权，有限责任公司回购本公司股权不当然违反我国《公司法》的强制性规定；

2. 有限责任公司在履行法定程序后回购本公司股权，不会损害公司股东及债权人利益，亦不会构成对公司资本维持原则的违反；

3. 年回报率8%的固定收益，与同期企业融资成本相比并不明显过高，不存在脱离公司正常经营下所应负担的经营成本及所能获得经营业绩的企业正常经营规律。

根据江苏省高级人民法院2019年4月华工案判例，投资方与目标公司对赌，在衡量是否违反法律的强制性规定、是否损害股东和债权人利益、所要求的现金补偿率是否在公司的正常承受范围等情况下，原则上认定为有效。

(三)签订对赌协议或对赌条款的注意事项

签订对赌协议或对赌条款要注意事项主要有以下几点：

1. 对赌条款应明确目标公司和全体股东的责任。

2. 对赌条款所在协议应当由目标公司及其全体股东共同签署。

3. 对赌条款需要明确目标公司回购股权应以减资形式进行。

4. 对赌条款应明确全体股东均负有在目标公司回购股份前配合完成目标公司减资的一切必要程序和不可撤销的义务。

5. 由于投资机构从投资之日到退出之日，目标公司股东可能产生变化，在此时间内新加入的股东，均应以书面形式承认该对赌条款的效力，以保障配合减资义务的法律效力及于新加入的股东。

6. 回购条款约定的年回报率相对合理。

7. 现金补偿条款尽量约定由目标公司股东、实控人作为主要补偿义务方，公司仅在现存利润范围内承担补充义务。

三、引入投资者的思路与建议

(一)注重投资者的选择，防止短视行为

引进的战略投资者，能够通过资源整合，给公司带来资金、先进技术、管理经验和营销渠道，提升公司的核心竞争力和推动公司技术进步和产品升级，在引进

投资者的过程中，应注重对投资者的选择，防止投资者的短期利益，建立稳定的合作关系，能使公司取得不断的发展和进步。

公司引入投资者，并不一定非要寻找国内外一流公司，关键在于新的合作能否形成优势互补的效应，因此应重点考虑以下条件：

1. 产业、产品形成上下游关系，能够进行项目合作、资源整合，延伸产业链。

2. 有利于引进新技术、新工艺，能够促进公司产品结构调整和升级，提高公司的竞争力。

3. 能够帮助增强市场开拓能力，提高市场占有率。

4. 具有良好的财务状况和经济实力，对公司的后续债权性融资起到帮助作用。

5. 拥有先进的公司文化，能够给公司带来先进的管理机制。

（二）引进投资者要着重关注给公司带来的生产要素资源

公司引进战略投资者，应当坚持因企制宜的原则，引进战略投资者的主要方式包括股权转让、增资等，合理的利益分配是合作成功的保证，也是激发股东工作积极性的关键所在，通过引进投资者，带来资金、技术、管理、人才和渠道等各种生产要素资源，更重要的是有利于把公司做大做强，提升企业竞争力。

第六章　股权激励方案的主要要素

第一节　运作机理

进入知识经济时代以来,企业的核心竞争力越来越多地体现在人力资本和对人力资本潜在价值的开发能力上。然而,人力资本所有者的"自有性"、使用过程的"自控性"和"质与量的不可测量性"等特征,使得传统的、简单的劳动契约无法保证知识型雇员尽最大努力自觉工作,在管理手段上也无法对其进行有效的监督与约束。

股权激励是对员工进行长期激励的众多方法之一,不少主流商业管理教育均对股权激励有所介绍。股权激励是一种通过经营者获得公司股权形式给予企业经营者一定的经济权利,使他们能够以股东的身份参与企业决策、分享利润、承担风险,从而勤勉尽责地为公司的长期发展服务的一种激励方法。做企业治理不能人云亦云,要知道股权激励的基本逻辑。这一节,我们谈谈股权激励的运作机理。

一、效先人之法:顶身股——封建时代最先进的股权激励

股权激励既新鲜,又古老。说新鲜,当下它已经成为企业管理的口号,喊的企业特别多,但做得少,有效落地的更少;说古老,早在 19 世纪 20 年代,晋商们的商号与票号,其实就已经可以看到现代企业治理的影子。

盛极一时的《乔家大院》播出后,"顶身股"便成为炙手可热的焦点话题。剧中,在了解马荀要辞号的原因后,乔致庸为了激励员工们好好干活,给商号里所有学徒期满出师的伙计每人顶一厘的身股,并随着年限而增加。因此,每到年底,伙计可以领几十两甚至几百两银子的红利。

从雇工变成了"小股东",年底有分红,这便是典型的"股权激励"。"顶身股"其实是晋商在几百年的经商过程中摸索并不断完善的一套行之有效的方法:商号招学徒,通过四年试用期合格后正式录用,再经过几年的考核,在思想和

业务等方面表现良好的才能享有“顶身股”。快者一两年，慢的可能十几年都不能顶股。从1厘至10厘有10个等级，从1厘半至9厘半有9个等级，一共有19个等级。这对于已有身股和没有顶上身股的员工来说，都具有极大的吸引力和诱惑力。员工为了登高位、多顶身股，无不努力工作。

我们在设计激励制度时，便可效先人之法，将对员工的业绩评价和激励措施结合起来，将企业的目标转化为员工追求自身利益最大化的目标。晋商的身股不是严格意义上的股份，它是因能力而设置的不可继承和转让的企业分红权。从晋商东家、掌柜和伙计的内部激励机制来看，身股核心是激励干活的人，这个非常重要。东家聘请掌柜和伙计干活，一方面付给其薪资待遇，另一方面最核心的一点是为其满足条件的人员配备身股。因此企业上下能够一条心，特别是从创造利润的一线出发，员工都能把企业的活当成自己家的活干。

二、公司治理——股权激励是最有效的管理工具之一

公司治理结构是现代企业制度的核心内容，而公司治理机制的选择需要根据企业自身经营目标、所处发展阶段、所处行业以及所面临的现实财务状况等不同情况因地制宜。一般而言，企业的发展期分为初创期、发展期、成熟期和衰退期四个阶段。每一阶段企业的战略规划不一样，针对不同阶段的企业管理模式也不一样。

(一)初创阶段

企业在初创时期资金紧、人员少、缺人才，为了留住关键人才，往往在进行股权结构的设计时，已经考虑通过奖励股份、赠与股份或者技术入股的模式凝聚团队；加上起步期企业一般规模小，公司整体向好，创业者均会自觉勤奋工作，此时无须引入机制比较复杂的股权激励模式。

(二)发展阶段

当企业进入发展期后，有了主导的服务和产品，驶入发展“快车道”，企业的经营开始规范化，并引入职业经理人负责管理工作，企业的控制权逐步向管理层转移。但随着间接管理越来越多，公司整体运营效率是不断下降的，各个部门之间的互相推诿、权责不分等现象逐级加大。在这个时期，人力资本的激励问题已经不容忽视了，公司治理的重点应该是设计独有吸引力的股权激励机制来激发

管理层的工作热情,使管理层努力提高企业的业绩和利润。

(三)成熟阶段

企业迈入成熟期后,增长速度开始放缓,但是收益还在增加,经营的业务多样化并且形成了企业的品牌。由于企业规模的扩大,企业的管理层及管理人员的数量在不断增加,官僚主义开始出现,管理层的进取心下降;加上管理层完全掌握了企业的控制权,其很有可能采取牺牲股东利益的行为谋取私利。同时,随着企业进行股权融资,企业的股权变得非常分散,如何实现董事会对管理层行为的约束成为企业治理的重点。在这种情况下,需要制订董事持股计划,增加董事参与公司治理的热情和责任心,消除企业经营偏差的隐患。同时,公司高速发展期需要绑定核心人员,以建立公司稳定的人才梯队。

(四)衰退阶段

当企业进入衰退期后,销售明显下降,生产能力严重过剩,利润大幅下降甚至持续亏损;企业官僚主义严重,层级众多,管理机构臃肿,呈现出“大企业病”,此时公司治理的重点是甄别造成企业衰退的因素,比如管理层投资决策失误、技术老化或企业结构不当等。企业应选择撤换或精简管理层并实施股权激励,将管理层的收入与公司业绩目标挂钩,重新激发企业活力。

三、股权激励的科学理论依据

任何行为都需要有理论支持,否则一定不长久。股权激励有三种理论支持,国际上最认可的理论是站在法律角度思考的委托代理理论。

(一)人力资本理论

此前有媒体报道称,世界银行对192个国家的资本存量估算表明,全世界人力资本、自然资本和物质资本的构成比例是64∶20∶16,人力资本已远远超过自然资本和物质资本两者之和。人力资本已成为全球国民财富中最大的财富,因此人的重要性不言而喻。

(二)委托代理理论

现代公司制度倡导所有权和经营权分离,“委托代理理论”早已成为现代公司治理的逻辑起点,即企业所有者保留剩余索取权,将经营权利让渡给代理人。但是委托代理存在天然的缺陷与冲突:一是目标不相容,代理人需要自身利益最大化,而委托人追求企业利润最大化;二是信息不对称,即委托人和代理人掌握信息呈不对称分布状态,掌握多信息的代理人可能利用信息优势进行逆向选择;三是风险收益不对等,代理人可能利用委托人不知情而推脱责任,侵吞委托人财产,损害委托人利益,且代理人自身无须承担任何经营风险。

在这种情况下,实施股权激励,就是让管理层进入到所有者这个群体,代理人不能再事不关己,高高挂起;将代理人的利益与企业盈亏挂钩,让代理人与委托人共同承担经营风险。

(三)激励理论

心理学家们指出,外在激励(如工资和奖金)对于改变行为的作用并不大,只有内在的行动承诺才能发挥有意义且持久的激励作用。工资奖金这些激励看得见、摸得着,算得清楚,对比得明明白白,这些对员工的激励是有限的,对高管的激励也是有限的。有远见的老板一定懂得奖勤惩懒,绝不会烧大锅饭,给员工股份比涨工资更具激励性,因为股份是收益与风险并存的。

由薪酬激励制度向分红激励制度过渡是企业由小做大的必经之路。在竞争激烈的市场下,让管理团队像老板一样努力提升内部竞争力也成为企业最重要的基石。企业要留住并激发那些优秀的高管,就得学会股权分配,激发员工的自主能力,通过股权激励让员工为自己干。

四、股权激励的现实效果

(一)形成企业利益共同体

所有者注重企业的长远发展和投资收益,而企业的管理人员和技术人员受雇于所有者,他们更关心的是在职期间的工作业绩和个人收益。二者价值取向的不同必然导致双方在企业运营管理中行为方式的不同,且往往会发生员工为个人利益而损害企业整体利益的行为。

实施股权激励的结果是员工从雇员到股东,从代理人到合伙人,这是员工身份的质变,而身份的质变必然带来工作心态的改变。过去是为老板打工,现在自己成了企业的"小老板",工作心态的改变定然促使"小老板"更加关心企业的经营状况,也会极力抵制一切损害企业利益的不良行为。员工个人利益与公司利益趋于一致,有效弱化了二者之间的矛盾,从而形成企业利益的共同体。

（二）优化薪酬体系结构

小企业老板经营事，大企业老板经营人，这是大企业与小企业最核心的差别！长期用工资、奖金、提成来激励员工，势必导致员工的目光短浅。千军易得，良将难求。其实股权更能吸引人才、留住人才、约束和激励人才。股权最大的作用是收益预期的不明确性，想象空间很大。因此短期、中期、长期激励需要形成科学的激励体系，股权激励就是对既有薪酬体系的完善。

（三）打造优秀人才的金手铐

股权激励是能够把大家留在企业的金手铐，尤其对于高级管理人员或者高级技术人员，我们可以通过股权激励，激发优秀人才潜力的同时提高他们离开公司或“犯错误”的成本，降低他们离开或损害企业利益的概率。

第二节　选对时机

选对时机作为股权激励的启动按钮,是股权激励的众多要素之首。股权激励方案在时间上的安排,首要考虑的是激励时机选择。要综合企业目前所处的发展阶段是否适合进行股权激励,以及这个阶段股权的核心价值是什么,在此基础上再确定股权激励的激励时机、激励周期、激励时间等。

一、误区:企业步入发展正轨才有资格谈股权激励

企业家通常提出这样的问题:企业刚成立三年,可以推行股权激励吗?想留住技术团队人才,是不是要等到上市再实施股权激励效果才好?企业即将挂牌,在这个关键时候可以实施股权激励吗?诸如此类。在是否推行股权激励的问题上,多数企业主苦于企业发展现状,不敢贸然实施。

二、标准清单化:股权激励的时机判断

那么股权激励在什么时机下进行比较好?我们觉得没有标准答案。以下三点是我们的判断依据:第一,清晰的资本战略(有未来);第二,可行的商业模式(有工具);第三,完善的配套制度(有保障)。

(一)清晰的资本战略(有未来)

假设你的企业还处于经营的初期阶段,或者说你的企业目前经过一个发展阶段以后已经开始出现下滑了,那么这个时候,你拿所谓的公司前景去激励员工,员工自然不感兴趣。一个公司更大的抱负在于公司上市后在资本市场上所体现的市值以及体现的股权溢价。

所以,实施股权激励的首要工作是,如何给你的员工一个他能够理解和认可的高确定性的公司未来。股权激励计划的实施时间,要跟企业发展战略结合在

一起。未来战略不清晰的时候不能盲目做股权激励。

【案例】　宁德时代的四期股权激励，螺丝钉的财富自由之梦

截至2021年1月14日，宁德时代A股总市值排名第十，创业板市值第一。截至目前，宁德时代共做了四期股权激励：第一期在2015年12月；第二期在上市后一个月，即2018年7月；第三期在2019年7月；第四期在2020年10月，激励对象的人数越来越多，同时授予价格也水涨船高。

图6－1　宁德时代的四期股权激励

截至2021年2月1日，宁德时代股价350.33元/股，第1期股权激励中的被激励对象以高中低位来计算，获授股权最多的人赵丰刚先生获授3053万股，他持有股权的现值为106.95亿元，相当于一次性全款买十几套汤臣一品大别墅的水平；以中位数53万股为例，我们找了一位略低于中位数的代表——王以宁先生，他在第1期股权激励中获授50万股，现值为1.7亿元，相当于一次买几层杭州临江大平层的水平；以股权激励中获授17.81万股的低位数黄胜国先生为例，他持有股份的现值为0.62亿元，也成了坐拥两套杭州临江大平层的人。

从宁德时代四期股权激励来看宁德人的财富自由之路，作为一个普通的打工人，我们想要财富自由，除了努力赚取劳务价值之外，还有以下三点启示：第一，我们要选对赛道；第二，深入扎根做一枚螺丝钉，做到组织中的前5%；第三，争取成为股权激励对象，跟组织一起赚取资本溢价的钱。

当企业制定了未来战略，比如制定了三年或五年后上市的目标，这个时候实施股权激励，实际上是企业给员工对美好未来的期许。员工拿到股权后，获得了"未来可以增值"的可能，他们真正希望持有的是"未来增值的预期"——奋斗三年到五年后，手里的股权能够值更多的钱，最好能实现财富自由。这样的股权激励可以从根本上激发员工为自己的股权增值去挑战高目标。

（二）可行的商业模式（有工具）

可行的商业模式，又是什么样的？现代管理学之父彼得·德鲁克说过："当今企业之间的竞争，不是产品之间的竞争，而是商业模式之间的竞争。"

一个可行的商业模式传递给员工的信号就是机会，就是希望，就是未来更多的想象空间。

企业如果能让员工产生这样的认识：企业在未来发展的路上能获得更大的收益和增值，股权激励便是实现企业员工双赢最好的路径。同时，股权除了是一个能够增值的商品外，还是主人身份的象征，是身份的认同。员工由"打工人"升级为"合伙人"，对员工来说是职业的最高成就，这种肯定和鼓励更能推动员工去创新、去挑战，为达成目标而奋斗。

（三）完善的配套制度（有保障）

公司缺乏必要的配套制度就推行股权激励计划，极有可能很难落地、达不到期望的效果，甚至给公司的治理结构带来隐患。

要知道，股权激励作为重点面向企业高级管理人员和关键员工的一种长期激励机制，它并不是一个孤立的、封闭的系统，需要配套以绩效和薪酬体系。

绩效考核是股权激励计划公正性和有效性的有效保障。绩效考核至少在两个环节影响股权激励计划：第一，在权利的授予环节，绩效考核将是对被激励对象的获授资格和获授数量进行确定的重要依据；第二，在权利的兑现或行权环节，能否达到一定的绩效考核目标将是被激励对象能否兑现收益和在多大程度上兑现收益的判断标准之一。

推行股权激励可能打破企业原有的薪酬结构，这时候企业将面临如下选择：是保持原有的薪酬水平不变，将浮动薪酬的一部分分化为股权形式？还是把股权激励作为薪酬体系的一个新增部分？什么样的薪酬结构最佳？要回答这些问题，就需要对公司整体的薪酬策略进行重新审视，对市场的薪酬数据进行分析和研究，对新的薪酬结构和薪酬水平对公司的影响作必要的财务测算。

三、综合结论

在股权激励这件事上，务必保持"谨慎态度"。有效的股权激励首先需要考虑的要素是合适的时机。让员工看到企业未来增值的可能，是企业做股权激励的最佳时机。

最后,股权激励真正激励人才的不是股权本身,而是以股权为载体的企业未来。如果这个前提不存在,股权激励方案设计得再好也没有用。如果您的企业有实施股权激励的想法,请思考这个前提条件是否具备,如果不具备,则先想办法准备好这个条件再开始。

第三节　选准对象

股权激励不等于全员持股，不等于管理层收购，也不等于股权安排，到底要给哪些人做股权激励呢？“千军易得，良将难求”，选准对象，才能使股权激励发挥应有的效果，这是公司在制定股权激励制度时需要考虑的关键问题。

一、一个原则：公平、公正、公开

公平主要是法律地位的公平，若推行不好，甚至会伤害其他人的积极性。确定激励对象需要设定明确的入围门槛，比如说“入职满 1 年”“部门长及以上级别”“绩效考核合格及以上”等类似的入围要求，不建议设定“董事长认为有贡献的人”等类似的主观要求。

公正就是指股权激励要公正地对待所有员工，不能以性别、出生地域、长相、家庭背景及私人感情的好恶来区别。如果确定了入围门槛，就要严格按照入围门槛的要求来确定激励对象，杜绝例外情形。

公开要求整个股权激励计划不要隐藏，要公示，比如哪些人属于管理人，哪些人属于高管，激励的是哪些人，激励的标准是什么，获得激励的条件是什么。公开可以打消疑虑，统一执行者的实施标准。

二、两个角度：企业 + 被激励对象

（一）企业角度

1. 基于企业当前的组织架构考虑

基于公司目前的组织架构，是确定激励对象的首要因素。在辅导企业的时候，我们一定会先做访谈和调查，了解公司的人数、组织结构、部门职能等。比如我们 2020 年做的一个连锁足浴案例，老板说“门店就几个主管和几个技师，不用

画组织架构图”。乍一听好像是这么回事,但实际是有失偏颇的。我们带着企业着手画架构图,慢慢就清晰地看到:顶层有总经理、总监、大区经理、行政、财务、人事;然后往下是店长,每个门店又有3个主管——技术主管管理技师,负责顾客服务和技术培训;客服主管管理客服,负责充卡及店面活动;服务主管管理前台、厨师、杂工,负责后勤。梳理完整后,这家企业的架构图其实并没有想象中的那么简单。企业里有很多层级,而且各层级之间还有转化通道,比如技术管家可以晋升为店长,店长可以晋升为大区经理。经过梳理,不仅方便优化企业人员配置,同时哪些人是关键人员不可替代,哪些人需要得到激励,一目了然。

2. 基于企业未来的组织架构考虑

确定激励对象时,不仅要着眼企业当下的股权架构,更要基于企业未来的组织架构来考虑。公司希望在行业中扮演一个什么样的角色?当成为这个角色,企业的组织架构会怎样?未来是否会开拓新的业务板块?是否会引进更多优秀的人才?因此在当下实施股权激励计划时,要全盘考虑本期总体释放给员工的股权比例,不宜过高,以便预留出股权后期实施二次股权激励。实践中,上市公司普遍会实施多轮股权激励,比如截至2020年,宁德时代实施了四次股权激励,美的集团实施了六次期权激励。

3. 不同时期的发展考虑

确定激励对象时,还需要考虑企业所处的阶段以及此阶段的侧重点。比如此阶段的重点在营销,营销人员将是核心激励对象;如果此阶段的重点在技术研发,那么激励对象更多的应该关注研发人员。因此,根据不同阶段侧重点合理选取激励对象,才能优化与企业战略相辅相成的人力资本结构。

(二)激励对象角度

确定激励对象时,会存在很多疑问。例如,当每个人都认为自己重要时,究竟如何区分?工作性质和范围完全不同的职位,怎么分配股份才算合理?有的员工现在职务不高或价值不大,但过去已给或将要给企业做出很大贡献怎么办?股份分出去了,但员工完不成目标或不胜任怎么办?实操中,我们建议可以考虑岗位价值、工作年限和绩效。岗位价值和工作年限决定其有没有机会成为激励对象,绩效则决定激励对象可以拿到多少股权激励份额。

1. 岗位价值

岗位价值是对公司发展的贡献、在公司业绩中的作用等因素的综合评价,是企业确定股权激励对象的重要评判依据。一方面，通常岗位级别越高，岗位价值越高，对企业的贡献及作用越大；另一方面，业务类岗位、技术类岗位价值比行政类岗位价值高。实践中，岗位价值作为确定员工是否获得股权激励资格的依据，是公司与员工均接受并认可的方式。从诸多股权激励案例来看，被激励的对象一般为公司中高层及核心技术骨干，具备高岗位价值。

2. 工作年限

员工在公司的工作年限是公司确定被激励对象的重要考核指标之一。如果员工来公司时间不长，一方面，公司对该员工的了解和考察尚不全面，无法确定该对象对公司的忠诚度，无法衡量该员工能为公司提供的价值；另一方面，员工也在考核公司是否符合其自身的职业发展规划，在此种情况下，不适合纳入股权激励的对象。股权激励是一项比较长期的过程，需要建立在公司与员工互相了解、互相信任的基础之上。实践中，激励对象的入围门槛通常设置为入职满一年或两年。

3. 绩效

我们在做股权激励时，通常建议股权激励获授份额与绩效挂钩。绩效反映一定时间内员工的贡献，也反映了员工的工作能力，是一个比较客观的衡量标准。实践中，用绩效奖金作为确定每个被激励对象获授股权激励份额的标准，可以解决如何分配激励份额数量的难题。实践中，绩效等级还可以衡量员工是否有资格成为激励对象，同时也有企业把完成个人绩效目标作为期权行权或者限制性股权解禁的前提条件。

确定激励对象时，我们认为股权激励的对象除了激励内部员工外可以非常广泛。股权激励的本质就是绑定利益群体，比如公司上游的供应商、下游的经销商、其他战略合作伙伴等都可以作为股权激励的对象。如果可以将上下游紧密捆绑在一起，进而形成一条产业链，当你的同行只是这个产业链上的一个点，而你在经营整条产业，自然就构建起自己的行业壁垒。比如泸州老窖在2006年就对10名战略投资者（其中8名为经销商）定向增发3000万股期权，与经销商的绑定促成当年业绩迅速增长。

以上主要介绍了企业确定股权激励对象的几个常见思考维度，企业可用作参考，也可以根据企业自身的实际情况或特点进行最终人选的确定。切记不能随便或任意地决定激励对象，这样容易造成不公和流于形式、缺乏权威感和规范性，最终导致激励的失效，甚至会适得其反。

三、上市公司股权激励的激励对象与认购资格的法律规定

中国证券监督管理委员会对于上市公司股权激励计划中激励对象与认购资格有明确的规定。2018 年 8 月 15 日修改施行的《上市公司股权激励管理办法》对此规定的主要内容有以下几点。

（一）激励对象的正面情形

激励对象可以包括上市公司的董事、高级管理人员、核心技术人员或者核心业务人员，以及公司认为应当激励的对公司经营业绩和未来发展有直接影响的其他员工。外籍员工任职上市公司董事、高级管理人员、核心技术人员或者核心业务人员的，可以成为激励对象。

（二）激励对象的负面清单

1. 独立董事和监事不应成为激励对象。

2. 单独或合计持有上市公司 5% 以上股份的股东或实际控制人及其配偶、父母、子女，不得成为激励对象。

3. 下列人员也不得成为激励对象：

（1）最近 12 个月内被证券交易所认定为不适当人选；

（2）最近 12 个月内被中国证监会及其派出机构认定为不适当人选；

（3）最近 12 个月内因重大违法违规行为被中国证监会及其派出机构行政处罚或者采取市场禁入措施；

（4）具有《公司法》规定的不得担任公司董事、高级管理人员情形的；

（5）法律法规规定不得参与上市公司股权激励的；

（6）中国证监会认定的其他情形。

（三）激励对象公布的程序

1. 上市公司应当在召开股东大会前，通过公司网站或者其他途径，在公司内部公示激励对象的姓名和职务，公示期不少于 10 天。

2. 监事会应当对股权激励名单进行审核，充分听取公示意见。上市公司应当在股东大会审议股权激励计划前 5 日披露监事会对激励名单审核及公示情况的说明。

3. 上市公司监事会应当对限制性股票授予日及期权授予日激励对象名单进行核实并发表意见。

4. 上市公司董事会应当根据股东大会决议，负责实施限制性股票的授予、解除限售和回购以及股票期权的授权、行权和注销。

四、上市公司案例之激励对象分析

美的集团2014年到2019年实施的6次期权激励计划，我们以此为案例，来分析美的集团期权激励计划的激励对象情况。美的集团在2014年股权激励计划中，总激励对象693人；2015年股权激励计划中，总激励对象738人；2016年股权激励计划中，总激励对象931人；2017年股权激励计划中，总激励对象1476人；2018年股权激励计划中，总激励对象1341人；2019年股权激励计划中，总激励对象1150人。具体见表6－1：

表6－1　美的集团激励对象情况

激励对象	2014年激励人数	2015年激励人数	2016年激励人数	2017年激励人数	2018年激励人数	2019年激励人数
董事	1	—	—	—	—	—
董事会秘书	1	1	—	—	—	—
研发人员	290	123	349	568	604	455
制造人员	193	275	220	321	190	200
营销人员	112	127	149	119	—	—
信息技术人员	—	48	55	—	—	—
品质人员	—	—	—	—	54	81
其他业务骨干	96	164	158	468	493	414
合计	693	738	931	1476	1341	1150

分析：

1. 美的集团股权激励对象的选择主要集中在研发人员、制造人员、营销人员、信息技术人员和品质人员，这些人员符合高岗位价值的特征。

2. 在2014年、2015年，美的集团此阶段专注于产品性能的优化，所以被激励对象侧重于研发、制造、供应链相关骨干人员，其中研发人员和制造人员的占比最高；在2015年、2016年的激励方案中，受"家电以旧换新""家电下乡"等社会政策的推动，美的集团转向致力于信息优化的战略阶段，因此需要信息技术人员的支持，将信息技术人员纳入了被激励范围；在2018年和2019年最近的两期激励方案中，美的集团开始对品质人员进行专项激励，而且其他业务骨干的激励人数从2017年起增加明显，主要是因为美的将发展重点着眼于品质优化，因此增强了相关人员的激励力度。

从上述案例我们可以看到，美的集团在集团发展的不同阶段，选择激励对象的侧重点也不同。所以，我们可以在各阶段合理选取激励对象，配置不同的人数比例，更好地实现人力资本结构的优化，与其企业战略转型相辅相成。

第四节　常见模式

股权激励的模式有很多，现行常见的激励模式大致可以分为两大类，即权益结算类和现金结算类。权益结算类主要包括期权、限制性股权、业绩股票、延期支付；现金结算类主要包括虚拟股权、股票增值权。每种方式都有其优点、缺点，因此在股权激励的模式选择上，需要结合公司的实际情况和激励目的进行选择。

一、股票期权

股权（票）期权是指公司授予激励对象在未来一定期限内以预先确定的条件购买本公司一定数量股权（对股份公司而言为"股票"，为描述方便，此处统称为"股权"）的权利。

如果行权价格低于市场价格，期权持有人可以行权后出售股权来获利；如果行权价格高于市场价格，期权持有人可以选择放弃行权。期权持有人选择行权，并服务一定期限后，即享有完整的股权，成为公司的股东。激励对象与公司利益绑定，可以实现长期激励。

（一）法律规定

目前，我国对上市公司、国有企业、国有科技型企业的期权激励制定了相关的法律法规及其他规范性法律文件，散见于《上市公司股权激励管理办法》《股权激励有关事项备忘录1号》《股权激励有关事项备忘录2号》《股权激励有关事项备忘录3号》《国有科技型企业股权和分红激励暂行办法》等。

（二）期权的优势

1. 可以实现长期激励效果：达到条件后，激励对象可获得实股，可促使激励对象更加关注企业的长远发展和长期利益。

2. 方式灵活，激励对象承担风险小：被激励对象可根据公司经营情况选择行权或不行权，以实现自身利益最大化。

3. 资金压力较小：在授予股票期权时，公司没有任何现金支出，即可获得激励效果，有利于降低激励成本，且在行权之前激励对象无须支付对价。

（三）期权的局限性

1. 激励对象难以在短期内实现收益：因为期权的实施一般会设定等待期和禁售期，激励对象难以在短时间内获得分红或出让股权获得收益。

2. 承担股权贬值的风险：影响股权价值的因素有很多，如股票价格下跌至行权价格以下，股权持有人将承担损失风险。

股权期权属于比较成熟并广泛使用的股权激励模式，上市公司通过一级、二级市场很容易确定股权授予价格与行权价格，因此在各类上市非上市公司中运用都比较广泛。

（四）期权激励案例

【案例】 美的集团（000333）第六期股票期权激励计划

2019 年 4 月，上市公司美的集团股份有限公司董事会发布《美的集团股份有限公司第六期股票期权激励计划（草案）》，激励计划显示：

表 6-2 美的集团股份有限公司第六期股票期权激励计划（草案）内容

序号	要素	描述
1	时间	2019 年 4 月 20 日公司董事会发布第六期股票期权激励计划（草案），2019 年 5 月 13 日通过股东大会审批
2	主体	美的集团股份有限公司（A 股上市公司）
3	激励对象	激励对象为美的集团及下属单位的研发、制造、品质等科技人员及相关中基层管理人员（不包括公司现任的独立董事和监事），且必须经过《美的集团股份预先公司第六期股票期权激励计划实施考核办法》考核合格，共计 1150 人
4	激励形式	股票期权
5	股票来源	向激励对象定向发行股票

续表

序号	要素	描述
6	授予数量	股票期权数量为4724万份,对应股票数量为4724万股,占美的集团已发行股本总额的0.72%； 有效期内若发生资本公积金转增股本、派发股票红利、股份拆细、缩股、配股等事宜,股票数量、行权价格将根据本计划相关规定进行调整
7	有效期	6年,自股票期权授予之日起计算
8	授权条件	1.公司未发生以下任一情形： (1)最近一个会计年度财务会计报告被注册会计师出具否定意见或者无法表示意见的审计报告； (2)最近一个会计年度财务报告内部控制被注册会计师出具否定意见或无法表示意见的审计报告； (3)上市后最近36个月内出现过未按法律法规、公司章程、公开承诺进行利润分配的情形； (4)法律法规规定不得实行股权激励的； (5)中国证监会认定的其他情形。 2.激励对象未发生以下任一情形： (1)最近12个月内被证券交易所认定为不适当人选； (2)最近12个月内被中国证监会及其派出机构认定为不适当人选； (3)最近12个月内因重大违法违规行为被中国证监会及其派出机构行政处罚或当采取市场禁入措施； (4)具有《公司法》规定的不得担任公司董事、高级管理人员情形的； (5)法律法规规定不得参与上市公司股权激励的； (6)中国证监会认定的其他情形； (7)公司董事会认定其他严重违反公司有关规定的
9	资金来源	自筹方式解决,公司承诺不为激励对象提供贷款或其他任何形式的财务资助,包括不得为其贷款提供担保

续表

序号	要素	描述
10	行权期	激励对象可以自授予日起满2年后开始行权,可行权日必须为交易日,且在行权有效期内,但不得在下列期间内行权: 1.公司定期报告公告前30日内,因特殊原因推退定期报告公告日期的,自原预约公告日前30日起算,至公告前1日; 2.公司业绩预告、业绩快报公告前10日内; 3.自可能对本公司股票及其衍生品种交易价格产生较大影响的重大事件发生之日或者进入决策程序之日,至依法披露后2个交易日内; 4.中国证监会及深圳证券交易所规定的其他期间
11	行权价格	行权价格为每股人民币54.17元,该价格取下列价格之较高者: 1.本计划草案摘要公布前一个交易日的公司股票交易均价54.17元; 2.本计划草案摘要公布前20个交易日内的公司股票交易均价51.84元; 3.本计划草案摘要公布前60个交易日内的公司股票交易均价48.16元; 4.本计划草案摘要公布前120个交易日内的公司股票交易均价44.15元
12	行权条件	1.公司未发生如下任一情形: (1)最近一个会计年度财务会计报告被注册会计师出具否定意见或者无法表示意见的审计报告; (2)最近一个会计年度财务报告内部控制被注册会计师出具否定意见或无法表示意见的审计报告; (3)上市后最近36个月内出现过未按法律法规、公司章程、公开承诺进行利润分配的情形; (4)法律法规规定不得实行股权激励的; (5)中国证监会认定的其他情形。 2.激励对象未发生如下任一情形: (1)最近12个月内被证券交易所认定为不适当人选; (2)最近12个月内被中国证监会及其派出机构认定为不适当人选; (3)最近12个月内因重大违法违规行为被中国证监会及其派出机构行政处罚或者采取市场禁入措施; (4)具有《公司法》规定的不得担任公司董事、高级管理人员情形的; (5)法律法规规定不得参与上市公司股权激励的; (6)中国证监会认定的其他情形; (7)公司董事会认定其他严重违反公司有关规定的。

续表

<table>
<tr><th>序号</th><th>要素</th><th>描述</th></tr>
<tr><td>12</td><td>行权条件</td><td>3. 考核合格。
根据公司制定的《美的集团股份有限公司第六期股票期权激励计划实施考核办法》，激励对象行权只有在各个行权期的前一年度个人绩效考核结果在 B 级及以上，所在经营单位层面前两个年度业绩考核为“达标”的，可全额参与当年度股票期权的行权；若激励对象所在经营单位层面前两个年度业绩考核为“一般”的，则当年度股票期权可行权额度的 65% 可行权，当年度股票期权可行权额度的 35% 不可行权，由公司注销；若激励对象所在经营单位层面前两个年度业绩考核为“较差”的，激励对象当年度股票期权的可行权额度不可行权，由公司注销。
4. 业绩条件。
本激励计划在行权期的四个会计年度中，分年度进行绩效考核，每个会计年度考核一次，以达到绩效考核目标作为激励对象行权条件之一。
授予的股票期权各年度绩效考核目标如下表所示：
<table>
<tr><th>阶段名称</th><th>业绩考核指标</th></tr>
<tr><td>授予股票期权的第一个行权期</td><td>2020 年的净利润不低于前三个会计年度的平均水平</td></tr>
<tr><td>授予股票期权的第二个行权期</td><td>2021 年的净利润不低于前三个会计年度的平均水平</td></tr>
<tr><td>授予股票期权的第三个行权期</td><td>2022 年的净利润不低于前三个会计年度的平均水平</td></tr>
<tr><td>授予股票期权的第四个行权期</td><td>2023 年的净利润不低于前三个会计年度的平均水平</td></tr>
</table></td></tr>
<tr><td>13</td><td>行权限制</td><td>等待期：股票期权授予后至股票期权可行权日之间的时间，本计划的等待期为 2 年；
禁售期：依照《公司法》《证券法》等相关法律法规规定和《公司章程》执行</td></tr>
</table>

续表

<table>
<tr><th>序号</th><th>要素</th><th>描述</th></tr>
<tr><td>14</td><td>行权安排</td><td>本激励计划有效期为增资股票期权授予日起 6 年，股票期权自授予日起满 24 个月后（等待期后），激励对象应在未来 48 个月内分四期行权。授予的股票期权行权期及各期行权时间安排如下表所示：
<table>
<tr><th>阶段名称</th><th>时间安排</th><th>行权比例</th></tr>
<tr><td>第一个行权期</td><td>自授予日起 24 个月后的首个交易日起至授予日起 36 个月的最后一个交易日止</td><td>1/4</td></tr>
<tr><td>第二个行权期</td><td>自授予日起 36 个月后的首个交易日起至授予日起 48 个月的最后一个交易日止</td><td>1/4</td></tr>
<tr><td>第三个行权期</td><td>自授予日起 48 个月后的首个交易日起至授予日起 60 个月的最后一个交易日止</td><td>1/4</td></tr>
<tr><td>第四个行权期</td><td>自授予日起 60 个月后的首个交易日起至授予日起 72 个月的最后一个交易日止</td><td>1/4</td></tr>
</table></td></tr>
<tr><td>15</td><td>激励计划的变更与终止</td><td>1. 当公司发生控制权变更、分立或合并或其他重大变更时，根据相关条件变化程度，由股东大会授权董事会确定本计划的继续执行、修订、中止或终止，有关文件明确规定需由股东大会行使的权利除外。
2. 激励对象在本股票期权激励计划有效期结束前，发生职务变更、离职或死亡等情况后，按照以下规定处置：
（1）激励对象因降职，不再为公司管理及业务骨干的，其未达到可行权条件股票期权由公司进行注销；激励对象降职后，仍为公司管理及业务骨干的，按其新任岗位对应的标准，重新核定其可行权的股票期权，所调减的股票期权予以注销；
（2）激励对象发生下列情形之一的，已达到可行权条件股票期权可按本股票期权激励计划的规定，由激励对象正常行使权利；未达到可行权条件股票期权仍按规定的顺序和时间可行权。激励对象除不再受个人可行权业绩条件限制之外，其他可行权条款仍然有效：
①激励对象因工丧失民事行为能力（其获授的股票期权可由其监护人代使）；
②激励对象因工死亡（其获授的股票期权将由其指定的财产继承人或法定继承人继承）；
③因重大疾病（以国家认定为“重疾”范围为准）在岗时间不足一年，导致个人层面业绩考核不达标的，经所在经营单位申请及公司审议后，按实际在岗时间折算当年度可行权的期权数。</td></tr>
</table>

续表

序号	要素	描述
15	激励计划的变更与终止	(3)发生以下任一情形时，已达到可行权条件股票期权可按本股票期权激励计划规定正常行使权利，未达到可行权条件股票期权不再可行权，公司应注销该部分股票期权： ①激励对象非因前述第2条①～③原因而与公司终止或解除劳动合同；激励对象不胜任岗位工作、考核不合格； ②激励对象在美的集团全资、控股子公司任职的，若美的集团失去对该子公司控制权，且激励对象仍留在该子公司在职的； ③激励对象符合相关政策并经公司批准正常退休，且在本计划有效期内未从事与公司相同业务的投资及任职。 (4)当激励对象在任职期间因违反法律、法规或“公司红线”给公司造成严重损失或因此被公司解除劳动合同关系的，公司将对该等激励对象尚未行权的股票期权予以注销，并且公司可要求激励对象返回其已行权的股票期权所获得的收益。 (5)当激励对象离职后因违反竞业限制、因离职后查明的触犯“公司红线”或重大工作问题给公司造成严重损失的，公司有权要求激励对象返回其在本激励计划项下获得的全部收益。 (6)对于上述规定之外的情形，公司董事会有权根据激励对象的具体情况，酌情处置激励对象未达到可行权条件股票期权。 3.在等待期和行权期内，如果发生公司管理层无法控制的政治及政策风险、重大自然灾害等严重影响本股票期权激励计划正常实施的不可抗力事件，公司董事会可终止本股票期权激励计划。 公司发生《管理办法》中第7条规定的情形之一时，应当终止实施股票期权激励计划，不得向激励对象继续授予新的权益，激励对象根据本股票期权激励计划已获授但尚未行使的权益应当终止行使。在本股票期权激励计划实施过程中，激励对象出现《管理办法》第8条规定的不得成为激励对象的情形的，公司不得继续授予其权益，其已获授但尚未行使的权益应当终止行使

以上内容摘自《美的集团股份有限公司第六期股票期权激励计划(草案)》，截至2019年4月。

（五）案例评析

1.实施期权计划是上市公司最常见的激励方式之一，美的集团采用股票期权方式针对中基层管理人员进行员工激励，赋予员工充分的行权选择权，在进行激励的同时充分保障了员工的利益。

对公司来说，应用股票期权的激励方式，在授予股票期权时，公司没有任何现金支出即可获得激励效果，有利于降低激励成本；而对员工来说，基于中基层管理人员具有出资能力受限以及风险承受能力较弱的特点，在行权之前激励对象无须支付对价有利于计划的实施，并且在期权的方式下，激励对象可以选择是否行权，当股价低于授予价格时不行权，即最大限度地降低员工持股的市场风险。合适的激励方式将为激励计划的顺利执行奠定基础。

2. 值得一提的是，美的集团从2014年至今，共计已实施六期期权激励计划，期权方案见表6－3。

表6－3　美的集团六期股权激励计划

	第一期	第二期	第三期	第四期	第五期	第六期
实施时间	2014年2月	2015年3月	2016年5月	2017年3月	2018年3月	2019年4月
激励对象	总部及各事业部的中高层管理人员及业务技术骨干人员	总部及各事业部的中高层管理人员及业务技术骨干人员	侧重于研发、品质、制造、用户与市场及相关骨干人员	侧重研发、制造、品质等科技人员及相关中高层管理人员	总部及各事业部的研发、制造、品质等科技人员及相关中基层管理人员	美的集团及下属单位的研发、制造、品质等科技人员及相关中基层管理人员
有效期	5年			4年	6年	
等待期	1年				2年	
行权期	首次授予股份12个月后，在48小时内分三期行权，每期行权1/3			首次授予股份12个月后，在36小时内分三期行权，每期行权1/3	首次授予股份24个月后，在48小时内分四期行权，每期行权1/4	

续表

	第一期	第二期	第三期	第四期	第五期	第六期
行权条件	每个行权期年度净利润率增长较上一年不低于15%，年度净资产收益率不低于20%		净利润不低于前三个会计年度的平均水平			
	激励对象前一年度个人绩效考核在B级及以上					
	无	所在经营单位考评得分80分及以上，低于80分不授予	所在经营单位考评得分80分及以上按100%授予，低于80分，由公司审议并报董事长酌情核准	所在经营单位层面前两个年度业绩考核“达标”按100%授予，“一般”按65%授予		

以上内容根据《美的集团股份有限公司股票期权激励计划》（截至2014年2月）、《美的集团股份有限公司第二期股票期权激励计划》（截至2015年3月）、《美的集团股份有限公司第三期股票期权激励计划》（截至2016年5月）、《美的集团股份有限公司第四期股票期权激励计划》（截至2017年3月）、《美的集团股份有限公司第五期股票期权激励计划》（截至2018年3月）、《美的集团股份有限公司第六期股票期权激励计划》（截至2019年4月）整理。

上述方案中，我们可以看出美的集团不同时期的期权计划激励对象、有效期、等待期、行权期以及行权条件都有些许调整。首先，激励对象有所调整，从主要激励中高层管理人员到激励研发、品管技术人员，反映了公司在一定程度上侧重质管和研发，与家电行业从规模发展转变为追求质量的发展规律是趋同的。其次，公司层面考核条件根据市场环境变化也相应调整，从净利润增长率不低于15%变为净利润不低于前三年平均值，行权条件更趋于容易，但增加了股权激励计划的锁定期和等待期，使方案的激励性与约束性得以平衡。同时，经营单位考核也有所调整，从考评80分以下不授予调整为酌情授予以及经营单位业绩“一般”也可以行权65%，该项调整可以避免追求短期业绩的短视行为发生，使方案更具有合理性。

因此,在制定激励方案时,我们应当注意随着外部市场环境和公司内部状况的变化及时调整和优化激励方案,并且在实施中如果发现问题及时修正,这样激励计划才能保证真正收到效果。

3. 虽然股票期权是上市公司的主要激励方式,但非上市公司同样可以参照这一思路,赋予员工在未来的某一时间段(如 1 年、3 年、5 年)以确定的价格[低于或等于授予当时公司股权(股份)市场价值的价格]购买公司股权(股份)的权利,同样员工可以选择行权或者不行权,当公司股价高于市场价时员工行权以此获得激励。

二、限制性股权(票)

限制性股权(票),是指激励对象按照股权激励计划规定的条件,获得的部分权利受到限制(如转让权等)的本公司股权(对股份公司而言为"股票",为描述方便,此处统称为"股权")。

公司按照预先确定的条件免费或以优惠的价格授予激励对象一定数量的本公司股权,激励对象在工作年限、业绩目标符合股权激励计划规定的条件时,可出售限制性股权并从中获益。

限制性股权会规定相应限售期,限售期内激励对象不得随意处置股权,在解除限售前不得转让、用于担保或偿还债务。

(一)法律规定

目前,我国对上市公司、国有企业、国有科技型企业的限制性股票激励制定了相关的法律法规及其他规范性法律文件,散见于《上市公司股权激励管理办法》《股权激励有关事项备忘录 1 号》《股权激励有关事项备忘录 2 号》《股权激励有关事项备忘录 3 号》《国有科技型企业股权和分红激励暂行办法》等。

(二)限制性股权的优势

1. 可以实现长期激励效果:激励对象可获得实股,可促使激励对象更加关注企业的长远发展和长期利益。

2. 激励效果明显直接:激励对象完成业绩考核目标才能解除限售,有助于实现公司的发展目标。

3. 可低价取得公司的股权(票)：实践中，上市公司实施的限制性股票计划授予价格一般为交易均价的50%。

(三)限制性股权的局限性

1. 激励对象难以在短期内实现收益：因为期权的实施一般会设定限售期，激励对象难以在短时间内获得分红或出让股权获得收益。

2. 承担股权贬值的风险：影响股权价值的因素有很多，如股票价格下跌至行权价格以下，股权持有人将承担损失风险。

限制性股权属于比较成熟的、经典的股权激励模式，因此在各类上市非上市公司中运用都比较广泛。

(四)限制性股权激励案例

【案例】 九阳股份(002242)2014年限制性股票激励计划

2014年7月，上市公司九阳股份有限公司董事会发布《九阳股份有限公司2014年限制性股票激励计划(草案修订稿)》，激励计划显示：

表6-4 九阳股份有限公司2014年限制性股票激励计划(草案修订稿)

序号	要素	描述
1	时间	2014年7月19日公司董事会发布2014年限制性股票激励计划(草案修订稿)，2014年8月4日通过股东大会审批
2	主体	九阳股份有限公司(A股上市公司)
3	激励对象	激励对象为公司部分董事、高级管理人员以及核心经营骨干，且必须经过《九阳股份有限公司2014年限制性股票激励计划实施考核办法》考核合格
4	激励形式	限制性股票
5	股票来源	向激励对象定向发行股票
6	授予数量	股票数量为729万股

续表

序号	要素	描述
7	授予条件	1. 九阳股份未发生如下任一情形: (1)最近一个会计年度的财务会计报告被注册会计师出具否定意见或者无法表示意见的审计报告; (2)最近一年内因重大违法违规行为被中国证监会予以行政处罚; (3)中国证监会认定不能实行股权激励计划的其他情形。 2. 激励对象未发生如下任一情形: (1)最近三年内被证券交易所公开谴责或宣布为不适当人选的; (2)最近三年内因重大违法违规行为被中国证监会予以行政处罚的; (3)具有《公司法》规定的不得担任公司董事、监事、高级管理人员情形的。 3. 根据《九阳股份有限公司2014年限制性股票激励计划实施考核办法》,激励对象上一年度绩效考核合格
8	授予价格	行权价格为每股人民币4.42元,授予价格依据审议通过本股权激励计划(草案)的九阳股份第三届董事会第三次会议决议公告日(2014年6月6日)前20个交易日九阳股份股票均价8.84元的50%确定,为每股4.42元
9	资金来源	自筹方式解决,公司承诺不为激励对象提供贷款或其他任何形式的财务资助,包括不得为其贷款提供担保
10	有效期	48个月,在授予日的12个月后分三期解锁,解锁期36个月
11	限制性股票的锁定	自限制性股票授予日起的12个月内,激励对象根据本计划获授的限制性股票被锁定,不得转让。 在授予日起的12个月内,激励对象并不享有所获授的限制性股票的任何权利,包括但不限于该等股票的分红权、配股权、投票权或通过抵押、质押等任何方式支配该等限制性股票以获取利益的权利;激励对象因获授的限制性股票而取得的现金股利由公司代管,作为应付股利在解锁时向激励对象支付;激励对象因获授的限制性股票而取得的股票股利同时锁定,不得在二级市场出售或以其他方式转让,该等股票股利的解锁期与限制性股票相同

续表

<table>
<tr><th>序号</th><th>要素</th><th>描述</th></tr>
<tr><td>12</td><td>解锁安排及考核条件</td><td>1. 限制性股票分三期解锁，在解锁期内满足本计划的解锁条件的，激励对象可以申请股票解除锁定并上市流通。解锁安排及公司业绩考核条件如下表所示：
<table>
<tr><th>解锁批次</th><th>解锁时间</th><th>公司业绩考核条件</th><th>解锁比例</th></tr>
<tr><td>第一批</td><td>授予日 +12 个月后的首个交易日起，至授予日 +24 个月内的最后一个交易日止</td><td>以 2013 年为基准年，2014 年销售额增长率不低于 10%，2014 年净利润增长率不低于 6%</td><td>40%</td></tr>
<tr><td>第二批</td><td>授予日 +24 个月后的首个交易日起，至授予日 +36 个月内的最后一个交易日止</td><td>以 2013 年为基准年，2015 年销售额复合增长率不低于 10%；2015 年净利润增长率不低于 15%</td><td>30%</td></tr>
<tr><td>第三批</td><td>授予日 +36 个月后的首个交易日起，至授予日 +48 个月内的最后一个交易日止</td><td>以 2013 年为基准年，2016 年销售额复合增长率不低于 10%；2016 年净利润增长率不低于 25%</td><td>30%</td></tr>
</table>
注：公司业绩考核条件中的“销售额”是指经审计的公司利润表中的“营业总收入”；“净利润”是指经审计的公司利润表中的“归属于上市公司股东的扣除非经常性损益的净利润”。
并且，2014 年至 2016 年各年度归属于公司股东的扣除非经常性损益的净利润均不得低于授予日前最近三个会计年度（2011 年、2012 年、2013 年）的平均水平且不得为负。计算净利润增长率时，净利润指标均以扣除非经常性损益的净利润作为计算依据。
2. 激励对象申请根据本计划获授的限制性股票进行解锁，除需满足上表所列的公司业绩考核条件以外，还必须同时满足如下条件：
（1）九阳股份未发生如下任一情形：
①最近一个会计年度的财务会计报告被注册会计师出具否定意见或者无法表示意见的审计报告；
②最近一年内因重大违法违规行为被中国证监会予以行政处罚；
③中国证监会认定不能实行限制性股票激励计划的其他情形。
（2）激励对象未发生如下任一情形：
①最近三年内被证券交易所公开谴责或宣布为不适当人选的；</td></tr>
</table>

续表

序号	要素	描述
12	解锁安排及考核条件	②最近三年内因重大违法违规行为被中国证监会予以行政处罚的； ③具有《公司法》规定的不得担任公司董事、监事、高级管理人员情形的； ④激励对象在本计划实施完毕之前单方面终止劳动合同； ⑤公司有充分证据证明该激励对象在任职期间，由于挪用资金、职务侵占、盗窃、泄露经营和技术秘密等损害公司利益、声誉的违法违纪行为，或者严重失职、渎职行为，给公司造成损失的。 (3)根据《九阳股份有限公司 2014 年限制性股票激励计划实施考核办法》，激励对象解锁的前一年度绩效考核合格。 如无法满足上述条件，则激励对象根据本计划获授的限制性股票不得解锁，由公司回购后注销。其中，由于发生本条(2)所述情形导致获授的限制性股票不能解锁的，相应限制性股票由公司按本计划第 28 条(二)规定的价格回购后注销
13	激励对象的权利义务	激励对象的权利与义务： 1. 激励对象应当按公司所聘岗位的要求，勤勉尽责、恪守职业道德，为公司的发展做出应有贡献。 2. 激励对象应当按照本激励计划锁定其获授的限制性股票。 3. 激励对象获授的限制性股票不得违反锁定及限售的相关规定进行转让、用于担保或偿还债务。 4. 激励对象应按照本计划的规定自筹认购限制性股票的资金来源。 5. 激励对象因本计划获得的收益，应按国家税收法规缴纳个人所得税及其他税费。 6. 激励对象在获授限制性股票并解锁之后 2 年内离职的，激励对象应当将其因获授限制性股票而取得的全部收益返还给公司。激励对象在获授限制性股票并解锁之后离职的，自离职之日起 2 年内不得在与公司存在竞争关系的机构任职或在其他机构从事与其在九阳股份承担的相同或类似工作。激励对象在获授限制性股票并解锁后离职之后 2 年内，在与公司存在竞争关系的机构任职或在其他机构从事与其在九阳股份承担的相同或类似工作的，激励对象除应当将其因获授限制性股票而取得的全部收益返还给公司外，还应承担与其因获授限制性股票而取得收益同等金额的违约金，给公司造成损失的，还应同时向公司承担赔偿责任。 7. 法律、法规规定的其他相关权利义务

续表

序号	要素	描述
14	激励计划的变更与终止	1. 公司发生控制权变更、合并、分立。 公司发生控制权变更、合并、分立等情形时，本股权激励计划不做变更，仍按照本计划执行。 2. 激励对象发生职务变更、离职或死亡。 (1)激励对象发生正常职务变更，但仍在九阳股份或九阳股份下属分、子公司内任职的，其获授的限制性股票仍然按照本计划规定的程序进行授予、锁定和解锁。但是，激励对象不能胜任岗位工作、考核不合格、触犯法律、违反职业道德、泄露公司机密、因失职或渎职等行为损害公司利益或声誉而导致职务变更，或因前列原因导致公司解除与激励对象劳动关系的，董事会可以决定对激励对象根据本计划已获授但尚未解锁的限制性股票不得解锁，并由公司按本计划第 28 条(二)规定的价格回购后注销。 (2)激励对象因辞职、公司裁员而离职，董事会可以决定对激励对象根据本计划已获授但尚未解锁的限制性股票不得解锁，并由公司以授予价格回购后注销。 (3)激励对象在本计划有效期内退休的，公司将返聘该等激励对象。若相关激励对象接受公司返聘并继续在公司任职，其因本计划获授之限制性股票仍然按照本计划规定的条件和程序解锁；若相关激励对象在退休后因不接受公司的返聘而离职，其获授的尚未解锁的限制性股票不再解锁，由公司以授予价格回购后注销。 (4)激励对象因丧失劳动能力而离职，应分以下两种情况处理： ①当激励对象因工伤丧失劳动能力而离职时，其丧失劳动能力后的个人年度考核被视为合格，尚未解锁的标的股票仍可根据本计划规定的条件申请解锁； ②当激励对象非因工伤丧失劳动能力而离职时，董事会可以决定对激励对象根据本计划已获授但尚未解锁的限制性股票不得解锁，并由公司以授予价格回购后注销。 (5)激励对象死亡的，其已解锁的限制性股票继续有效，尚未解锁的限制性股票由公司按照授予价格回购后注销。激励对象因公死亡的，董事会可以决定追加现金补偿。 3. 在本计划有效期内，公司如因出现如下情形之一而失去实施股权激励计划的资格，应终止实施本计划，激励对象根据本计划已获授但尚未解锁的限制性股票由公司以授予价格回购后注销。 (1)最近一个会计年度财务会计报告被注册会计师出具否定意见或者无法表示意见的审计报告； (2)最近一年内因重大违法违规行为被中国证监会予以行政处罚； (3)中国证监会认定的其他情形。

续表

序号	要素	描述
14	激励计划的变更与终止	4. 在本计划有效期内，激励对象如因出现如下情形之一而失去参与股权激励计划的资格，激励对象根据本计划已获授但尚未解锁的限制性股票由公司按本计划第 28 条(二)规定的价格回购后注销。 (1)最近三年内被证券交易所公开谴责或宣布为不适当人选的； (2)最近三年内因重大违法违规行为被中国证监会予以行政处罚的； (3)具有《公司法》规定的不得担任公司董事、监事、高级管理人员情形的； (4)公司董事会认定的其他严重违反公司有关规定或严重损害公司利益的情形

以上内容摘自九阳股份有限公司《2014 年限制性股票激励计划(草案修订稿)》，截至 2014 年 7 月。

(五)案例评析

九阳股份针对董事、高级管理人员以及核心经营骨干实施限制性股票计划，在家电行业市场增长动力不足的大背景下，符合企业发展趋势。选择实施限制性股票的方式，基于董事、高级管理人员以及核心经营骨干有一定的抗风险能力，并且相较于期权，限制性股权的激励效果更明显直观。首先，限制性股票没有等待期，激励对象可以直接行权；其次，行权价格为市场均价的 50%，激励对象低价购买股票有利于实现员工与公司的绑定。同时，在服务期限和业绩上对激励对象有更强的约束，能最大限度地驱动公司业绩上升。

九阳股份 2014 年实现营业收入 59.44 亿元，较 2013 年增长 11.55%，公司 2014 年实现归属于上市公司股东的扣除非经常性损益的净利润 4.70 亿元，较 2013 年增长 7.79%，公司业绩实现了上升，激励对象获得了限制性股票的解锁从而获得收益，九阳股份选择限制性股票实现了激励目的。

三、虚拟股权

虚拟股权是指公司授予激励对象一种虚拟化的股权(对股份公司而言为“虚拟股份”，为描述方便，此处统称为虚拟股权)，同时设定一定的业绩目标，激励对象达到考核要求时，可以据此获得一定数量的分红权。

虚拟股权将所有权与收益权分离，持股人没有所有权和表决权，不能转让和质押，也无须到工商部门登记，并且在离开公司时自动失效。虚拟股权本质上是一种分红凭证，并不涉及企业股本与股权结构的变化。持有人关注的是一定期限内的企业分红，能促使激励对象改善业绩，获得更多收益。该收益只与公司的分红有关，与股权的价格无关，可以避免因股权价格不确定因素造成公司股权价格异常下跌对虚拟股权持有人收益的影响。

(一)虚拟股权与实股的对比

表6-5　虚拟股权与实股的对比

权利/义务名称	实股	虚拟股权
出资义务	有	可约定
是否在股东名册登记	有	无
表决权	有	无
知情权	有	可以有
转让权	有	无
分红权	有	有

(二)法律规定

目前我国对虚拟股权没有相关的法律法规约束。

(三)虚拟股权的优势

1. 操作手续简便：只要被激励员工和公司签订协议即可，无须股权转让或增发股权，因此无须召开股东会更改公司章程，也无须工商登记。

2. 股权结构稳定：虚拟股权的持股人仅拥有分红权，不享有所有权、表决权，不会影响公司的股本总额和股权结构，因此也不影响创始股东对企业的控制权。

3. 无须监管部门审批：目前我国法律法规没有对虚拟股权设定审批限制。

(四)虚拟股权的局限性

1. 激励效果可能不足：虚拟股权只给了激励对象“利”，激励对象没有表决权和所有权等实权，可能会影响激励的效果。

2. 公司现金压力较大：采用这种模式时，给激励对象分红，公司需要支出大量的现金，将造成公司财务压力较大。

3. 过于重视短期利益：在这种模式下，激励对象可能忽视企业的长期发展，重视分红以致过于关注短期利益。

（五）虚拟股权激励案例

【案例】　北京精冶源新材料股份有限公司虚拟股权激励方案

2015年5月，新三板上市公司北京精冶源新材料股份有限公司发布了《虚拟股权激励方案》。方案显示：

表6-6　北京精冶源新材料股份有限公司《虚拟股权激励方案》

<table>
<tr><th>序号</th><th>要素</th><th>描述</th></tr>
<tr><td>1</td><td>时间</td><td>2015年5月6日，公司发布了《北京精冶源新材料股份有限公司虚拟股权激励方案》</td></tr>
<tr><td>2</td><td>主体</td><td>北京精冶源新材料股份有限公司（新三板上市公司）</td></tr>
<tr><td>3</td><td>激励对象</td><td>授予范围包括公司高级管理人员、中层管理人员、业务骨干以及对公司有卓越贡献的新老员工等</td></tr>
<tr><td>4</td><td>激励形式</td><td>虚拟股权</td></tr>
<tr><td>5</td><td>授予数量</td><td>虚拟股权的授予数量，根据虚拟股权激励对象所处的职位确定股权级别及其对应基准职位股数（经董事会表决同意后基准职位股数可按年度调整），根据个人能力系数和本司工龄系数确定计划初始授予数量，根据年终绩效考核结果确定当年最终授予虚拟股权数量。
虚拟股权的初始授予数量＝基准职位股数×能力系数×本司工龄系数，
虚拟股权的最终授予数量＝虚拟股权的初始授予数量×绩效考核系数。
1. 股权级别及职位股数确定
表1　股权级别（职位股数）评定表
<table>
<tr><th>股权级别</th><th>评定标准</th><th>基准职位股数（股）</th></tr>
<tr><td>1级</td><td>通过按指令能基本完成本岗位的工作任务</td><td>10,000</td></tr>
<tr><td>2级</td><td>能够独立、合格地完成本岗位的工作</td><td>15,000</td></tr>
<tr><td>3级</td><td>通过自己的技术专长或团队管理能较好地完成本岗位的工作</td><td>20,000</td></tr>
<tr><td>4级</td><td>通过他人或团队管理能完成工作目标，业绩卓越且能保持团队稳定</td><td>25,000</td></tr>
</table>
</td></tr>
</table>

续表

<table>
<tr><th>序号</th><th>要素</th><th>描述</th></tr>
<tr><td>5</td><td>授予数量</td><td>
2. 个人能力系数
个人能力系数由公司根据下表所列能力评定标准,结合员工个人学历、工作经历及在公司的工作表现等因素进行综合评定。
表 2　能力系数评定表
<table>
<tr><th>能力等级</th><th>能力评定标准</th><th>能力系数</th></tr>
<tr><td>中级</td><td>◆熟练运用所掌握知识、技能完成一般复杂程度的工作；
◆对工作相关风险或潜在问题具有一般的认知与把控能力；
◆能够将岗位相关经验应用于工作实际</td><td>1.0</td></tr>
<tr><td>高级</td><td>◆精通某一方面知识或技能的工作应用；
◆能够独立处理富有挑战性和复杂的事项；
◆能够带领一定规模的团队开展相关工作</td><td>1.1</td></tr>
<tr><td>专家级</td><td>◆能被征询意见，解决本职工作领域相关的复杂技术问题；
◆能对其掌握的知识、技能提出战略性建议或作出合理调整；
◆对公司业务及其工作有敏锐的洞察力并提出解决方案</td><td>1.2</td></tr>
</table>
3. 本司工龄系数表
表 3　本司工龄系数表
<table>
<tr><th>本司工龄</th><th>本司工龄系数</th></tr>
<tr><td>3 年以下（含）</td><td>1.0</td></tr>
<tr><td>3~5 年（含）</td><td>1.1</td></tr>
<tr><td>5 年以上</td><td>1.2</td></tr>
</table>
4. 考核结果与绩效系数
每年年初,公司对上年度的个人绩效做评估,评定激励对象的考核结果和绩效系数,其结果作为激励对象参与股权激励基金分配的依据之一
</td></tr>
</table>

续表

<table>
<tr><th>序号</th><th>要素</th><th>描述</th></tr>
<tr><td>5</td><td>授予数量</td><td>表4　绩效系数确定标准
<table><tr><th>序号</th><th>绩效评级</th><th>绩效系数</th></tr><tr><td>1</td><td>优异</td><td>1.5</td></tr><tr><td>2</td><td>良好</td><td>1.2</td></tr><tr><td>3</td><td>达标</td><td>1.0</td></tr><tr><td>4</td><td>不达标</td><td>0</td></tr></table></td></tr>
<tr><td>6</td><td>有效期</td><td>本计划的有效期限为3年,即2015～2017年,激励对象无偿享有公司给予一定比例的分红权,计划有效期满后,公司可根据实际情况决定是否继续授予激励对象该等比例的分红权</td></tr>
<tr><td>7</td><td>授权条件</td><td>公司以年度净利润作为业绩考核指标。设定的每年业绩目标为:年度净利润增长率不低于20%(含20%);
上述业绩目标作为确定是否授予年度分红权激励基金的基准指标</td></tr>
<tr><td>8</td><td>激励基金的提取、分配和发放</td><td>1.年度激励基金总额
每年以上述所确定业绩目标作为确定是否授予股权激励基金的考核基准指标。在实现公司业绩目标的情况下,按照公司该年度净利润和虚拟股权占比核算和提取股权激励基金。即
当年激励基金总额=考核年度净利润×加权虚拟股权总数/加权实际总股本
2.虚拟股权的每股现金价值
每股现金价值=当年激励基金总额÷实际参与分红的虚拟股权总数
3.分红现金数额
个人实际可分配虚拟股红利=虚拟股权每股现金价值×虚拟股股数
4.红利发放
当年的虚拟股红利在次年5月发放,虚拟股红利以公司公告为准。虚拟股红利发放通过银行转账发放到员工银行卡上,涉及征税,公司代扣代缴</td></tr>
</table>

以上内容摘自北京精冶源新材料股份有限公司《虚拟股权激励方案》,截至2015年5月。

(六)案例评析

此次激励计划采取虚拟股票模式,由公司无偿授予激励对象一定比例的分红权,授予对象包括公司中高层管理人员、业务骨干以及对公司有卓越贡献的新老员工等。公司以年度净利润作为业绩考核指标，将年度净利润增长率不低于20%（含20%）作为确定是否授予年度分红权激励基金的基准指标。同时根据激励对象所处职位定股权级别及其对应的基准职位股数、个人能力系数和本司工龄系数确定计划初始授予数量，根据年终绩效考核结果确定当年最终授予虚拟股权数，以获得虚拟股红利。该方案中，公司采用的是无偿授予分红权，侧重福利性及奖励性，但在授权条件中设定了公司层面的业绩考核指标以及个人的绩效考核指标，员工达到业绩指标方可获取激励收益，既能促进公司业绩增长，又能达到激励效果，具有可借鉴性。

根据查询巨潮网公示的实施虚拟股权激励的公告，我们还查询到，2016 年 8 月，新三板上市公司河北博岳通信技术股份有限公司发布了《河北博岳通信技术股份有限公司虚拟股权激励计划管理办法公告》；2017 年 7 月，新三板上市公司中赟国际工程股份有限公司发布了《中赟国际工程股份有限公司虚拟股权激励管理办法》。

实践中，虚拟股权在上市公司中运用的比较少，因为虚拟股权不是实权，只有分红权，激励效果有限，并且给激励对象分红，公司需要支出大量的现金，所以实践中通常在现金流充足的企业适用，并且一般在高科技企业中应用较多。

四、股票增值权

股票增值权是指公司授予激励对象在一定的时期和条件下，获得一定数量的公司股票价格上升所带来的收益的权利，即以上市公司股票为虚拟标的股票，在符合业绩考核标准的前提下，由公司以现金方式支付行权价格与授予价格之间的差额收益。

如到期公司股票的价格高于股票增值权的授予价格，则激励对象可以行权获得收益；如到期公司股票的价格等于或低于股票增值权的授予价格，则激励对象没有收益。从而激励员工实现公司的业绩考核目标，实现公司股票价格的提高获得收益。

（一）法律规定

目前我国对股票增值权没有相关的法律法规约束。

（二）股票增值权的优势

1. 操作手续简便：只要被激励员工和公司签订协议即可，无须股权转让或增发股权，因此无须更改公司章程，也无须工商登记。

2. 股权结构稳定：股票增值权的持股人仅拥有股票价格上升所带来的收益的权利，不享有所有权，不会影响公司的股本总额和股权结构，因此也不影响创始股东对企业的控制权。

3. 无须监管部门审批：目前我国法律法规没有对股票增值权设定审批限制。

（三）股票增值权的局限性

1. 激励效果可能不足：虚拟股权只给了激励对象“利”，激励对象没有所有权，当股价下跌时，可能起不到激励作用。

2. 公司现金压力较大：采用这种模式时，给激励对象收益，公司需要支出大量的现金，将造成公司财务压力较大。

3. 过于重视短期利益：在这种模式下，激励对象非持有实股，关注的更多是短期股价的增长，可能忽视企业的长期发展。

（四）股票增值权激励案例

【案例】 顺丰控股（002352）2018年股票增值权激励计划

2018年4月，上市公司顺丰控股股份有限公司董事会发布《顺丰控股股份有限公司2018年股票增值权激励计划（草案）》，激励计划显示：

表6-7 顺丰控股股份有限公司2018年股票增值权激励计划（草案）

序号	要素	描述
1	时间	2018年4月26日公司董事会发布2018年股票增值权激励计划（草案），2018年5月17日通过股东大会审批
2	主体	顺丰控股股份有限公司（A股上市公司）
3	激励对象	激励对象为受政策限制无法纳入限制性股票激励计划的公司在海外工作核心人才，共计29人
4	激励形式	股票增值权
5	股票来源	由于股票增值权计划不涉及实际股票，以顺丰控股股票作为虚拟股票标的

续表

<table>
<tr><th>序号</th><th>要素</th><th>描述</th></tr>
<tr><td>6</td><td>激励对象获授的股票增值权分配情况</td><td><table><tr><th>激励计划分配情况</th><th>获授的股票增值权数量（万份）</th><th>占授予股票增值权总数的比例</th><th>占目前总股本的比例</th></tr><tr><td>公司海外核心人才（合计 29 人）</td><td>13.865</td><td>100%</td><td>0.003%</td></tr></table></td></tr>
<tr><td>7</td><td>有效期</td><td>自股票增值权授予完成登记之日起至所有股票增值权行权或注销完毕之日止，最长不超过 48 个月</td></tr>
<tr><td>8</td><td>授权条件</td><td>1. 公司未发生以下任一情形：
(1)最近一个会计年度财务会计报告被注册会计师出具否定意见或者无法表示意见的审计报告；
(2)最近一个会计年度财务报告被注册会计师出具否定意见或者无法表示意见的审计报告；
(3)上市后最近 36 个月内出现过未按法律法规、公司章程、公开承诺进行利润分配的情形；
(4)法律法规规定不得实行股权激励的；
(5)中国证监会认定的其他情形。
2. 激励对象未发生以下任一情形：
(1)最近 12 个月内被证券交易所认定为不适当人选；
(2)最近 12 个月内被中国证监会及其派出机构认定为不适当人选；
(3)最近 12 个月内因重大违法违规行为被中国证监会及其派出机构行政处罚或者采取市场禁入措施；
(4)具有《公司法》规定的不得担任公司董事、高级管理人员情形的；
(5)法律法规规定不得参与上市公司股权激励的；
(6)中国证监会认定的其他情形</td></tr>
<tr><td>9</td><td>行权期</td><td>授予的股票增值权自授予完成登记之日起满 12 个月后可以开始行权。可行权日必须为交易日，但不得在下列期间内行权：
1. 公司定期报告公告前 30 日，因特殊原因推迟定期报告公告日期的，自原预约公告日前 30 日起算；
2. 公司业绩预告、业绩快报公告前 10 日至公告后 2 个交易日；
3. 重大交易或重大事项决定过程中至该事项公告后 2 个交易日；
4. 其他可能影响股价的重大事件发生之日起至公告后 2 个交易日。
上述“重大交易”、“重大事项”及“可能影响股价的重大事件”为公司依据《深圳证券交易所股票上市规则》的规定应当披露的交易或其他重大事项。
激励对象必须在股票增值权有效期内行权完毕，计划有效期结束后，已获授权但尚未行权的股票增值权不得行权</td></tr>
</table>

续表

<table>
<tr><th>序号</th><th>要素</th><th>描述</th></tr>
<tr><td>10</td><td>行权价格</td><td>行权价格为24.33元/股，此价格与《顺丰控股股份有限公司2018年限制性股票激励计划草案》中限制性股票购买价格为同一价格</td></tr>
<tr><td>11</td><td>行权条件</td><td>本计划在2018～2019年的2个会计年度中，分年度对公司业绩指标和个人绩效指标进行考核，以达到考核目标作为激励对象当年度的行权条件：
1. 公司业绩考核要求
本计划授予的股票增值权各年度业绩考核目标如下表所示：
<table>
<tr><th>行权期</th><th>业绩考核目标</th></tr>
<tr><td>第一个行权期</td><td>以2017年公司归属于上市公司股东的扣除非经常性损益的净利润为基数，2018年公司归属于上市公司股东的扣除非经常性损益的净利润增长率不低于10%</td></tr>
<tr><td>第二个行权期</td><td>以2017年公司归属于上市公司股东的扣除非经常性损益的净利润为基数，2019年公司归属于上市公司股东的扣除非经常性损益的净利润增长率不低于24%</td></tr>
</table>
由本次股权激励产生的激励成本将在经常性损益中列支。如公司业绩考核达不到上述条件，则激励对象相对应行权期所获投的行权数量由公司注销。
2. 个人绩效考核要求
激励对象的个人层面的考核按照公司相关规定组织实施。
<table>
<tr><th>个人层面上一年度考核结果</th><th>个人层面系数</th></tr>
<tr><td>合格</td><td>100%</td></tr>
<tr><td>不合格</td><td>0</td></tr>
</table>
若各年度公司层面业绩考核达标，激励对象个人当年实际行权额度＝个人层面系数×个人当年计划行权额度。
激励对象在行权年度的上一年度考核结果为“合格”，方可行权；激励对象考核结果为“不合格”，则其相对应行权期所获授的但尚未行权的股票增值权即被取消作废</td></tr>
</table>

续表

<table>
<tr><th>序号</th><th>要素</th><th>描述</th></tr>
<tr><td>12</td><td>行权安排</td><td>本计划授予的股票增值权自本期激励计划授予完成登记之日起满12个月后,激励对象应在未来24个月内分两期行权。本次授予增值权行权期及各期行权时间安排如表所示:
<table>
<tr><th>行权期</th><th>行权时间</th><th>行权比例</th></tr>
<tr><td>第一个行权期</td><td>自授予完成登记之日起12个月后的首个交易日起至授予完成登记之日起36个月内的最后一个交易日当日止</td><td>50%</td></tr>
<tr><td>第二个行权期</td><td>自授予完成登记之日起24个月后的首个交易日起至授予完成登记之日起36个月内的最后一个交易日当日止</td><td>50%</td></tr>
<tr><td>第三个行权期</td><td>自授予日起48个月后的首个交易日起至授予日起60个月的最后一个交易日止</td><td>1/4</td></tr>
<tr><td>第四个行权期</td><td>自授予日起60个月后的首个交易日起至授予日起72个月的最后一个交易日止</td><td>1/4</td></tr>
</table>
本计划有效期结束后,已获授但尚未行权的股票增值权不得行权,未行权的该部分增值权由公司作废注销</td></tr>
<tr><td>13</td><td>公司/激励对象发生异动的处理</td><td>1. 公司发生异动的处理
(1)出现下列情形之一时,本计划即行终止,激励对象已获授但尚未行权的股票增值权不得行权,由公司按本计划的规定注销:
①最近一个会计年度财务会计报告被注册会计师出具否定意见或者无法表示意见的审计报告;
②最近一个会计年度财务报告被注册会计师出具否定意见或者无法表示意见的审计报告;
③上市后最近36个月内出现过未按法律法规、公司章程、公开承诺进行利润分配的情形;
④法律法规规定不得实行股权激励的情形;
⑤中国证监会认定的其他需要终止激励计划的情形。
(2)出现下列情形之一时,本计划不做变更:
①公司控制权发生变更;
②公司出现合并、分立等情形。
(3)公司因信息披露文件有虚假记载、误导性陈述或者重大遗漏,导致不符合股票增值权授予条件或行权条件的,未行权的股票增值权由公司统一注销处理;激励对象获授股票增值权已行权的,所有激励对象应当返还已获授权益。对上述事宜不负有责任的激励对象因返还权益而遭受损失的,可向公司或负有责任的对象进行追偿。</td></tr>
</table>

续表

序号	要素	描述
13	公司/激励对象发生异动的处理	2. 激励对象个人情况发生变化 (1)激励对象发生职务变更,但仍在公司内,或在公司下属分公司、子公司内任职的,其获授的股票增值权完全按照职务变更前本计划规定的程序进行。但是,激励对象因触犯法律、违反职业道德、泄露公司机密、失职或渎职等行为损害公司利益或声誉而导致的职务变更,或因前列原因导致公司解除与激励对象劳动关系的,自情况发生之日,激励对象根据本计划已获授但尚未获准行权的股票增值权作废。 (2)激励对象因辞职、公司裁员[非因前述第(一)项原因导致与公司解除与激励对象劳动关系]而离职,自情况发生之日,激励对象根据本计划已获授但尚未获准行权的股票增值权作废。 (3)激励对象因退休而离职,自情况发生之日,激励对象已获授股票增值权可以按照退休前本计划规定的程序进行,且董事会可以决定其个人绩效考核条件不再纳入行权条件。 (4)激励对象因丧失劳动能力而离职,应分以下两种情况处理: ①当激励对象因工伤丧失劳动能力而离职时,其获授的股票增值权将完全按照丧失劳动能力前本计划规定的程序进行,且董事会可以决定其个人绩效考核条件不再纳入行权条件; ②当激励对象非因工伤丧失劳动能力而离职时,董事会可以决定对激励对象根据本计划已获授但尚未行权的股票增值权作废。 (5)激励对象若因执行职务而死亡,其获授的股票增值权将由其指定的财产继承人或法定继承人继承,并按照死亡前本计划规定的程序进行,且董事会可以决定其个人绩效考核条件不再纳入行权条件;若因其他原因而死亡,董事会可以决定对激励对象根据本计划已获授但尚未行权的股票增值权作废,并由公司注销。 (6)其他未说明的情况由董事会薪与考核委员会认定,并确定其处理方式

(五)案例评析

2016年8月13日起开始实施的《上市公司股权激励管理办法》明确境内工作的外籍员工可成为激励对象,在境内工作的上市公司外籍员工可申请开立专用证券账户参与股权激励。但对于实际工作地点在境外的外籍员工,因其实际工作地、居住地、缴税地均在境外,参与上市公司的股权激励存在障碍。随着资本市场的国际化,上市公司对外籍员工的股权激励需求日益凸显,基于这一现象,上市公司可采用股票增值权的激励方式,实现对境内外员工的激励计划。

顺丰控股基于激励对象为受政策限制无法纳入限制性股票激励计划的外籍

员工,实施了股票增值权激励计划。公司 2017 年归属于上市公司股东的扣除非经常性损益的净利润 370,263.75 万元,较 2016 年增长 40.08%,实现了公司业绩增长的目的,同时也让外籍员工享受了与公司共同发展的红利,顺丰控股实施股票增值权实现了激励目的。

通过查询巨潮网公示的实施股票增值权的公告,我们还查询到,2015 年 12 月 14 日,上市公司成都康弘药业集团股份有限公司(002773)董事会发布了《成都康弘药业集团股份有限公司 2015 年股票增值权激励计划(草案)》,激励对象为受政策限制无法纳入限制性股票激励计划的公司外籍员工 2 人。

2016 年 1 月 7 日,上市公司中科创达软件股份有限公司(300496)董事会发布了《中科创达软件股份有限公司股票增值权激励计划(草案)》,激励对象为受政策限制无法纳入限制性股票激励计划的公司员工,即公司境外(含港澳台地区)业务和技术骨干,合计 12 人。

实践中,对于具有较好的业绩成长预期、现金流充足的上市企业,针对实际工作地点在境外的外籍员工可采用股票增值权的激励方式,实现激励目的。

五、业绩股票

业绩股票,是指公司预先设定一个业绩目标,当激励对象实现该目标时,可以从公司获得一定数量的公司股票,或者公司提取一定比例的激励基金购买公司股票。

激励对象所获得的业绩股票在流通上一般还有工作年限、业绩等的限制,其内在激励原理与限制性股票类似。

但与限制性股票又有不同:(1)两者取得的时间节点不同,限制性股票是直接授予股票在签订协议之日即取得,而业绩股票则是在达到约定的业绩目标后才可取得;(2)工作年限、业绩目标等因素的作用不同,业绩目标等是限制性股票能否解锁的因素,对业绩股票而言,是能否取得的因素;(3)支付的对价不同,我国对限制性股票的授予价格有具体的法律规定,而对业绩股票的对价没有限制。

(一)法律规定

目前我国对业绩股票没有相关的法律法规约束。

(二)业绩股票的优势

激励效果明显直接:激励对象完成业绩考核目标才能行权,有助于实现公司的目标。

（三）业绩股票的局限性

1. 业绩目标的科学性很难保证：如果业绩目标不科学，比如目标过低，会将激励变成福利，无法实现公司更好发展的目的；如果目标过高，则使员工不抱希望，也无法产生激励效果。

2. 公司承担的激励成本较大：员工获得业绩股票一般无须支付资金，公司需要承担较大的激励成本。

（四）业绩股票激励案例

【案例】 夏新电子（600057）2003年业绩股票激励计划

2003年11月，夏新电子股份有限公司（2009年被厦门象屿股份有限公司借壳上市）发布《夏新电子业绩股票激励实施方案》，激励方案显示：

表6-8 夏新电子业绩股票激励实施方案

序号	要素	描述
1	时间	2003年11月17日公司董事会发布《夏新电子业绩股票激励实施方案》，2003年12月19日通过股东大会审批
2	主体	夏新电子股份有限公司
3	激励对象	公司业绩股票激励对象为： 1. 决策层：包括董事长、副董事长、董事、监事； 2. 管理层：包括总经理、副总经理； 3. 中层管理干部； 4. 少数业务技术骨干； 5. 引进人才等。 控股股东单位的董事、监事和经营班子成员、独立董事不在本公司业绩股票激励对象范围内
4	激励形式	业绩股票（本实施细则所指的业绩股票激励是指公司根据公司业绩水平，以公司普通股作为长期激励形式支付给企业高级管理人员和业务技术骨干。通常是按照综合性的财务业绩指标，对应地从上市公司利润额中提取一定比例的专项激励基金，用激励基金购买公司流通股，再把这些流通股奖励给激励对象，并托管于第三方锁定一定时期和通过期股行权变现的股权激励计划）

续表

序号	要素	描述
5	业绩股票激励办法与原有办法的衔接	1. 本公司的薪酬体系由原来单纯的基本年薪 + 奖金平滑过渡到基本年薪 + 业绩股票激励。 2. 公司高级管理人员的考核奖惩办法参照厦门国有资产投资公司《年薪制实施方案》执行。 3. 进入业绩股票激励范围的决策层基本年薪之外的全部、经营班子基本年薪之外的70%、中层干部和少数业务技术骨干基本年薪之外的30%进入业绩股票激励，剩余部分发放奖金。其余人员实行在基本年薪的基础上，按照明确的岗位绩效考核合理发放奖金
6	股票来源	委托第三方（信托投资公司）用业绩股票激励基金购买的公司流通股股票，公司每年实施业绩股票激励的股票数量不得超过公司总流通股股票的5%，公司已赠与但尚未行权的业绩股票激励的累计数量不得超过公司总流通股股票的10%
7	业绩股票激励基金的提取（资金来源、授予条件）	1. 公司业绩股票激励基金提取以全面摊薄年加权平均净资产收益率达到10%为起点，净资产收益率小于10%则不得提取业绩激励基金，不得实施业绩股票激励计划。公司净资产收益率小于10%时，公司年度考核奖惩办法由董事会另行专门研究决定。 公司全面摊薄年加权平均净资产收益率达到10%以上，按照年度净利润的6%提取业绩股票激励基金总额。 2. 在公司业绩陡升和实现利润总额巨大的情况下，可以对提取的业绩股票激励基金总额实施封顶的政策，封顶政策由董事会薪酬设计与考核委员会提出，董事会决定，报股东大会和监事会审议通过。 对提取的业绩股票激励基金总额实施封顶政策的数量界限可以根据以后年度企业业绩的实际变化情况作相应的调整，原则上封顶是不固定的，封不封顶以及封在什么位置和数额上采取一年一议、一年一办。 3. 根据经验数据和其他上市公司的实践，本公司首次（2003年度）提取的业绩股票激励基金总额实施封顶政策的数量界限为70%，即提取的业绩股票激励基金总额的70%予以实施，30%作为业绩风险基金、备用金、引进人才股票激励来源资金等。 4. 业绩股票激励基金的提取时间定在上市公司年度报告公布一个月以后进行。公司上一年度业绩股票激励基金的提取必须在下一年度6月30日前完成。 5. 业绩股票激励基金提取的程序：公司财务部根据激励基金提取的对应财务指标计算出当年度应提取的激励基金数额，公司董事会下设的薪酬与考核委员会进行验证，报董事会批准，最终计提以董事会决议为准，并报股东大会和监事会审议通过

续表

序号	要素	描述
8	业绩股票激励基金的使用	1. 业绩股票激励基金实行专款专用,该基金不得作任何形式的分割。 2. 业绩股票激励基金不能当奖金直接发放现金,只能以股票的方式奖励给激励对象。 3. 业绩股票激励基金不能由公司直接购买流通股或国有股及国有法人股等奖励给有关激励对象。 4. 业绩股票激励基金必须以公司为委托人,委托独立第三方(信托投资公司)为受托人,并以受托人名义在一定期限内全部购买本公司流通股股票。该股票即为当年业绩激励股权股票来源。 5. 业绩股票激励对象不直接在独立第三方(信托投资公司)开设股票账户,只是作为公司集合股权信托相应份额股权出售的受益人。 6. 由于公司作为委托人,独立第三方(信托投资公司)作为集合股权信托受托人,业绩股票激励对象所获得的只是相应份额股权的受益人,符合《中华人民共和国信托法》《信托投资公司管理办法》和有关股权激励的法律政策的规定,业绩股票激励对象不直接开户和持有本公司股票,不受证券法规关于任职期间的股票冻结和离职后6个月以后方可出售所持股票规定的约束
9	业绩股票激励的股权结构和比例设计(授予数量)	1. 业绩股票激励的股权结构设计由公司董事会决定,并报股东大会审议通过,具体测算和执行机构为董事会下设的薪酬设计与考核委员会。 2. 经营班子的业绩激励考核和具体股权比例的确定由公司董事会决定。 3. 中层管理干部和少数业务技术骨干的业绩股票激励总比例由公司董事会决定,但在已经确定的范围和权重内,具体到每个中层管理干部和业务技术骨干的股票激励数额由经营班子决定。 4. 未实施业绩股票激励人员的奖金由经营班子确定。 5. 公司业绩股票激励办法的权重设计为: 决策层:23%;经营班子:42.6%;中干和业务技术骨干:34.4%。 6. 决策层内部权重设计为(以决策层期权总股数为1): 董事长:14.4%;副董事长:11.5%;董事:8.6%;监事会主席:9.6%;监事:7.7%。 7. 经营班子内部权重设计为(以总裁期权股数为1): 常务副总裁:55%;副总裁:40%
10	授予价格	业绩股票为公司赠送,业绩股票的赠送原则上在股票购买后1个月内实施完毕,最迟不超过当年12月31日
11	运行期	总的一轮业绩股票激励方案运行期设计为5年,业绩股票激励从赠予业绩股票之日起,锁定期设计为2年。业绩股票激励的行权期设计为3年

续表

序号	要素	描述
12	限制性股票的锁定	2年,从赠予业绩股票之日起算。业绩股票激励对象不得以任何形式对赠予的激励股票作转让、出售、交换、计账、抵押、担保、偿还债务等,如有违反,公司可以根据实际情况,部分或全部取消从事上述行为的业绩股票获得人以后年度业绩股票赠予资格或延长其行权期
13	行权安排	1. 行权速率采用递减法,具体设计为,锁定期结束后的第一年(次)行权比例为50%,第二年(次)行权比例为30%,第三年(次)行权比例为20%。 2. 业绩股票获得者可以通过公司薪酬设计与考核委员会,通知信托公司行权其持有的业绩股票,行权价格按照当时的夏新电子股票的市场价格进行,行权价为行权当日股票价的平均。 3. 业绩股票行权所得的现金归业绩股票获得者所有。 4. 如果遇到二级市场股票价格不理想,可以把前次应行权业绩股票比例依次顺加到后面各次的行权比例中,但最迟应该在最后一次行权即锁定期结束后的第三年(次)行权完毕,且由此造成的股票市场价格风险由业绩股票获得者自行担当。公司原则上提倡到期按时行权而不叠加。 5. 除了在《夏新电子股份有限公司业绩股票激励方案》中规定的每年1月1日至年度报告公告日;每年4月1日至一季度报告公告日;每年7月1日至中期报告公告日;每年10月1日至三季度报告公司日;公司分红、转增、配股或增发时的公告日至股权登记日;重大信息披露前后5个交易日。其余日期都可以作为业绩股票激励对象的行权变现日。 6. 欲行权的业绩股票持有人必须在行权日开始前5日内将业绩股票行权申请书和个人有效身份证复印件交给夏新公司董事会薪酬设计与考核委员会,并由董事会薪酬设计与考核委员会统计核准后通知信托公司进行行权。 7. 业绩股票激励对象作为受益人,接受董事会薪酬设计与考核委员会和信托公司的通知,领取业绩股票行权变现所得

续表

序号	要素	描述
14	激励对象其他权利义务	明令禁止任何激励对象以谋取个人或激励对象团体的利益为目的,利用内幕信息指令、建议或暗示受托管理业绩激励股权的信托投资公司买卖公司股票。 明令禁止任何激励对象向信托公司泄露内幕信息,使信托公司利用该信息进行内幕交易的行为。 为防止在业绩股票激励计划实施过程中出现内幕交易行为和关联交易行为,在信息披露公告前、重要的临时公告前等,公司和业绩股票激励对象不得指令、建议或暗示信托公司买卖任何激励对象受赠的业绩股票(不论是否行权)。 在信托合同规定的购入期间内,激励对象不得有操纵本公司股票价格的行为。 为防止在业绩股权激励计划实施过程中出现内幕交易行为,激励对象不得在下述任一期间内指令、建议或暗示信托公司购入业绩激励股权: 每年1月1日至年度报告公告日; 每年4月1日至一季度报告公告日; 每年7月1日至中期报告公告日; 每年10月1日至三季度报告公司日; 公司分红、转增、配股或增发时的公告日至股权登记日; 重大信息披露前后5个交易日。 如果激励对象违反以上规定,以谋取非法利益为目的,泄露内幕信息的,或有操纵市场行为的,除按国家和中国证监会的法律法规和规范性文件接受处罚外,应公告停止其业绩股票激励计划,并且所有未行权的业绩激励股票的股权全部失效,未行权的业绩激励股票的股权由独立第三方(托管人)将该部分股票卖出,出售股票收入作为公司营业外收入

续表

序号	要素	描述
15	激励计划的变更与终止	1. 业绩股票赠送对象在年度内由于个人原因发生辞职、解雇、自动离职、停薪留职等事项时，若发生于赠送日前，则不再赠送，若发生于赠送日后，赠送的业绩股票不再收回，但行权卖出仍然受锁定期的限制。 2. 当业绩股票激励对象因严重失职、渎职、被判定刑事责任时；当业绩股票激励对象由于索贿、受贿、泄露公司技术秘密(包括在正常离职后的约定时期)、损害公司声誉等行为给公司造成损失时，公司均有权通过董事会薪酬设计与考核委员会按照《夏新电子股份有限公司业绩股票激励方案》和《夏新电子股份有限公司业绩股票激励实施细则》的有关规定，决定公司以后年度业绩股票赠予的取消和行权变现的终止、冻结。 3. 当公司出现以下情况时，业绩股票激励对象持有的业绩股票未行权变现部分必须终止行权并冻结： (1)因经营亏损导致停牌、破产或解散的；(2)出现重大违法、违规行为；(3)股东大会作出特别决议的。 4. 当业绩股票激励股权持有人因正常调动而离开原岗位的其行权不受影响，但不再享受终止服务日以后的业绩股票激励。 5. 业绩股票激励股权持有人正常调动时，年度内的待遇按照不在其位不享其成的原则处理并按照年度内实际在岗位的月份数比例分配，具体计算方法：任职满月份数/12 × 年度业绩股票数。 6. 当业绩股票激励股权持有人因过失、犯罪等原因被解雇、处分、开除等，则未行权部分的业绩股票股权全部失效。 7. 当业绩股票激励股权持有人因退休、丧失行为能力、死亡等原因终止服务，其已赠予的业绩股票股权的行权和应享有的业绩股票股权正常进行，不受任何影响。 8. 当公司发生合并、分立、购并、减资等情况时，公司有权根据具体的情况决定业绩股票激励对象持有的业绩股票提前加速行权变现、终止或冻结

以上内容摘自夏新电子股份有限公司《夏新电子业绩股票激励实施方案》，截至 2003 年 11 月。

(五)案例评析

从本质上讲，业绩股票是一种“奖金”的延迟发放。一方面，业绩股票与一般奖金不同，它不是当年就发放完毕，需要综合一定期限的业绩情况；另一方面，如果企业效益好，其股价在二级市场会持续上涨，就会使激励效果进一步增大。

业绩股票弥补了一般意义上的奖金短期的缺点，具有长期激励的效果。但需要综合激励对象一定期限的业绩才能获得业绩股票行权的资格，且获得的股票数量受股价的影响，激励力度相对期权要弱一些。由于要提取激励基金去购买股票,对公司有现金的压力。因此实践中,此种方式企业适用的较少。

六、延期支付

延期支付,是指公司将激励对象的部分薪酬(如年度奖金等),按当日公司股票市场价格折算成股票数量,存入公司为激励对象单独设立的延期支付账户,在既定期限后或激励对象退休后,再以公司股票的形式或根据期满时的股票市场价格以现金方式支付给激励对象。此种方式现已不常用。

延期支付模式和业绩股票模式相似,都是在年初的时候为激励对象设计薪酬收入计划,在超过年终奖业绩指标之上,设置风险收入指标,当激励对象的业绩达到风险收入指标之后,就获得风险收入。业绩股票的风险收入是以免费赠予或低价购买股票,锁定期结束后就可以自由处置所获奖励股票。而延期支付的风险收入不再当年发放,而是按当日公司股票市场价格折算成股票数量,存入公司为激励对象单独设立的延期支付账户。在约定的期限后或在激励对象退休以后,再以公司的股票形式或根据期满时的股票形式或根据期满时的股票市场价格以现金方式支付给激励对象。

(一)法律规定

目前我国对延期支付没有相关的法律法规约束。

(二)延期支付的优势

激励效果长期:将激励对象的部分薪酬转化为股票且长期锁定,有利于规避激励对象的短期行为,绑定作用明显。

(三)延期支付的局限性

1. 激励对象持股数量少,延期支付一般期限设置较长,难以有较强的激励力度;

2. 股票价格波动带来一定风险,当股价下跌时,可能起不到激励作用。

延期支付的激励模式,激励力度相对要弱一些,较适用于业绩稳定、处于成长期和成熟期的上市公司。实践中,此种方式目前企业采用的较少。

第五节　如 何 定 价

股权激励不等于股权奖励,如何定价是一个绕不开的难题。如果价格定高了,员工没有参与的积极性;如果价格定低了,会挫伤老板做股权激励的决心。合理定价,才能使股权激励发挥应有的效果,这是公司在制定股权激励制度时需要考虑的关键问题。

公司目前的财务情况是定价的重要因素之一。在辅导企业的时候,我们一定会先做访谈和调查,了解公司的总营收、各板块的营收及净利润情况等,并且考虑营收以及净利润的增长情况。实践中,在管理者初步定价后,我们会进场与员工说明定价,若对定价存在重大分歧,再将定价分歧反馈给管理者,以此在双方之间寻求平衡点。

一、上市公司股权激励的授予价格的法律规定

证监会对于上市公司进行股权激励的持股价格有一定限制。主要见以下两条规定:

1. 根据《上市公司股权激励管理办法》第 23 条规定,上市公司在授予激励对象限制性股票时,应当确定授予价格或授予价格的确定方法。授予价格不得低于股票票面金额,且原则上不得低于下列价格较高者:

(1)股权激励计划草案公布前 1 个交易日的公司股票交易均价的 50%;

(2)股权激励计划草案公布前 20 个交易日、60 个交易日或者 120 个交易日的公司股票交易均价之一的 50%。

上市公司采用其他方法确定限制性股票授予价格的,应当在股权激励计划中对定价依据及定价方式作出说明。

2. 根据《上市公司股权激励管理办法》第 29 条规定,上市公司在授予激励对象股票期权时,应当确定行权价格或者行权价格的确定方法。行权价格不得

低于股票票面金额,且原则上不得低于下列价格较高者:

(1)股权激励计划草案公布前1个交易日的公司股票交易均价;

(2)股权激励计划草案公布前20个交易日、60个交易日或者120个交易日的公司股票交易均价之一。上市公司采用其他方法确定行权价格的,应当在股权激励计划中对定价依据及定价方式作出说明。

该管理办法对授予价格、行权价格不作强制性的规定,仅作原则性要求,给予了上市公司更多的灵活空间。同时在定价的原则性要求方面,对比旧规,适当增加了授予价格、行权价格的定价时间窗口基准,增加价格弹性,充分发挥市场主体的自主权。而对于采用其他方法确定限制性股票授予价格或股票期权行权价格的,应聘请独立财务顾问,对股权激励计划的可行性、是否有利于上市公司的持续发展、相关定价依据和定价方法的合理性、是否损害上市公司利益以及对股东利益的影响发表专业意见。

二、上市公司股权激励的授予价格现状

实践中,采用股票期权作为激励工具的上市公司几乎均按照《上市公司股权激励管理办法》的原则要求进行定价,采用限制性股票作为激励工具的上市公司几乎也均按照此法规定授予价格,且授予价格的折扣也基本都在50%(见表6-9)。

表6-9　相关案例

公司名称	股权激励方案名称	授予价格
万林股份	《江苏万林现代物流股份有限公司2018年限制性股票激励计划》	本次限制性股票的授予价格为公司从二级市场回购股票的平均价格的50%,为4.26元/股
用友网络	《2018年股票期权与限制性股票激励计划》	本次限制性股票的授予价格为回购均价24.45元/股(采用四舍五入保留两位小数)的25%,为6.11元/股
九阳股份	《九阳股份有限公司2018年限制性股票激励计划》	本激励计划授予的限制性股票的授予价格为1元/股。 在本草案公告当日至激励对象完成限制性股票登记期间,若公司发生资本公积转增股本、派发股票红利、股份拆细或缩股、配股、派息等事宜,限制性股票的授予价格将做相应的调整。若因上述调整导致限制性股票授予价格低于1元/股,则授予价格仍为1元/股

续表

公司名称	股权激励方案名称	授予价格
瀛通通讯	《湖北瀛通通讯线材股份有限公司 2018 年股票期权与限制性股票激励计划》	授予限制性股票的授予价格为 9.34 元/股。授予限制性股票的授予价格不低于股票票面金额，且不低于下列价格较高者： (1)本激励计划草案公告前 1 个交易日的公司股票交易均价的 50%，为每股 9.17 元； (2)本激励计划草案公告前 60 个交易日的公司股票交易均价的 50%，为每股 9.34 元

上市公司实施股权激励通常采取《上市公司股权激励管理办法》规定的定价标准，极少数会采用自主定价。以 2017 年度为例，只有极个别的上市公司会选择在股权激励中采取自主定价，例如，在苏泊尔公布的《2017 年限制性股票及计划》中采取 1 元每股的授予价格。按照《上市公司股权激励管理办法》的规定，采取自主定价的上市公司必须说明理由，苏泊尔给出的定价说明是因为公司本身现金流稳健，财务状况良好，实施激励计划所回购股份所产生的现金流支出不会对公司日常经营产生不利影响；同时，激励计划拟以每股 1 元的价格授予，激励对象亦不必支付过高的激励对价，以保证激励计划的可实施性。但除此之外，无论是采取股票期权还是限制性股票的方式进行股权激励方案，在同年采取自主定价的上市企业寥寥无几。

上市公司实施股权激励通常采取《上市公司股权激励管理办法》规定的定价标准，主要原因是定价标准平衡了公司与激励对象的利益。管理办法实质上设置了一个最低价格的底线，采取常规定价意味着限制性股票的授予价格和期权股票的行权价格不会低于此标准。授予价格越低，激励对象在激励计划规定的条件下进行转让时，获得的差价越大；行权价格越低，激励对象在达到行权条件时，能够获得股票权益价值也越高，而这同时意味着公司股东让与的权益也就越大。而且，上市公司实施股权激励大多数采取定向增发的形式，因为定向增发本身会摊薄原有股东的权益，采用自主定价的方式会直接损害其他股东的利益。

到目前为止，上市公司的实践依然遵循管理办法的最低价格原则，进行自主定价的仍占少数。因此，由于缺乏实践经验，企业在进行授予价格的确定时，应谨慎采取自主定价的形式。

三、非上市企业股权激励计划中授予价格的确定

对于非上市公司而言，股权激励的授予价格法律没有强制性规定，企业可以自主定价。实践中常见的定价方式为参考净资产价值、P/E市盈率价值、评估价值、同行业市场价值等。

根据公司实施股权激励时所处的阶段，定价也会有不同，通常需要科学性和灵活性相结合；还另外需要考虑股东员工的接受程度，这个数额可使公司利益股东利益与激励对象利益达到平衡，最大限度地发挥股权激励的作用。

第六节　持股载体

持股载体,顾名思义,即参与股权激励的主体采用何种方式持有公司股权。

实践中就出现了许多不同的持股方式,有些随着经济的发展已被逐渐淘汰,有些逐渐被大众接受成为主流选项,他们之间的区别与利弊也较为明显,企业需根据自身的特点妥善选择。常见的有,激励对象可以以个人名义直接持股,也可通过公司、合伙制企业、资产管理计划等持股平台持有股权。

一、直接持股

直接持股,是指由员工个人以自己的名义持有公司股权,直接行使股东权利,员工即公司股东。该种方式员工直接持有企业股权,相比较通过持股平台的间接持股方式更直接,也不需要额外设立持股平台,程序更加简单。

(一)员工直接持股的优势

1. 激励效果更明显

相对于间接持股,员工直接持股之后对公司享有更高的自主权利,自身直接成为公司股东,享有参与决策权、优先认购新股等股东权利;可以直接向公司其他股东及管理层表达意见,降低股东行权的沟通成本。

2. 员工和公司之间的法律关系明晰

激励对象和公司之间的法律关系相对于间接持股而言更为清晰。员工一旦符合公司股东的要件,就可以要求登记在公司股东名册进行工商登记变更,而且退出机制受到《公司法》的直接保护,对激励对象而言更有保障。

(二)员工直接持股的弊端

员工直接持股会造成公司控制权的分散,不利于企业决策效率;同时在股东退出和新入时,工商登记程序烦琐。具体弊端如下:

1. 增加程序上的烦琐程度。

如果激励对象过多将会导致工商程序性变更较为频繁，每一次增减变动都需要进行相应的工商登记手续或者召开股东（大）会。这样一来，不仅给公司增添了程序上的复杂程度，也会降低公司的决策效率，增加公司相应成本支出，不利于公司的高效运营。

2. 受到人数上限的限制。

我国《公司法》规定有限责任公司的股东为1～50人，股份有限公司的股东在上市前最多为200人。如果公司的激励对象过多，最后导致全部人员直接持股，很可能使公司股东人数超过《公司法》及相关法律法规的限制，甚至导致公司面临非法集资的风险。

3. 降低控股股东对公司的控制权。

公司员工直接持股，意味着他将成为公司正式的股东，对公司的经营决策享有权利。如果在公司的经营决策上激励对象与原始股东、管理层等发生分歧，则将导致管理者无法顺利地把控公司发展方向；同时，也将弱化控股股东对公司的掌控程度。相对而言，通过持股平台，特别是有限合伙持股平台，激励对象一般为有限合伙人，不具有执行合伙事务的权利，自然也不可能对公司的经营决策产生影响，对公司控股股东的控制权也不会造成威胁。

同时，在员工直接持股模式中，员工不构成一致行动人，员工之间的利益捆绑程度低于间接持股，稳定员工的作用比较小。各员工股权相互独立、减持自由、持股时间长短不一，将降低控股股东对公司的控制权。

（三）员工直接持股中哪些人适合/不适合直接持股

1. 对核心技术人员、创业元老、忠诚度高且贡献大的人员可以考虑直接持股。

这可以增加被激励对象成为公司股东之后的身份感、荣誉感和归属感，使这些人员在公司日后的经营管理过程中更加积极努力、负责认真，使自己的一切行动都是为了符合公司利益发展而作为，时时刻刻心系公司利益，努力朝着公司经营目标和方向发展。

同时，针对作为上市公司股东的被激励对象，其获得股权之后的套现行为需遵守禁售期的有关规定，可以很好地规避被激励对象的短期行为，所以对上市公司员工可以直接持股，以股东身份来限制其短视行为，保护公司一定时间内的稳定。

2. 想直接套现的人员不适合直接持股。

有些人看到公司发展态势好、效益高，为了得到公司股权而不惜成本成为公司股东，等到公司股价上涨且自身获利较多的情况下，就把股权出售，使自己获利，却对公司股权稳定无益，所以这类人不宜直接持股成为公司股东。

二、有限合伙企业作为持股平台

（一）有限合伙企业作为股权激励持股平台的优势

1. 有利于公司对核心管理层建立激励与约束机制

激励对象以有限合伙人身份间接享受公司相应的股东权益。控股股东可以少量出资份额以普通合伙人身份，担任执行事务合伙人，负责合伙企业的经营管理，行使合伙企业持有的公司股权表决权，有利于公司的集中决策和经营效率，同时其又对合伙企业债务承担无限连带责任，兼顾激励、效率与约束。

2. 增强控制权

由于有限合伙企业的特点，若公司实际控制人担任唯一普通合伙人，可以凭借少量的出资实际控制合伙企业。

嵌套式的有限合伙企业持股，可以层层放大控制权，嵌套的层级越多，持股数额越大，放大效果越明显。不过应当注意根据监管要求，即使一些采取有限合伙形式的基金完成了基金备案，在申报上市材料时仍可能被要求穿透计算合伙人数量。因此，法律规定的200名发起人上限要严格遵守。

3. 高效率地决策

与公司型持股平台进行对比，其完整的治理结构包含股东会、董事会和监事会等。按照《公司法》及相关规定，对会议召开的时间、流程、决议等都有较高的要求，否则就可以对决议的效力进行否定，在股东人数较多的情况下，较为耗费管理成本。而有限合伙则避免了该问题，精简的治理结构使合伙企业的决策十分迅速，内部沟通成本、管理成本也会大幅降低，从而能够促进企业高效决策、把握商机。

4. 避免双重征税

合伙企业仅在向合伙人分配转让所得或红利时，合伙人需要缴纳个人所得税。一些地方政府为激励本地区合伙企业在税政方面会有一些让利政策，可以进一步降低税负。比如上海市规定，在合伙企业转让限售股时，对不执行合伙事务的有限合伙人按“财产转让所得”征收20%的个人所得税；对执行合伙事务的个人合伙人，则比照“个体工商户的生产经营所得”，按5%～35%的累进税率征收个人所得税。如北京市、新疆维吾尔自治区、青岛市对股权投资类合伙企业自然人合伙人统一按20%的税率征收个人所得税。

5. 降低管理成本

基于有限合伙企业设立门槛低、自由灵活的特点，其管理结构相较于公司型的企业来讲也非常简便。在实现高效决策的同时，也大大减轻了公司对持股平台的管理成本，从而使持股具有更好的便捷性。

6. 可分配利润较高

有限责任公司分配当年税后利润时，应当提取利润的10%列入公司法定公积金，直至累计额为公司注册资本的50%以上；有限合伙企业对此没有强制性要求。因此，在同等条件下，可分配利润大于有限责任公司作为持股平台。

（二）有限合伙作为股权激励持股平台的弊端及注意事项

1. 普通合伙人需承担无限连带责任

当然，可以采取这样一种形式来规避风险：老板在普通合伙人里面不一定以个人名义来当普通合伙人，而是老板夫妻成立一个有限责任公司，以这个有限责任公司来担任普通合伙人，这样承担无限连带责任的并非股东个人。

2. 股权转让限制多

与通过有限公司持股的弊端类似，通过有限合伙持股时，对自然人合伙人有股权处置不自由、可控性稍差的特点。如“除合伙协议另有约定外，合伙人向合伙人以外的人转让其在合伙企业中的全部或者部分财产份额时，须经其他合伙人一致同意”“合伙人之间转让在合伙企业中的全部或者部分财产份额时，应当通知其他合伙人”等。

3. 税收优惠有一定风险

考虑到目前国内合伙企业的相关法律法规仍不健全，不同地区关于“先分后税”的解释、纳税时点等方面存在区别，国税总局不认可地方政府出台的股权投资类合伙企业合伙人20%所得税的政策，目前已经要求按“个体工商户的生产经营所得”实施5%～35%的累进税率进行规范，因此地方股权投资合伙企业的税收政策面临规范调整的风险。

【案例】 不得不说的有限合伙作为持股平台案例——蚂蚁金服

蚂蚁金服主要由浙江蚂蚁小微金融服务集团股份有限公司负责开发和运营，包含我们熟知的蚂蚁财富、网商银行、芝麻信用等都属于蚂蚁金服旗下品牌。在利用有限合伙作为持股平台方面，蚂蚁金服堪称典范。

通过有限合伙的控制权放大优势，蚂蚁金服实现了对旗下公司的绝对控股。截至2019年8月29日国家企业信用信息公示系统显示，蚂蚁金服的股权架构如表6－10所示：

表6－10 蚂蚁金服的股权架构

序号	股东	持股比例
1	上海经颐投资中心(有限合伙)	0.42%
2	人保资本投资管理有限公司	0.85%
3	杭州君瀚股权投资合伙企业(有限合伙)	42.28%
4	春华景信景福(天津)投资中心(有限合伙)	0.47%
5	通海资本投资管理有限公司	
6	上海祺展投资中心(有限合伙)	
7	上海云峰新呈投资中心(有限合伙)	
8	北京中金甲子伍号股权投资合伙企业(有限合伙)	
9	苏州工业园区国开鑫元投资中心(有限合伙)	
10	新华人寿保险股份有限公司	
11	北京京管投资中心(有限合伙)	
12	春华荣信(天津)股权投资基金合伙企业(有限合伙)	
13	上海莳泓投资中心(有限合伙)	
14	德邦星睿投资管理有限公司	
15	上海金融发展投资基金二期(壹)(有限合伙)	
16	中国国际电视总公司	
17	中国人寿保险股份有限公司	
18	海南建银建信丛林基金合伙企业(有限合伙)	

续表

序号	股东	持股比例
19	北京盈溢互联网科技有限公司	
20	上海众付股权投资管理中心(有限合伙)	
21	海南建银建信专项基金一号合伙企业(有限合伙)	
22	上海麒鸿投资中心(有限合伙)	
23	杭州君澳股权投资合伙企业(有限合伙)	34.15%
24	中国太平洋人寿保险股份有限公司	
25	全国社会基金理事会	
26	春华景信(天津)投资中心(有限合伙)	
27	北京千舜投资有限责任公司	
28	中国人寿保险(集团)有限公司	
29	北京中邮投资中心(有限合伙)	
30	北京创新承租企业管理有限责任公司	
31	置付(上海)投资中心(有限合伙)	

在蚂蚁金服的31家股东中,有19名股东的设立方式为有限合伙,其中最大的两个股东分别为杭州君瀚股权投资合伙企业(有限合伙)占股42.28%、杭州君澳股权投资合伙企业(有限合伙)占股34.15%,两者股权相加已达到76.43%。

分析:

蚂蚁金服之所以采用上述有限合伙的持股形式,体现了其如下优点:

1. 实现控制权的成本较低。

合伙企业中实现控制权的主要方式就是普通合伙人对合伙事务的执行,即使普通合伙人(以下简称GP)对合伙企业的出资份额很小,也不影响控制权。从上面的结构可以看出,杭州云铂投资咨询有限公司对杭州君瀚股权投资合伙企业有两个层次的控制:第一层是直接控制,即杭州云铂投资咨询有限公司作为杭州君瀚股权投资合伙企业投资合伙的GP,行使控制权;第二层是间接控制,即杭州云铂投资咨询有限公司作为杭州君洁股权投资合伙企业的GP,对作为有限合伙人(以下简称LP)的杭州君洁股权投资合伙企业行使控制权,从而在杭州君瀚股权投资合伙企业的LP中发挥影响力。

2. 实际控制人的风险隔离。

GP之所以在法理上能够以较小的出费比例实现对合伙企业的控制，关键在于GP对于合伙企业的全部债务承担无限连带责任。因此，为了隔离风险，马云并未以自然人身份直接进入杭州君瀚股权投资合伙企业、杭州君洁股权投资合伙企业担任GP，而只是在杭州君瀚股权投资合伙企业层面担任了LP（只承担有限责任）。通过成立一人有限公司杭州云铂投资咨询有限公司，并以该公司作为普通合伙人，就可以有效隔离马云作为实际控制人的法律风险。这样一来，即使杭州云铂投资咨询有限公司对合伙企业承担了无限连带责任，也不会波及马云的个人财产。根据工商数据显示，杭州云铂投资咨询有限公司注册资本为1010万元，也就是说，马云承担的个人责任是以1010万元为限度的，除非有证据证明该一人公司的财产与股东的财产发生了混同，才可以"刺破公司法人面纱"，而使其股东与公司共同承担无限责任。不过，从更谨慎的角度，如果杭州云铂投资咨询有限公司有两名以上的股东，这个风险就会更小。因为在多名股东的情况下，比只有一名股东时证明公司和股东之间财产混同的难度更大些。

3. 便于对被激励对象的管理。

将被激励对象放在有限合伙企业中作为LP，会有多方面的好处。首先，便于意见统一，有限合伙企业作为股东的，其意见主要是由GP做出，LP一般情况下不能参与合伙事务的管理，否则可能会突破有限责任的限制。其次，便于人员变动的控制，如果被激励对象直接在企业层面持股，每发生一次变动，都要进行工商变更，不仅手续烦琐，而且可能会遇到意想不到的障碍。如果作为LP间接持股，则只在合伙企业层面就可进行变更，手续简单操作效率高。最后，合伙企业单层纳税，对被激励对象而言持股的税收成本与直接持股是一样的，激励效果不受影响。

三、有限责任公司持股平台

（一）有限责任公司作为股权激励持股平台的优势

1. 便于资本运作

与有限合伙作为持股平台一样，有限责任公司通过间接持股，不仅可以实现对员工的动态管理，而且避免员工直接在母公司层面持股，这就完美地规避了上市前因员工流动而引起的公司层面股权结构的调整。同时，也减去了复杂的审批程序，可以更好地进行投资、融资等方面的资本运作，在公司上市、并购等资本运作形式中有广泛的应用。

2. 政策风险较小

与有限责任公司相关的法律法规和税收政策都相对较为成熟，因为政策变动或不同地区之间政策的差异导致的风险较小。

(二) 有限责任公司作为股权激励持股平台的弊端及注意事项

1. 股东人数受到限制

根据《公司法》的规定，有限责任公司股东不得超过50人。

2. 决策机制较为烦琐

根据《公司法》的相关规定，有限责任公司对于一些重大事项需要经过2/3以上表决权通过，对于股东大会的召开通知、表决等也有相应的规定。若程序有严重瑕疵，股东会决议可能面临被无效的后果。

公司需要设立股东会、董事会/执行董事、监事会/监事，对于上述机构之间的职权范围都有所限制，以确保持股平台有效运营。

3. 转让产生双重征税问题

激励对象转让通过有限责任公司间接持有的公司股权，将会面临双重征税。作为持股平台的有限责任公司需要缴纳企业所得税，激励对象还需要缴纳个人所得税。

四、其他持股平台

(一) 工会持股

工会持股，是指工会依法从事内部员工股的管理，代表持有内部员工股的员工行使股东权利并以公司工会社团法人名义承担民事责任的持股模式。在20世纪90年代初期，工会作为持股主体在我国上一轮员工持股热潮中被广泛应用，实践中有些公司甚至直接以工会作为公司股东。时至今日，仍有一些非上市公司选择工会作为股权激励中的持股平台，为员工代为持股。

1. 工会持股的优势

工会代表员工持股，获得激励股权的员工把各自的股份集合起来在某种程度上能够构成公司的较大股东，能够增强其参与公司经营管理的权利意识和责任意识，同时也可以避免分散的员工股东“搭便车”的状况。

以工会为代持股份平台，还能对员工进行集中管理，有利于防止员工对企业事务的过多干涉，节省管理成本，提高治理效率，特别是在公司参股人数众多的情况下。

2. 工会持股平台的弊端及注意事项

（1）工会不能成为上市公司的持股载体。

首先，我国《工会法》第 2 条规定，工会代表职工的利益，依法维护职工的合法权益，因此，工会能开办一些与员工劳动就业、文化娱乐、体育等活动有关的事业，这些都是具有公共管理性质的活动，而投资公司是一种私人性质的活动，这两者的性质是截然不同的。换句话说，如果工会参加商业投资活动，其身份地位就必须发生转变，在这点上与《工会法》的内在要求是相悖的。中国证监会法律部于 2000 年 12 月 11 日出具了《关于职工持股会及工会能否作为上市公司股东的复函》，其中表明：工会作为上市公司的股东，其身份与工会的设立和活动宗旨不一致，可能会对工会正常活动产生不利影响。因此，证监会暂不受理工会作为股东或发起人的公司公开发行股票的申请。

所以，对于计划上市的公司，如果采用该载体，在上市申报时还需要对其进行清理，增加了潜在成本。

（2）工会作为公司的股东，会使劳资双方的地位和角色重合，容易引发利益纠纷。

一方面，工会是员工自愿组成的群众组织，以依法维护员工的合法权益为宗旨；另一方面，工会作为公司股东参加股东会，推选董事直接参与公司的经营活动，这样势必会形成双重角色，难以平衡双方利益。而且，工会会员同时也包括了非激励股权持有对象，由于员工持股产生的责任由工会承担，因此工会内部之间也容易产生利益冲突。

（3）工会持股容易引发财产权的混乱。

工会直接持有股份，一方面，可能会造成工会会员的各项活动经费被挪用作为股权投资，导致工会活动和员工维权活动的经费不足；另一方面，由于没有建立工会财产同股东财产相分离的机制，很难避免相互侵占和挪用的状况发生。

【案例】 华为的工会持股

根据目前的公开信息资料我们可以得知,从 1997 年 6 月开始,华为对股权结构进行调整,改制后华为由原来的员工直接持股,改为了员工通过工会持股。直到今天,华为依然保留了以工会为持股载体的形式。目前,华为技术有限公司是由华为投资控股有限公司全资控股,以下是华为投资控股有限公司的股权结构见表 6－11:

表 6－11 华为投资控股有限公司股权结构

序号	股东名称	股权比例
1	华为投资控股有限公司工会委员会	98.99%
2	任正非	1.01%

分析:

1. 在华为设立之初,实施的员工持股计划采用的是员工直接持股的形式,但由于员工股购买过程的不透明,使很多员工成为隐名股东,其股份由高级管理人员代为持有。而公司的高级管理人员有可能出于私利,设置障碍来影响隐名股东股权的确认和股东利益的实现,使员工持股计划起不到应有的激励作用。随着华为治理的规范化、规模化,公司章程和《华为基本法》的制定,华为决定以工会持股取缔员工直接持股。

2. 华为激励人数近 10 万人,如果采用有限责任公司或有限合伙企业的形式,光注册和管理就是一个挑战。而且,"铁打的营盘流水的兵",强调奋斗文化的华为,员工股东自然有进有退,激励人员基数大,频繁工商变更预计也是常态。因此,涉及工商层面的工作量巨大,而选择工会持股则可以避免这个问题。

3. 根据当时的《公司法》规定,设立公司时,注册资本需全部实缴到位。而华为实施内部员工持股是有提供财务资助的,员工只需出资一部分,剩下的部分可以进行银行借款,减轻员工的出资压力,这可能也是原因之一。

总体而言,华为采用工会持股的方式,有其历史政策因素和公司特性的考量。但是从市场上公司进行股权激励的实践来看,员工持股会已逐渐成为历史产物,工会持股也逐步退出舞台。

(二)信托持股

所谓信托持股,就是根据《信托法》将员工所持股份委托给专职信托机构,由其按照委托人(持股员工)的意愿进行治理或处分的方式。

1. 信托持股载体的优势：

(1)信托持股可以突破有限责任公司股东人数的限制问题。

公司或持股员工将股金或公司股份委托给信托机构，由信托机构以自己的名义对公司出资，称为公司股东，代表持股员工行使股东权利、承担相应义务。我国《公司法》对于有限责任公司股东不得超过50人的限制可以通过信托持股的方式予以规避。

(2)信托持股模式下，信托机构的法律地位明确。

相比于工会持股模式，工会作为公司股东的尴尬地位，信托机构作为独立的法人，具备成为公司股东的资格，而公司或持股员工与信托机构之间的法律关系明确，并受到法律保护。

(3)信托持股模式能够避免双重征税。

目前我国对信托产品本身收益暂无征税规定，而是按照现行的一般性税收政策对信托活动进行税务监管。一般而言，信托产品的用途是债权性投资与权益性投资，而信托持股模式中，信托机构作为股东获得的公司分红在分配给持股员工时，此部分持股员工个人获取的收益应归属于“利息、股利、红利所得”，应按《个人所得税法》及其实施条例的规定，按照20%税率全额计征个人所得税。

2. 信托持股载体的弊端：

(1)对于拟上市公司而言，中国证监会对此予以规制，以至于无法规避股份有限公司发起人不得超过200人的限制。信托持股由于其实质的出资人股东并不明确，因此诸多公司如光大银行等上市前存在信托持股结构的公司都被证监会要求清理，所以对于拟上市的公司而言，信托持股方式仍需慎重。

(2)信托机构是独立的商事主体，是以营利为目的的法人，其在提供服务的同时要收取一定比例的服务费用。相较于其他持股载体模式，如员工持股会或者员工个人直接持股等模式，委托信托机构作为受托人管理员工的所持股份，则需要花费更高的代理成本。

(三)资管计划、私募股权基金持股

资管计划和私募股权基金是两种在股权激励实践中被运用得最多的金融产品持股载体。私募股权基金持股是指由专门的基金管理人在中国境内以非公开募集的方式向投资者(持股员工)募集设立的以购买公司股权为主要投资目标

的基金;而资管计划则由获得证监会批准的证券公司或者公募基金管理公司募集。

1. 资管计划、私募股权基金持股载体的优势:

(1)资管计划和私募股权基金受证监会监管并由其进行备案,操作更加安全和规范。而且,采取这种形式的企业只需要支付管理费,委托基金公司进行管理,实施起来也比较便捷省心。

(2)不同于其他单纯以认购股份为目的而设立的合伙企业以及公司法人等持股平台,根据《非上市公众公司监管指引第 4 号——股东人数超过 200 人的未上市股份有限公司申请行政许可有关问题的审核指引》,"以私募股权基金、资产管理计划以及其他金融计划进行持股的,如果该金融计划是依据相关法律法规设立并规范运作,且已经接受证券管理机构监管的,可不进行股份还原或转为直接持股"。因此,认购私募股权基金、资产管理计划等接受证监会监管的金融产品,对于已经完成核准、备案程序并充分披露信息的,可以参与非上市公众公司定向发行。

2. 资管计划、私募股权基金持股载体的局限:

由于金融产品受到证监会的监管,其对于合格投资者、资金运营流程等有严格的要求。

根据《私募投资基金监督管理暂行办法》等法律法规,以合伙企业、契约等非法人形式,通过汇集多数投资者的资金直接或者间接投资于私募基金的,私募基金管理人或者私募基金销售机构应当穿透核查最终投资者是否为合格投资者,并合并计算投资者人数。

合格投资者应符合以下条件:具备相应风险识别能力和风险承担能力;投资于单只私募基金的金额不低于 100 万元;单位投资者净资产不低于 1000 万元,个人投资者金融资产不低于 300 万元或者最近三年个人年均收入不低于 50 万元。而且,单只私募基金的投资者人数累计不得超过《证券投资基金法》《公司法》《合伙企业法》等法律规定的特定数量。而这对于很多持股员工来说,标准太高,因此限制了许多企业采用此种形式开展股权激励计划。

第七节　行权条件

行权条件是指激励对象对已获授的股权行权时必须达到或满足的条件。行权条件主要落实为具体的要求与指标，通常体现为业绩考核，即只有激励对象在公司的业绩考核为合格的情况下才能行权。上市公司在激励对象为董事、高级管理人员的，按照法律法规规定应当设立绩效考核指标作为激励对象行使权益的条件。实践中，非上市公司股权激励也设置行权条件，发挥“激励作用”调动激励对象积极性以完成业绩目标。

一、上市公司股权激励的行权条件的法律规定

《上市公司股权激励管理办法》第 10 条规定，上市公司应当设立激励对象获授权益、行使权益的条件。拟分次授出权益的，应当就每次激励对象获授权益分别设立条件；分期行权的，应当就每次激励对象行使权益分别设立条件。

激励对象为董事、高级管理人员的，上市公司应当设立绩效考核指标作为激励对象行使权益的条件。

第 11 条规定，绩效考核指标应当包括公司业绩指标和激励对象个人绩效指标。相关指标应当客观公开、清晰透明，符合公司的实际情况，有利于促进公司竞争力的提升。

上市公司可以公司历史业绩或同行业可比公司相关指标作为公司业绩指标对照依据，公司选取的业绩指标可以包括净资产收益率、每股收益、每股分红等能够反映股东回报和公司价值创造的综合性指标，以及净利润增长率、主营业务收入增长率等能够反映公司盈利能力和市场价值的成长性指标。以同行业可比公司相关指标作为对照依据的，选取的对照公司不少于 3 家。

激励对象个人绩效指标由上市公司自行确定。

上市公司应当在公告股权激励计划草案的同时披露所设定指标的科学性和

合理性。

二、上市公司股权激励的行权条件/解锁条件现状

上市公司实施股权激励,根据行业性质、发展阶段的不同,对于行权条件可以进行单一设置、多元设置等。下面着重介绍几种股权激励计划中常用的行权条件。

(一)公司层面业绩考核

根据《上市公司股权激励管理办法》上市公司可以公司历史业绩或同行业可比公司相关指标作为公司业绩指标对照依据,公司选取的业绩指标可以包括净资产收益率、每股收益、每股分红等能够反映股东回报和公司价值创造的综合性指标,以及净利润增长率、主营业务收入增长率等能够反映公司盈利能力和市场价值的成长性指标。以同行业可比公司相关指标作为对照依据的,选取的对照公司不少于3家。

上述方式应用在非上市企业中仍然适用。

1. 净利润完成情况、增长情况

净利润指企业当期利润总额减去所得税后的金额,即企业的税后利润。

净利润多,企业的经营效益就好;净利润少,企业的经营效益就差,它是衡量一个企业经营效益的主要指标。

2. 主营业务收入完成情况、增长情况

营业收入作为考核指标能够反映公司主营业务的经营情况和盈利能力,在高速发展期间的企业,此阶段对于营业收入的关注程度可能要高于净利润。

将主营业务收入完成情况、增长情况作为考核指标,有助于确保公司未来发展战略和经营目标的实现、调动员工积极性。

(二)个人层面绩效考核

实践中,个人层面的绩效考核,在行权条件的设计上,大体有两种应用。第一种,绩效考核决定能否行权,比如绩效考核如果不合格,就无法行权。第二种,绩效考核级别的不同对应可行权的比例不同,比如绩效考核为优秀,可行权100%;比如绩效考核为良好,可行权75%;比如绩效考核为合格,可行权50%。

（三）相关案例

表 6－12 相关案例

企业名称	激励年份	解禁条件		
		解禁期①	公司业绩要求	个人绩效考核要求
美的集团	2019 年（第六期）	第一次解除限售期	2019 年和 2020 年的净利润不低于前三个会计年度的平均水平	各个解除限售期的前一个年度个人绩效考核结果在 B 级及以上，所在经营单位前两个年度业绩考核均为“达标”的，激励对象对应考核当年计划解除限售的限制性股票均可解除限售；若所在经营单位层面前两个年度业绩考核为“一般”的，激励对象对应考核当年计划解除限售的限制性股票中的 65% 可以解除限售，考核当年计划解除限售的限制性股票中的 35% 不得解除限售，由公司回购注销；若所在经营单位层面前两个年度业绩考核为“较差”的，激励对象对应考核当年计划解除限售的限制性股票均不得解除限售，由公司回购注销
		第二次解除限售期	2021 年的净利润不低于前三个会计年度的平均水平	
		第三次解除限售期	2022 年的净利润不低于前三个会计年度的平均水平	
		第四次解除限售期	2023 年的净利润不低于前三个会计年度的平均水平	
顺丰控股	2018 年	第一个解除限售/行权期	以 2017 年公司归属于上市公司股东的扣除非经常性损益的净利润为基数，2018 年公司归属于上市公司股东的扣除非经常性损益的净利润增长率不低于 10%	若各年度公司层面业绩考核达标，激励对象个人当年实际解除限售/行权额度 = 个人层面系数 × 个人当年计划解除限售/行权额度
		第二个解除限售/行权期	以 2017 年公司归属于上市公司股东的扣除非经常性损益的净利润为基数，2019 年公司归属于上市公司股东的扣除非经常性损益的净利润增长率不低于 24%	

① 期权方案中，行使权利并股权交割一般称为“行权”；限制性股权方案中，股权归属并解除限制一般称为“解禁”。

续表

企业名称	激励年份	解禁条件		
		解禁期	公司业绩要求	个人绩效考核要求
罗莱生活	2018 年	第一个解锁期	以 2017 年归属于上市公司股东的净利润(扣除非经常性损益后)为基数,2018 年归属于上市公司股东的净利润(扣除非经常性损益后)增长率不低于 10%	激励对象只有在上一年绩效考核满足条件的前提下,才能全部解锁当期权益,若激励对象上一年度个人绩效考核结果为(S 优秀)/(A 良好)/(B 正常),则上一年度激励对象个人绩效考核“合格”,激励对象可按照本激励计划规定的比例解除当期限售;若激励对象上一年度个人绩效考核结果为(C),则上一年度激励对象个人绩效考核“不合格”,则公司将按照本激励计划的规定,取消该激励对象当期解除限售额度,限制性股票由公司按授予价格回购并注销
		第二个解锁期	以 2017 年归属于上市公司股东的净利润(扣除非经常性损益后)为基数,2019 年归属于上市公司股东的净利润(扣除非经常性损益后)增长率不低于 21%	
		第三个解锁期	以 2017 年归属于上市公司股东的净利润(扣除非经常性损益后)为基数,2020 年归属于上市公司股东的净利润(扣除非经常性损益后)增长率不低于 33%	

续表

企业名称	激励年份	解禁条件		
		解禁期	公司业绩要求	个人绩效考核要求
万林股份	2018 年	第一个解除限售期	以 2017 年度净利润(剔除本激励计划实施影响的数值)为基数,公司 2018 年净利润(剔除本激励计划实施影响的数值)不低于 20%	依照公司制定的《江苏万林现代物流股份有限公司 2018 年限制性股票激励计划实施考核管理办法》,薪酬与考核委员会将对激励对象每个考核年度的综合考评进行打分,并依照激励对象的业绩完成率确定其限制性股票的解除限售比例,个人当年实际解除限售额度 = 标准系数 × 个人当年计划解除限售额度。若激励对象上一年度个人绩效考核结果为 A 档,则激励对象可按照本激励计划规定的比例分批次解除限售。若激励对象上一年度个人绩效考核结果为 B 档,则上一年度激励对象个人绩效考核为“不合格”,则公司将按照激励计划的规定,取消该激励对象当期解除限售额度,限制性股票由公司回购并注销,回购价格为授予价格
		第二个解除限售期	以 2017 年度净利润(剔除本激励计划实施影响的数值)为基数,公司 2019 年净利润(剔除本激励计划实施影响的数值)不低于 20%	
		第三个解除限售期	以 2017 年度净利润(剔除本激励计划实施影响的数值)为基数,公司 2019 年净利润(剔除本激励计划实施影响的数值)不低于 20%	

(四)案例分析

综合考量公司的宏观经济环境、历史功绩以及相对行业发展现状,以公司净利润增长率作为公司层面的业绩指标,是对公司盈利能力的表现,能体现出公司给股东带来的收益率。

对激励对象个人采取严格的绩效考核体系,是对他们工作能力作出全面、准确的检验,以达到前一年绩效考核结果来确定被激励对象是否可以解除限售条件,对其有较强的拘束力,能达到较好的激励效果。

三、非上市企业股权激励计划中行权条件的确定及现状

非上市企业股权激励计划中行权条件的确定法律没有限制性规定,可以参照上市公司的相关规定。实践中,公司层面,净利润增长率、主营业务收入增长率此两项财务指标易理解,且能够反映公司盈利能力和市场价值,应用得较多。个人层面,一般与绩效考核挂钩,设计激励计划时,绩效考核决定能否行权或者绩效考核决定行权的具体比例,都有应用。

到目前为止,非上市公司确定行权条件的实践,依据公司层面和个人层面相结合的原则。因此,公司层面业绩要求的合理性和个人绩效考核制度的合理性成为股权激励有效执行的保障。由于缺乏实践经验,企业在设定行权条件时,应谨慎考虑公司业绩要求并不断完善公司绩效考核制度。

第八节　股权激励实施计划范本

一、股权激励实施计划(期权范本)

× ×有限公司

股权激励实施计划

(期权范本)

20× ×年× ×月

本计划经× ×有限公司20× ×年【　】月【　】日
召开的20× ×年第【　】次临时股东会审议通过

声　明

公司及股东会、董事会、监事会保证该股权激励计划内容真实、准确和完整，没有虚假记载、误导性陈述或者重大遗漏，并对计划内容的真实性、准确性和完整性承担连带法律责任。

特别提示

1. 本激励计划依据《中华人民共和国公司法》及其他相关法律、法规、规章以及××有限公司《公司章程》制定。

2. 股权激励形式。

本激励计划所采用的激励形式为期权，公司设立持股平台持有上述期权；持股平台中，【×××】作为普通合伙人（执行事务合伙人），持有份额【××】%，有限合伙人持有份额【××】%。根据激励对象的行权情况，普通合伙人逐年将份额转让给激励对象，已行权的激励对象作为有限合伙人直接持有持股平台的份额，间接持有公司股权。

3. 股权来源及数量。

持股平台持有公司【××】%的股权，系公司增资所得，增资后公司注册资本为【×××】万元；持股平台持有的【××】%股权为本次股权激励的股权来源。本轮预计释放【××】%。预留【××】%由普通合伙人持有，用于下一轮股权激励计划。

4. 人数、对象及份额见《××有限公司股权激励名单及份额》。

5. 激励对象购买份额的价格＝（个人份额比例×当年可行权比例）×持股平台所持股权×公司估值【×××】万元。

价格确定方法：公司估值【×××】万元，该估值由双方认可，因股权激励的特殊性质，不作为今后公司融资或并购的估值依据。

6. 行权条件：

(1) 公司达到当年度业绩目标如下：

行权期	业绩考核目标
第一个行权期(2020 年 3 月)	以 2018 年净利润为基数，2019 年净利润增长率不低于【××】%

续表

行权期	业绩考核目标
第二个行权期(2021 年 3 月)	以 2018 年净利润为基数,2020 年净利润增长率不低于【××】%
第三个行权期(2022 年 3 月)	以 2018 年净利润为基数,2021 年净利润增长率不低于【××】%

(2)激励对象达到《××公司绩效考核管理办法》年度考核目标,考核为“上”“中上”可行权,考核为“中”“中下”“下”不行权;

(3)签订相关协议并于签署之日起30日内将相应款项付至指定账号;

(4)激励对象未出现第五章激励对象情况发生变化的退出机制中约定的情形;

(5)不存在《公司法》规定的不适合担任公司董、监、高的情形,不存在证监会及其派出机构、证券交易所认为的不适合参与公司管理或公司股权激励的其他情形。

7.行权安排。

行权安排	行权时间	行权比例
第一个行权期(2020 年)	2020 年 3 月提交行权申请,4 月 30 日前支付款项,5 月工商变更	40%
第二个行权期(2021 年)	2021 年 3 月提交行权申请,4 月 30 日前支付款项,5 月工商变更	30%
第三个行权期(2022 年)	2022 年 3 月提交行权申请,4 月 30 日前支付款项,5 月工商变更	30%

8.有效期、禁售期。

(1)有效期:7 年,自计划实施之日起,即 2019 年 4 月至 2026 年 4 月。有效期后,已获授但尚未行权的期权不得行权,由普通合伙人持有,用于下一轮股权激励计划。

(2)禁售期:2026 年 4 月以前均为禁售期;除非本协议约定的事由发生,激励对象不得转让持股平台份额;2026 年 4 月之后,激励对象所持持股平台份额可以在持股平台的合伙人之间相互转让,符合约定条件时也可以对外转让。

9. 禁售期后的份额转让。

2026 年 4 月 1 日之后，激励对象持有的份额可以转让，但转让财产份额的受到限制。

10. 激励对象情况发生变化的退出机制。

激励对象情况发生变化时，本计划约定了退出机制，且对于上述规定之外的情形，公司董事会有权根据激励对象的具体情况，酌情处置。

11. 股权激励计划的变更、中止、终止。

当公司发生控制权变更、分立、合并、增资减资、不可抗力、证监会或其他相关部门制定新的业务规则、公司或子公司启动挂牌、上市计划或其他重大变更时，股东会有权变更、中止或终止股权激励计划。

12. 违约责任。

本计划约定了公司及激励对象违反本协议中约定的义务、陈述与保证，需承担违约责任。

13. 本股权激励方案已经 2019 年【　】月【　】日召开的公司 2019 年第【　】次股东会审议通过。

释　义

在本股权激励计划中，除非另有说明，以下简称在下文中作如下释义：

公司/本公司/××	指	××有限公司
计划/本计划	指	××有限公司股权激励实施计划
期权	指	授予激励对象在未来一定期限内以预先确定的价格和条件受让持股平台一定份额的权利
激励对象	指	依照本股权激励计划有权获得期权的人员
股东会、董事会	指	××有限公司股东会、董事会
持股平台	指	公司为股权激励计划的实施设立的有限合伙企业，激励对象成为该有限合伙企业的有限合伙人，并通过持股平台间接持有公司股权
份额	指	根据本股权激励计划，拟授予给激励对象的持股平台份额
授予日	指	公司向激励对象授予期权的日期

续表

行权价格	指	公司向激励对象授予期权时所确定的激励对象购买持股平台份额的价格
行权条件	指	根据激励计划激励对象行使期权所必需满足的条件
可行权日	指	激励对象可以行权的日期
有效期	指	期权授予激励对象之日至期权失效为止的时间
等待期	指	期权授予日至可行权日之间的时间
绩效考核管理办法	指	《××有限公司绩效考核管理办法》

第一章　实施股权激励的目的

公司制定、实施本股权激励计划的主要目的是完善激励机制，促进公司业绩持续增长，在提升公司价值的同时为员工带来增值利益，实现员工与公司共同发展，具体表现：

1. 激励：建立对公司核心员工、管理层的中长期激励约束机制，将激励对象利益与股东价值紧密联系起来，使激励对象的行为与公司的战略目标保持一致，促进可持续发展。

2. 吸引：通过本股权激励计划的引入，进一步完善公司的绩效考核体系和薪酬体系，吸引、保留和激励能实现公司战略目标所需要的人才。

3. 持续发展：树立员工与公司共同持续发展的理念和文化，实现公司的可持续发展。

第二章　实施股权激励的原则

1. 公平、公正、公开。

2. 公司、股东、员工利益有机结合，促进公司持续健康发展。

3. 激励与制约相结合。

第三章　股权激励的管理机构

1. 股东会作为最高权力机构，负责审议批准此次激励计划的实施、变更、中止和终止；

2. 董事会及股东会指定人员为股权激励计划的执行管理人，负责拟定和修订股权激励计划的具体计划，并在股东会授权范围内办理股权激励计划的其他相关事宜；

3. 公司监事会是计划的监督人，负责审核激励对象的适合性，并对计划的实施是否符合相关法律、行政法规、部门规章进行监督。

第四章　股权激励的实施

一、股权激励的形式

1. 本期股权激励计划的形式为期权。

2. 设立持股平台持有上述期权；持股平台仅用于持股，不参与经营活动。

3. 持股平台中，【×××】作为普通合伙人（执行事务合伙人），持有份额【××】%，有限合伙人持有份额【××】%。

4. 根据激励对象的行权情况，普通合伙人逐年将份额转让给激励对象，已行权的激励对象作为有限合伙人直接持有持股平台的份额，间接持有公司股权。

二、股权来源

1. 公司注册资本为【×××】万元，估值【×××】万元；持股平台持有公司【××】%的股权，系公司增资所得，增资后公司注册资本为【×××】万元；持股平台持有的【××】%股权为本次股权激励的股权来源。

2. 本轮股权激励计划共转让持股平台【××】%的份额。

三、数量

持股平台持有××有限公司【××】%的股权；本轮预计释放【××】%。预留【××】%由普通合伙人持有，用于下一轮股权激励计划。

四、人数、对象及份额

见《××有限公司股权激励名单及份额》。

五、价格、价格的确定方法

1. 激励对象购买份额的价格＝（个人份额比例×当年可行权比例）×持股平台所持股权×公司估值【×××】万元；

2. 价格确定方法：公司及被激励对象双方认可公司估值【×××】万元，因股权激励的特殊性质，不作为今后公司融资或并购的估值依据。

六、行权条件

1. 期权的行权需同时满足以下条件：

(1)公司达到当年度业绩目标如下：

行权期	业绩考核目标
第一个行权期(2020年3月)	以2018年净利润为基数,2019年净利润增长率不低于【××】%
第二个行权期(2021年3月)	以2018年净利润为基数,2020年净利润增长率不低于【××】%
第三个行权期(2022年3月)	以2018年净利润为基数,2021年净利润增长率不低于【××】%

(2)激励对象达到《××公司绩效考核管理办法》年度考核目标,考核为“上”“中上”可行权,考核为“中”“中下”“下”不行权；

(3)签订相关协议并于签署之日起30日内将相应款项付至指定账号；

(4)激励对象未出现第五章激励对象情况发生变化的退出机制中约定的情形；

(5)不存在《公司法》规定的不适合担任公司董、监、高的情形,不存在证监会及其派出机构、证券交易所认为的不适合参与公司管理或公司股权激励的其他情形。

2.激励对象满足行权条件,可选择行权或不行权。但每年行权的份额不能超过行权安排中的比例；上一年度未购买的份额清零,当年仅可购买当年的份额。

七、行权安排

行权安排	行权时间	行权比例
第一个行权期(2020年)	2020年3月提交行权申请,4月30日前支付款项,5月工商变更	40%
第二个行权期(2021年)	2021年3月提交行权申请,4月30日前支付款项,5月工商变更	30%
第三个行权期(2022年)	2022年3月提交行权申请,4月30日前支付款项,5月工商变更	30%

八、股权激励计划实施程序

1. 生效程序

(1) 公司股东会审议通过《股权激励计划》;

(2) 监事会核实激励对象名单。

2. 授予程序

股东会审议通过股权激励计划后,公司与激励对象在授予日签订《期权行权确认书》与《受让确认函》,约定双方的权利义务。

3. 行权程序

(1) 激励对象在可行权日向公司提交《行权申请书》,提出行权申请,董事会负责审核;

(2) 监事会对申请人的行权资格与行权条件审查确认;

(3) 如符合行权条件,当年 4 月 30 日前,激励对象将款项付至公司指定账户,公司向激励对象送达《合伙人证书》,视为完成份额转让;

(4) 当年 5 月,普通合伙人与激励对象共同办理变更工商登记。

九、有效期、禁售期

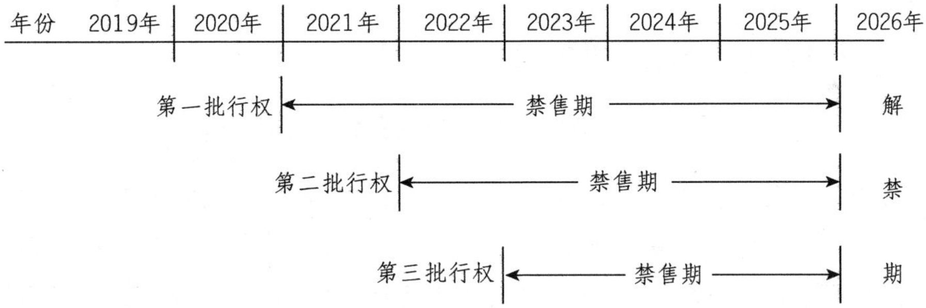

1. 有效期:7 年,自计划实施之日起,即 2019 年 4 月至 2026 年 4 月。有效期后,已获授但尚未行权的期权不得行权,由普通合伙人持有,用于下一轮股权激励计划。

2. 禁售期:2026 年 4 月以前均为禁售期;除非本协议约定的事由发生,激励对象不得转让持股平台份额;2026 年 4 月之后,激励对象所持持股平台份额可以在持股平台的合伙人之间相互转让,符合约定条件时也可以对外转让。

备注:本股权激励计划范本的出具时间为 2018 年 3 月。

十、禁售期后的份额转让

1. 2026 年 4 月 1 日之后，激励对象持有的份额可以转让，转让财产份额的受到如下限制：

(1) 持股平台的有限合伙人之间可自由转让财产份额。

(2) 如持股平台的有限合伙人将财产份额对外转让，需将转让份额和转让价格书面告知普通合伙人，并获得普通合伙人的书面同意，且普通合伙人有优先购买权；如普通合伙人不同意需自行购买或指定其他合伙人购买，30 日内不自行购买或不指定的，视为同意对外转让。

(3) 普通合伙人将财产份额转让给新的激励对象时，转让价格由双方自行商定，但不得低于首批激励对象的行权价格。

2. 如持股平台向有限合伙人送达股改、上市、被上市公司并购的书面通知后，份额转让受如下限制：

(1) 股改通知后至公司股改、上市或被并购前，份额不得转让；

(2) 公司股改、上市或被并购之日起 1 年内，份额不得转让；

(3) 公司股改、上市或被并购之日起 1 年后，份额每年出让部分不得超过所持份额的 25%；

(4) 其他法律、法规和相关强制性规范的限制。

第五章　激励对象情况发生变化的退出机制

1. 激励对象发生职务变更，则已行权的期权，不因职务的变更而发生权利变化；未行权的期权，如变更后的职务仍在本次计划的激励范围中，依据变更后的职务对应行权份额；如变更后的职务不在本次计划的激励范围中，则激励对象不再享有行权的权利。

2. 激励对象发生以下情形之一，则已经行权的期权不发生变化，未行权的部分不再行权：

(1) 激励对象丧失劳动能力、退休或死亡；

(2) 协商一致解除劳动关系；

(3) 激励对象存在《劳动合同法》第 40 条用人单位可以解除劳动合同的情形。

3. 激励对象发生以下情形之一，则已经行权的期权，由持股平台的普通合伙人或其指定人员回购，给公司造成损失的，还应同时向公司承担赔偿责任，回购价格为行权时行权价格减去公司损失，如回购款不足以抵扣公司损失，差额部分由该激励对象在30日内支付给公司；未行权的部分不再行权，并有权要求激励对象返回其在本激励计划项下获取的全部收益：

(1)激励对象提出辞职；

(2)激励对象严重违反公司规章制度；

(3)激励对象严重失职，营私舞弊，给用人单位造成严重损失的；

(4)激励对象同时与其他用人单位建立劳动关系；

(5)激励对象被依法追究刑事责任；

(6)激励对象违反竞业限制义务；

(7)激励对象存在受贿、索贿、侵占或盗窃公司财产、泄露商业秘密的行为之一；

(8)其他给公司造成严重损失的行为。

本计划严重损失均指给公司声誉造成影响或【2】万元及以上的财产损失。

本股权激励计划有效期后查明的激励对象存在上述行为，仍具有追溯效力。

4. 对于上述规定之外的情形，公司董事会有权根据激励对象的具体情况，酌情处置。

第六章 股权激励计划的变更、中止、终止

1. 当公司发生控制权变更、分立、合并或其他重大变更时，根据相关条件变化程度，由股东会确定本计划的继续执行、变更、中止或终止。

2. 当公司发生增资，持股平台持有的××公司股权数量不变，股权比例相应调整。当公司发生减资，持股平台持有的××公司股权比例不变，股权数量相应调整。

3. 当公司遇到不可抗力情况，由股东会变更、中止或终止股权激励计划。

4. 如果在本股权激励计划实施之日至股权激励实施完成期间，证监会或其他相关部门制定新的业务规则，股东会有权按照业务规则要求变更、中止或终止股权激励计划。

5. 如果公司或子公司启动挂牌、上市计划，股东会有权变更、中止或终止股权激励计划。

6. 其他未说明的情况由公司股东会审议，可以变更、中止或终止股权激励计划。

第七章 违约责任

任何一方违反本协议中约定的义务、陈述与保证，均构成违约，应及时采取补救措施，并应当赔偿由此给对方造成的损失。

本股权激励计划所指损失均包括直接损失、间接损失以及因追究违约责任而产生的费用（包括但不限于律师费、差旅费、诉讼费、财产保全费等）。

第八章 附　则

1. 本股权激励计划由公司董事会负责解释。

2. 公司的股权结构根据本股权激励计划的规定进行相应调整。

3. 公司依据本计划修改《章程》。

4. 公司股东会决议、董事会决议、《××有限公司绩效考核管理办法》《劳动合同》等公司制度作为本计划的附件，与本激励计划具备同等法律效力。

5. 如因本计划引起的争议和纠纷，应当先行协商，如协商不成向长沙仲裁委员会提起仲裁。

此页为《××有限公司股权激励实施计划》签字页：

××有限公司

××××年××月××日

二、股权激励实施计划(限制性股权范本)

××有限公司
股权激励实施计划
(限制性股权范本)

20××年××月

本计划经××有限公司20××年【　】月【　】日
召开的20××年第【　】次临时股东会审议通过

声　明

公司及股东会、董事会、监事会保证该股权激励计划内容真实、准确和完整，没有虚假记载、误导性陈述或者重大遗漏，并对计划内容的真实性、准确性和完整性承担连带法律责任。

特别提示

1. 本激励计划依据《中华人民共和国公司法》及其他相关法律、法规、规章以及××有限公司《公司章程》制定。

2. 股权激励形式。

本激励计划所采用的激励形式为限制性股权，公司设立持股平台持有上述限制性股权；持股平台中，【×××】作为普通合伙人（执行事务合伙人），持有份额【××】%，有限合伙人持有份额【××】%。激励对象作为有限合伙人直接持有持股平台的份额，间接持有公司股权。

3. 股权来源及数量。

持股平台持有公司【××】%的股权，系公司增资所得，增资后公司注册资本为【×××】万元；持股平台持有的【××】%股权为本次股权激励的股权来源。本轮预计释放【××】%。预留【××】%由普通合伙人持有，用于下一轮股权激励计划。

4. 人数、对象及份额见《××有限公司股权激励名单及份额》。

5. 激励对象购买份额的价格＝（个人份额比例×当年解除禁售比例）×持股平台所持股权×公司估值【×××】万元。

价格确定方法：公司及被激励对象双方认可公司估值【×××】万元；因股权激励的特殊性质，不作为今后公司融资或并购的估值依据。

6. 限售期。

限制性股权授予后即行锁定。激励对象获授的限制性股权适用不同的限售期，分别为第12个月、第24个月和第36个月。限售期均自各激励对象签订《限制性股权授予协议书》之日起计算。

7. 解除限售条件：

（1）激励对象限制性股权需同时满足以下条件方可解除限售：

①公司达到当年度业绩目标如下：

解除限售期	业绩考核目标
第一次解除限售(2020年3月)	以2018年净利润为基数,2019年净利润增长率不低于【××】%
第二次解除限售(2021年3月)	以2018年净利润为基数,2020年净利润增长率不低于【××】%
第三次解除限售(2022年3月)	以2018年净利润为基数,2021年净利润增长率不低于【××】%

②激励对象达到《××公司绩效考核管理办法》年度考核目标,考核为“上”“中上”解除禁售,考核为“中”“中下”“下”不得解除禁售；

③签订相关协议并于签署之日起30日内将相应款项付至指定账号；

④激励对象未出现第五章激励对象情况发生变化的退出机制中约定的情形；

⑤不存在《公司法》规定的不适合担任公司董、监、高的情形,不存在证监会及其派出机构、证券交易所认为的不适合参与公司管理或公司股权激励的其他情形。

(2)若解除限售条件未达成且未出现第五章中约定情形,激励对象获授的限制性股权不得解除限售,由持股平台的普通合伙人或其指定人员回购,回购价格为授予价格(本计划中授予价格与被激励对象实际支付的价款不一致,回购价格均取低值),回购份额由普通合伙人持有,用于下一轮股权激励计划。

(3)限售期内,激励对象因获授的限制性股权而取得的分红由公司代管,在解除限售时向激励对象支付解除限售部分对应的分红,公司代扣代缴个人所得税。

8.解除限售安排。

解除限售安排	解除限售时间	可解除限售比例
第一次解除限售(2020年)	2020年3月,公司审核限制性股权解除限售条件是否成就,如条件成就发出《解除限售暨合伙人通知书》,4月30日前工商变更登记	40%

续表

解除限售安排	解除限售时间	可解除限售比例
第二次解除限售(2021 年)	2021 年 3 月,公司审核限制性股权解除限售条件是否成就,如条件成就发出《解除限售暨合伙人通知书》,4 月 30 日前工商变更登记	30%
第三次解除限售(2022 年)	2022 年 3 月,公司审核限制性股权解除限售条件是否成就,如条件成就发出《解除限售暨合伙人通知书》,4 月 30 日前工商变更登记	30%

9. 禁售期后的份额转让。

限售期后,激励对象持有的份额可以转让,但转让财产份额的受到限制。

10. 激励对象情况发生变化的退出机制。

激励对象情况发生变化时,本计划约定了退出机制,且对于上述规定之外的情形,公司董事会有权根据激励对象的具体情况,酌情处置。

11. 股权激励计划的变更、中止、终止。

当公司发生控制权变更、分立、合并、增资减资、不可抗力、证监会或其他相关部门制定新的业务规则、公司或子公司启动挂牌、上市计划或其他重大变更时,股东会有权变更、中止或终止股权激励计划。

12. 违约责任。

本计划约定了公司及激励对象违反本协议中约定的义务、陈述与保证,需承担违约责任。

13. 本股权激励方案已经 2019 年【 】月【 】日召开的公司 2019 年第【 】次股东会审议通过。

释　义

在本股权激励计划中,除非另有说明,以下简称在下文中作如下释义:

公司/本公司/××	指	××有限公司
计划/本计划	指	××有限公司股权激励实施计划
限制性股权	指	授予激励对象在一定期限内以本激励计划确定的价格和条件受让持股平台一定份额的权利,该等权利设定限售期,在达到本激励计划规定的解除限售条件后,方可解除限售流通

续表

激励对象	指	依照本股权激励计划有权获得限制性股权的人员
股东会、董事会	指	××有限公司股东会、董事会
持股平台	指	公司为股权激励计划的实施设立的有限合伙企业,激励对象成为该有限合伙企业的有限合伙人,并通过持股平台间接持有公司股权
份额	指	根据本股权激励计划,拟授予给激励对象的持股平台份额
授予日	指	公司向激励对象授予限制性股权的日期
授予价格	指	公司向激励对象授予限制性股权时所确定的激励对象购买持股平台份额的价格
限售期	指	激励对象根据本激励计划获授的限制性股权被禁止转让、用于担保、偿还债务的期间
解除限售条件	指	根据激励计划,激励对象所获限制性股权解除限售所必需满足的条件
解除限售日	指	本计划规定的解除限售条件满足后,激励对象持有的限制性股权解除限售之日
绩效考核管理办法	指	《××有限公司绩效考核管理办法》

第一章 实施股权激励的目的

公司制定、实施本股权激励计划的主要目的是完善激励机制,促进公司业绩持续增长,在提升公司价值的同时为员工带来增值利益,实现员工与公司共同发展,具体表现:

1. 激励:建立对公司核心员工、管理层的中长期激励约束机制,将激励对象利益与股东价值紧密联系起来,使激励对象的行为与公司的战略目标保持一致,促进可持续发展。

2. 吸引:通过本股权激励计划的引入,进一步完善公司的绩效考核体系和薪酬体系,吸引、保留和激励能实现公司战略目标所需要的人才。

3. 持续发展:树立员工与公司共同持续发展的理念和文化,实现公司的可持续发展。

第二章 实施股权激励的原则

1. 公平、公正、公开；

2. 公司、股东、员工利益有机结合，促进公司持续健康发展；

3. 激励与制约相结合。

第三章 股权激励的管理机构

1. 股东会作为最高权力机构，负责审议批准此次激励计划的实施、变更、中止和终止；

2. 董事会及股东会指定人员为股权激励计划的执行管理人，负责拟定和修订股权激励计划的具体计划，并在股东会授权范围内办理股权激励计划的其他相关事宜；

3. 公司监事会是计划的监督人，负责审核激励对象的适合性，并对计划的实施是否符合相关法律、行政法规、部门规章进行监督。

第四章 股权激励的实施

一、股权激励的形式

1. 本期股权激励计划的形式为限制性股权。

2. 设立持股平台持有上述限制性股权；持股平台仅用于持股，不参与经营活动。

3. 持股平台中，【×××】作为普通合伙人（执行事务合伙人），持有份额【××】%，有限合伙人持有份额【××】%。

4. 激励对象作为有限合伙人直接持有持股平台的份额，间接持有公司股权。

二、股权来源

1. 公司注册资本为【×××】万元，估值【×××】万元；持股平台持有公司【××】%的股权，系公司增资所得，增资后公司注册资本为【×××】万元；持股平台持有的【××】%股权为本次股权激励的股权来源。

2. 本轮股权激励计划共转让持股平台【××】%的份额。

三、数量

持股平台持有××有限公司【××】%的股权；本轮预计释放【××】%。预留【××】%由普通合伙人持有,用于下一轮股权激励计划。

四、人数、对象及份额

见《××有限公司股权激励名单及份额》。

五、价格、价格的确定方法

1. 激励对象购买份额的价格＝(个人份额比例×当年解除禁售比例)×持股平台所持股权×公司估值【×××】万元。

2. 价格确定方法:公司及被激励对象双方认可公司估值【×××】万元;因股权激励的特殊性质,不作为今后公司融资或并购的估值依据。

六、限售期

授予日为2019年3月,限制性股权授予后即行锁定。激励对象获授的限制性股权适用不同的限售期,分别为第12个月、第24个月和第36个月。限售期均自各激励对象签订《限制性股权授予协议书》之日起计算。

七、解除限售条件

1. 激励对象限制性股权需同时满足以下条件方可解除限售:

(1)公司达到当年度业绩目标如下:

解除限售期	业绩考核目标
第一次解除限售(2020年3月)	以2018年净利润为基数,2019年净利润增长率不低于【××】%
第二次解除限售(2021年3月)	以2018年净利润为基数,2020年净利润增长率不低于【××】%
第三次解除限售(2022年3月)	以2018年净利润为基数,2021年净利润增长率不低于【××】%

(2)激励对象达到《××公司绩效考核管理办法》年度考核目标,考核为"上""中上"解除禁售,考核为"中""中下""下"不得解除禁售;

(3)签订相关协议并于签署之日起30日内将相应款项付至指定账号;

(4)激励对象未出现第五章激励对象情况发生变化的退出机制中约定的情形;

(5)不存在《公司法》规定的不适合担任公司董、监、高的情形,不存在证监会及其派出机构、证券交易所认为的不适合参与公司管理或公司股权激励的其他情形。

2. 若解除限售条件未达成且未出现第五章中约定情形，激励对象获授的限制性股权不得解除限售，由持股平台的普通合伙人或其指定人员回购，回购价格为授予价格（本计划中授予价格与被激励对象实际支付的价款不一致，回购价格均取低值），回购份额由普通合伙人持有，用于下一轮股权激励计划。

3. 限售期内，激励对象因获授的限制性股权而取得的分红由公司代管，在解除限售时向激励对象支付解除限售部分对应的分红，公司代扣代缴个人所得税。

八、解除限售安排

解除限售安排	解除限售时间	可解除限售比例
第一次解除限售（2020年）	2020年3月，公司审核限制性股权解除限售条件是否成就，如条件成就发出《解除限售暨合伙人通知书》，4月30日前工商变更登记	40%
第二次解除限售（2021年）	2021年3月，公司审核限制性股权解除限售条件是否成就，如条件成就发出《解除限售暨合伙人通知书》，4月30日前工商变更登记	30%
第三次解除限售（2022年）	2022年3月，公司审核限制性股权解除限售条件是否成就，如条件成就发出《解除限售暨合伙人通知书》，4月30日前工商变更登记	30%

注：本股权激励计划范本的出具时间为2019年3月。

九、股权激励计划实施程序

1. 生效程序

（1）公司股东会审议通过《股权激励计划》；

（2）监事会核实激励对象名单。

2. 授予程序

股东会审议通过股权激励计划后，公司与激励对象在授予日签订《限制性股权授予协议书》与《受让确认函》，约定双方的权利义务。

3. 解除限售程序

（1）公司审核限制性股权解除限售条件是否成就；

（2）监事会对激励对象解除限售条件审查确认；

(3)如条件成就发出《解除限售暨合伙人通知书》,4月30日前工商变更登记。

十、限售期后的份额转让

1.限售期后,激励对象持有的份额可以转让,转让财产份额的受到如下限制:

(1)持股平台的有限合伙人之间可自由转让财产份额。

(2)如持股平台的有限合伙人将财产份额对外转让,需将转让份额和转让价格书面告知普通合伙人,并获得普通合伙人的书面同意,且普通合伙人有优先购买权;如普通合伙人不同意需自行购买或指定其他合伙人购买,30日内不自行购买或不指定的,视为同意对外转让。

(3)普通合伙人将财产份额转让给新的激励对象时,转让价格由双方自行商定,但不得低于首批激励对象的行权价格。

2.如持股平台向有限合伙人送达股改、上市、被上市公司并购的书面通知后,份额转让受如下限制:

(1)股改通知后至公司股改、上市或被并购前,份额不得转让;

(2)公司股改、上市或被并购之日起1年内,份额不得转让;

(3)公司股改、上市或被并购之日起1年后,份额每年出让部分不得超过所持份额的25%;

(4)其他法律、法规和相关强制性规范的限制。

第五章　激励对象情况发生变化的退出机制

1.激励对象发生职务变更,则已解除限制的份额,不因职务的变更而发生权利变化;未解除限售的份额,如变更后的职务仍在本次计划的激励范围中,依据变更后职务对标本次股权激励计划调整授予份额总量和解除限制的比例;如变更后的职务不在本次计划的激励范围中,则未解除禁售的份额由持股平台的普通合伙人或其指定人员回购,回购价格为授予价格。

2.激励对象发生以下情形之一,激励对象已获授但尚未解除限售的限制性股权不得解除限售,由持股平台的普通合伙人或其指定人员回购,回购价格为授予价格:

(1)激励对象丧失劳动能力、退休或死亡;

(2)协商一致解除劳动关系；

(3)激励对象存在《劳动合同法》第40条用人单位可以解除劳动合同的情形。

3. 激励对象发生以下情形之一，激励对象已获授的限制性股权(包括已解除限售及尚未解除限售)由持股平台的普通合伙人或其指定人员回购，给公司造成损失的，还应同时向公司承担赔偿责任，回购价格为授予价格减去公司损失，如回购款不足以抵扣公司损失，差额部分由该激励对象在30日内支付给公司，并有权要求激励对象返回其在本激励计划项下获取的全部收益：

(1)激励对象提出辞职；

(2)激励对象严重违反公司规章制度；

(3)激励对象严重失职，营私舞弊，给用人单位造成严重损失的；

(4)激励对象同时与其他用人单位建立劳动关系；

(5)激励对象被依法追究刑事责任；

(6)激励对象违反竞业限制义务；

(7)激励对象存在受贿、索贿、侵占或盗窃公司财产、泄露商业秘密的行为之一；

(8)其他给公司造成严重损失的行为。

本计划严重损失均指给公司声誉造成影响或【2】万元及以上的财产损失。

本股权激励计划有效期后查明的激励对象存在上述行为，仍具有追溯效力。

4. 对于上述规定之外的情形，公司董事会有权根据激励对象的具体情况，酌情处置。

第六章 股权激励计划的变更、中止、终止

1. 当公司发生控制权变更、分立、合并或其他重大变更时，根据相关条件变化程度，由股东会确定本计划的继续执行、变更、中止或终止。

2. 当公司发生增资，持股平台持有的××公司股权数量不变，股权比例相应调整。当公司发生减资，持股平台持有的××公司股权比例不变，股权数量相应调整。

3. 当公司遇到不可抗力情况，由股东会变更、中止或终止股权激励计划。

4. 如果在本股权激励计划实施之日至股权激励实施完成期间，证监会或其

他相关部门制定新的业务规则，股东会有权按照业务规则要求变更、中止或终止股权激励计划。

5. 如果公司或子公司启动挂牌、上市计划，股东会有权变更、中止或终止股权激励计划。

6. 其他未说明的情况由公司股东会审议，可以变更、中止或终止股权激励计划。

第七章　违约责任

任何一方违反本协议中约定的义务、陈述与保证，均构成违约，应及时采取补救措施，并应当赔偿由此给对方造成的损失。

本股权激励计划所指损失均包括直接损失、间接损失以及因追究违约责任而产生的费用（包括但不限于律师费、差旅费、诉讼费、财产保全费等）。

第八章　附　　则

1. 本股权激励计划由公司董事会负责解释。

2. 公司的股权结构根据本股权激励计划的规定进行相应调整。

3. 公司依据本计划修改《章程》。

4. 公司股东会决议、董事会决议、《××有限公司绩效考核管理办法》《劳动合同》等公司制度作为本计划的附件，与本激励计划具备同等法律效力。

5. 如因本计划引起的争议和纠纷，应当先行协商，如协商不成向长沙仲裁委员会提起仲裁。

此页为《××有限公司股权激励实施计划》签字页：

××有限公司

××××年××月××日

三、股权激励实施计划(虚拟股权范本)

××有限公司
股权激励实施计划
(虚拟股权范本)

20××年××月

本计划经××有限公司20××年【 】月【 】日
召开的20××年第【 】次临时股东会审议通过

声 明

公司及股东会、董事会、监事会保证该股权激励计划内容真实、准确和完整，没有虚假记载、误导性陈述或者重大遗漏，并对计划内容的真实性、准确性和完整性承担连带法律责任。

特别提示

1. 本激励计划依据《中华人民共和国公司法》及其他相关法律、法规、规章以及××有限公司《公司章程》制定。

2. 股权激励的形式。

本次股权激励适用虚拟股权，即公司授予激励对象一种权利，激励对象可以据此在规定时间享受一定数量的分红权，但没有所有权和表决权，不能转让和继承，亦不再享有其他权利。

3. 虚拟股权的数量与授予安排。

本次股权激励预计释放虚拟股权共计【×××】股，其中2019年授予【×××】股，占虚拟股权总额的33%；2020年授予【×××】股，占虚拟股权总额的【××】%；2021年授予【×××】股，占虚拟股权总额的【××】%；如2019年存在未被申购的部分，轮候至2020年授予；如2020年存在未被申购的部分，轮候至2021年授予；如2021年存在未被申购的部分，则注销不再授予。

年份	2019年	2020年	2021年	总计
授予数量	【×××】股	【×××】股	【×××】股	【×××】股
授予比例	【××】%	【××】%	【××】%	【××】%

4. 授予对象及份额。

(1)虚拟股权的授予对象包含××公司及其分公司、子公司的高级管理人员、中层管理人员、业务骨干以及对公司有卓越贡献、表现突出的新员工。

(2)公司参照如下标准确定授予对象：

年份	授予对象标准
2019 年	a. 截至 2018 年的 12 月 31 日入职满 2 年，职级达到 P6 级及以上； b. 2018 年度绩效考核为 A+、A、B
2020 年	a. 截至 2019 年的 12 月 31 日入职满 2 年，职级达到 P6 级及以上； b. 2019 年度绩效考核为 A+、A、B
2021 年	a. 截至 2020 年的 12 月 31 日入职满 2 年，职级达到 P6 级及以上； b. 2020 年度绩效考核为 A+、A、B

注：

(a)公司每年确认入围的激励对象，激励对象需同时满足当年度的要求；

(b)公司依据职级核定授予给激励对象的份额，每期核定一次；

(c)人员和份额的确定，由董事会或授权指定人员根据上述标准在可选范围内提名具体人员名单，报经股东会审议通过；

(d)不符合上述标准但公司有特殊需要或者对公司有突出贡献的，经公司股东会审议通过可以参与股权激励计划；

(e)2019 年的激励对象名单详见《2019 年度××公司股权激励对象名单及份额》。

5. 价格、价格的确定方法。

(1)激励对象申购虚拟股权的价格＝申购的虚拟股权×1 元(虚拟股权的价格为 1 元每股)。

(2)因股权激励的特殊性，本计划的虚拟股权为公司设定的极低价格，未经过市场定价，亦不作为今后公司融资或并购的估值依据。

6. 虚拟股权申购。

根据股东会批准的《××公司股权激励对象名单及份额》，公司向本期授予虚拟股权的激励对象发出《虚拟股权授予通知书》，激励对象于收到上述通知后 7 日内申购虚拟股权(申购份额不得超过公司授予份额)，并支付款项至公司指定账号。

7. 虚拟股权分红。

虚拟股权获得分红需同时满足以下条件：

(1)公司达到当年度业绩目标如下：

年份	业绩考核目标
2019 年	以 2018 年净利润为基数，2019 年净利润增长率不低于【30%】
2020 年	以 2019 年净利润为基数，2020 年净利润增长率不低于【30%】
2021 年	以 2020 年净利润为基数，2021 年净利润增长率不低于【30%】

(2)激励对象达到《××公司绩效考核管理办法》年度考核目标,考核为A+、A或B可分红,考核为C或D无分红;

(3)签订申购协议并于签署之日起7日内将相应款项付至指定账号;

(4)激励对象未出现第五章激励对象情况发生变化的退出机制中约定的情形;

(5)不存在《公司法》规定的不适合担任公司董、监、高的情形,不存在证监会及其派出机构、证券交易所认为的不适合参与公司管理或公司股权激励的其他情形。

8.股权激励的流程。

年份	时间	流程
2019年	2019年5月	公布激励计划、激励对象及份额
	2019年5月	申购虚拟股权、付款
	2020年1月	公示分红金额
	2020年12月31日前	公司分批次支付分红
2020年	2020年3月	公布第二期激励对象及份额
	公布激励对象及份额后7日内	申购虚拟股权、付款
	2021年1月	公示分红金额
	2021年12月31日前	公司分批次支付分红
2021年	2021年3月	公布第三期激励对象及份额
	公布激励对象及份额后7日内	申购虚拟股权、付款
	2022年1月	公示分红金额
	2022年12月31日前	公司分批次支付分红

注:

(a)公布激励计划和激励对象:公示《股权激励实施计划》《股权激励对象及份额》《股权激励计划框架及测算》等文件;

(b)申购虚拟股权:公司向被激励对象发出《虚拟股权授予通知书》,被激励对象收到后,7日内向公司发出《虚拟股权申购确认函》,并向公司指定账户支付款项;

(c)公示分红金额:公司向激励对象发出《虚拟股权分红告知书》;

(d)公司分批次支付分红:激励对象收到分红时,向公司提交《虚拟股权分红确认函》。

9.激励对象情况发生变化的退出机制。

激励对象情况发生变化时,本计划约定了退出机制,且对于上述规定之外的情形，公司董事会有权根据激励对象的具体情况，酌情处置。

10. 股权激励计划的变更、中止、终止。

(1) 当公司发生控制权变更、分立、合并、不可抗力、证监会或其他相关部门制定新的业务规则、公司或子公司启动挂牌、上市计划或其他重大变更时，股东会有权变更、中止或终止股权激励计划。

(2) 当公司发生增资、减资等事宜，虚拟股权数量以及所涉及的股权总量均无调整。

11. 违约责任。

本计划约定了公司及激励对象违反本协议中约定的义务、陈述与保证，需承担违约责任。

12. 本股权激励方案已经2019年【　】月【　】日召开的公司2019年第【　】次股东会审议通过。

释　义

在本股权激励计划中，除非另有说明，以下简称在下文中作如下释义：

公司/本公司/××	指	××有限公司
计划/本计划	指	××有限公司股权激励实施计划
虚拟股权	指	公司授予激励对象一种权利，不影响公司的总股本和股本结构，激励对象可以据此在规定时间享受一定数量的分红，但没有所有权和表决权，不能转让和继承，亦不享有其他权利
激励对象	指	依照本股权激励计划有权获得虚拟股权的人员
股东会、董事会	指	××有限公司股东会、董事会
虚拟股权授予/授予	指	公司根据《××公司股权激励对象名单及份额》，向激励对象授予购买相应虚拟股权资格的行为
虚拟股权申购/申购	指	激励对象根据本计划，在规定的时间向公司申请购买虚拟股权并支付款项的行为
虚拟股权分红/分红	指	对于申购成功且达到分红条件的激励对象，公司依据其持有的虚拟股权数量对该激励对象支付分红的行为
绩效考核管理办法	指	《××有限公司绩效考核管理办法》

第一章 实施股权激励的目的

公司制定、实施本股权激励计划的主要目的是完善激励机制,促进公司业绩持续增长,在提升公司价值的同时为员工带来增值利益,实现员工与公司共同发展,具体表现:

1. 激励:建立对公司核心员工、管理层的中长期激励约束机制,将激励对象利益与股东价值紧密联系起来,使激励对象的行为与公司的战略目标保持一致,促进可持续发展。

2. 吸引:通过本股权激励计划的引入,进一步完善公司的绩效考核体系和薪酬体系,吸引、保留和激励能实现公司战略目标所需要的人才。

3. 持续发展:树立员工与公司共同持续发展的理念和文化,实现公司的可持续发展。

第二章 实施股权激励的原则

1. 公平、公正、公开。

2. 公司、股东、员工利益有机结合,促进公司持续健康发展。

3. 激励与制约相结合。

第三章 股权激励的管理机构

1. 股东会作为最高权力机构,负责审议批准此次激励计划的实施、变更、中止和终止;

2. 董事会及股东会指定人员为股权激励计划的执行管理人,负责拟定和修订股权激励计划的具体计划,并在股东会授权范围内办理股权激励计划的其他相关事宜;

3. 公司监事会是计划的监督人,负责审核激励对象的适合性,并对计划的实施是否符合相关法律、行政法规、部门规章进行监督。

第四章 股权激励的实施

一、股权激励的形式

本次股权激励适用虚拟股权,即公司授予激励对象一种权利,激励对象可以据此在规定时间享受一定数量的分红权，但没有所有权和表决权，不能转让和继承，亦不再享有其他权利。

虚拟股权的授予不实际买卖股权，仅通过公司账面净利润的变化，激励对象在规定时间段内获得公司分红。虚拟股权的授予不影响公司的总股本和股本结构。

二、虚拟股权的数量与授予安排

本次股权激励预计释放虚拟股权共计【×××】股，其中2019年授予【×××】股，占虚拟股权总额的33%；2020年授予【×××】股，占虚拟股权总额的【××】%；2021年授予【×××】股，占虚拟股权总额的【××】%；如2019年存在未被申购的部分，轮候至2020年授予；如2020年存在未被申购的部分，轮候至2021年授予；如2021年存在未被申购的部分，则注销不再授予。

年份	2019年	2020年	2021年	总计
授予数量	【×××】股	【×××】股	【×××】股	【×××】股
授予比例	【××】%	【××】%	【××】%	【××】%

三、授予对象及份额

1. 虚拟股权的授予对象包含××公司及其分公司、子公司的高级管理人员、中层管理人员、业务骨干以及对公司有卓越贡献、表现突出的新员工。

2. 公司参照如下标准确定授予对象：

年份	授予对象标准
2019年	a. 截至2018年的12月31日入职满2年，职级达到P6级及以上； b. 2018年度绩效考核为A+、A、B
2020年	a. 截至2019年的12月31日入职满2年，职级达到P6级及以上； b. 2019年度绩效考核为A+、A、B
2021年	a. 截至2020年的12月31日入职满2年，职级达到P6级及以上； b. 2020年度绩效考核为A+、A、B

注：

(a)公司每年确认入围的激励对象，激励对象需同时满足当年度的要求；

(b)公司依据职级核定授予给激励对象的份额，每期核定一次；

(c)人员和份额的确定，由董事会或授权指定人员根据上述标准在可选范围内提名具体人员名单，报经股东会审议通过；

(d)不符合上述标准但公司有特殊需要或者对公司有突出贡献的,经公司股东会审议通过可以参与股权激励计划;

(e)2019年的激励对象名单详见《2019年度××公司股权激励对象名单及份额》。

四、价格、价格的确定方法

1. 激励对象申购虚拟股权的价格=申购的虚拟股权×1元(虚拟股权的价格为1元每股)。

2. 因股权激励的特殊性,本计划的虚拟股权为公司设定的极低价格,未经过市场定价,亦不作为今后公司融资或并购的估值依据。

五、虚拟股权申购

根据股东会批准的《××公司股权激励对象名单及份额》,公司向本期授予虚拟股权的激励对象发出《虚拟股权授予通知书》,激励对象于收到上述通知后7日内申购虚拟股权(申购份额不得超过公司授予份额),并支付款项至公司指定账号。

六、虚拟股权分红

虚拟股权获得分红需同时满足以下条件:

1. 公司达到当年度业绩目标如下:

年份	业绩考核目标
2019年	以2018年净利润为基数,2019年净利润增长率不低于【30%】
2020年	以2019年净利润为基数,2020年净利润增长率不低于【30%】
2021年	以2020年净利润为基数,2021年净利润增长率不低于【30%】

2. 激励对象达到《××公司绩效考核管理办法》年度考核目标,考核为A+、A或B可分红,考核为C或D无分红;

3. 签订申购协议并于签署之日起7日内将相应款项付至指定账号;

4. 激励对象未出现第五章激励对象情况发生变化的退出机制中约定的情形;

5. 不存在《公司法》规定的不适合担任公司董、监、高的情形,不存在证监会及其派出机构、证券交易所认为的不适合参与公司管理或公司股权激励的其他情形。

七、股权激励的流程

年份	时间	流程
2019 年	2019 年 5 月	公布激励计划、激励对象及份额
	2019 年 5 月	申购虚拟股权、付款
	2020 年 1 月	公示分红金额
	2020 年 12 月 31 日前	公司分批次支付分红
2020 年	2020 年 3 月	公布第二期激励对象及份额
	公布激励对象及份额后 7 日内	申购虚拟股权、付款
	2021 年 1 月	公示分红金额
	2021 年 12 月 31 日前	公司分批次支付分红
2021 年	2021 年 3 月	公布第三期激励对象及份额
	公布激励对象及份额后 7 日内	申购虚拟股权、付款
	2022 年 1 月	公示分红金额
	2022 年 12 月 31 日前	公司分批次支付分红

注：

a. 公布激励计划和激励对象：公示《股权激励实施计划》《股权激励对象及份额》《股权激励计划框架及测算》等文件；

b. 申购虚拟股权：公司向被激励对象发出《虚拟股权授予通知书》，被激励对象收到后，7日内向公司发出《虚拟股权申购确认函》，并向公司指定账户支付款项；

c. 公示分红金额：公司向激励对象发出《虚拟股权分红告知书》；

d. 公司分批次支付分红：激励对象收到分红时，向公司提交《虚拟股权分红确认函》。

第五章 激励对象情况发生变化的退出机制

1. 激励对象发生职务变更。

股权激励计划有效期内激励对象发生职务变更，对于激励对象已获分红的部分，不因职务的变更而发生权利变化；对于未获分红的，如下表所示：

职务变更	授予份额调整
职级不变	授予份额保持不变
职级上升	1. 职级调整的本年度，份额和分红的标准保持不变； 2. 职级调整后的次年度，依据调整后的职级授予份额

续表

职务变更	授予份额调整
职级下降	1. 职级调整的本年度,不予分红; 2. 职级调整后的次年度,不授予份额; 3. 职级调整后的第三年度,如符合本计划约定的授予标准,可授予份额

注:

如因公司架构调整导致的职级变化,不视为激励对象发生职务变更,仍按照原有职级对应份额授予、申购、分红。

2. 激励对象绩效考核未达标。

根据公司公布的绩效考核结果,如被激励对象当年度绩效考核为C或D,则本年度授予的虚拟股权无分红,次年度无份额授予,但不影响第三年度的份额授予、申购和分红。

3. 激励对象发生以下情形之一,已获的分红无须退回;已申购的虚拟股权由公司回购,回购价格为申购价格加同期中国银行公布的贷款利息,公司于回购协议签订后30日内支付回购款项,回购的虚拟股权由公司注销:

(1)激励对象丧失劳动能力、退休或死亡;

(2)协商一致解除劳动关系;

(3)激励对象存在《劳动合同法》第40条用人单位可以解除劳动合同的情形。

4. 激励对象发生以下情形之一,已获的分红应当退回公司;如员工的行为给公司造成损失,公司损失由该员工承担;已申购的虚拟股权由公司回购,回购价格为申购价格减去公司损失和已获分红,如回购款项不足以抵扣公司损失和已获分红,差额部分由该激励对象在30日内支付给公司;公司于回购当年的12月31日支付回购款项;回购的虚拟股权由公司注销:

(1)激励对象提出辞职;

(2)激励对象严重违反公司规章制度;

(3)激励对象严重失职,营私舞弊,给用人单位造成严重损失的;

(4)激励对象同时与其他用人单位建立劳动关系;

(5)激励对象被依法追究刑事责任;

(6)激励对象违反竞业限制义务;

(7)激励对象存在受贿、索贿、侵占或盗窃公司财产、泄露商业秘密的行为之一；

(8)其他给公司造成严重损失的行为。

本计划严重损失均指给公司声誉造成影响或【2】万元及以上的财产损失。

本股权激励计划有效期后查明的激励对象存在上述行为，仍具有追溯效力。

5. 对于上述规定之外的情形，公司董事会有权根据激励对象的具体情况，酌情处置。

6. 本计划到期后退出。

股权激励计划到期，公司回购激励对象持有的虚拟股权，回购价格为申购价格，公司于回购协议签订后 90 日内支付回购款项；回购的虚拟股权由公司注销。

第六章　股权激励计划的变更、中止、终止

1. 当公司发生控制权变更、分立、合并或其他重大变更时，根据相关条件变化程度，由股东会确定本计划的继续执行、变更、中止或终止。

2. 当公司发生增资、减资等事宜，虚拟股权数量以及所涉及的股权总量均无调整。

3. 如果在本股权激励计划实施之日至股权激励实施完成期间，证监会或其他相关部门制定新的业务规则，股东会有权按照业务规则要求变更、中止或终止股权激励计划。

4. 如果公司或子公司启动挂牌、上市计划，股东会有权变更、中止或终止股权激励计划。

5. 其他未说明的情况由公司股东会审议，可以变更、中止或终止股权激励计划。

第七章　违约责任

任何一方违反本协议中约定的义务、陈述与保证，均构成违约，应及时采取补救措施，并应当赔偿由此给对方造成的损失。

本股权激励计划所指损失均包括直接损失、间接损失以及因追究违约责任而产生的费用(包括但不限于律师费、差旅费、诉讼费、财产保全费等)。

第八章　附　　则

1. 本股权激励计划由公司董事会负责解释。

2. 公司股东会决议、董事会决议、《××有限公司绩效考核管理办法》《劳动合同》等公司制度作为本计划的附件,与本激励计划具备同等法律效力。

3. 如因本计划引起的争议和纠纷,应当先行协商,如协商不成向长沙仲裁委员会提起仲裁。

此页为《××有限公司股权激励实施计划》签字页:

××有限公司

××××年××月××日

第七章　股权激励常见争议与司法判例分析

第一节　股权转让纠纷

股权激励过程中经常会涉及股权转让。比如设置持股平台时，会涉及目标公司股东和持股平台之间的股权转让；再如行权阶段，会涉及持股平台与激励对象之间的股权转让。股权转让是否合法合规，直接关系到股权激励是否具备合法性基础，关系到各方的权属是否明确，进而影响股权激励的有效性、稳定性和持续性。

【案例一】卓某某与天津天和环能科技有限公司股权转让纠纷案

【核心提示】

在满足条件的情况下，公司制定的股权激励方案将被视为针对明确的少数人发出的要约，而非针对不特定对象的要约邀请。在激励对象以出资购股行为作出了承诺后，双方合同关系即告成立。

【案情介绍】

原告：卓某某。

被告：天津天和环能科技有限公司（以下简称天和环能）。

2015 年 8 月 3 日，原告卓某某依据《天津天和环能科技有限公司合约人员股权认购方案》（以下简称方案），向方案规定的收款方天津汇鑫融资咨询有限公司（开户行：上海浦东发展银行浦惠支行，账号：77××07）汇入人民币 640,000 元。原告主张系根据方案作为合约人员出资认购被告的股权 320,000 股。方案规定：“第二条合约人员是指为天和环能公司发展作出突出贡献的特定人员。第三条公司此次共出让 9.99% 股权给公司的合约人员。发行价：2 元/股。第十一条合约人员出资购股采用一次性付款方式，款项须在签订协议后一周内支付。第十二条合约人员出资购股程序及内容：1. 根据出资认购确认个人股份;2. 公司负责编制变更出资合约人员名册并保管本单位出资合约人员名册。第十五条合约出资人员在签订出资协议后公司申请挂牌期间内不能抽回出资资金。第十七条根据本《方案细则》中持股主体为股权激励平台,平台法人为出资人代表。第二十二条为体现此次实施股权激励的实际意义,保证每一位出资人员的切身利益,天和环能作出以下承诺:截至 2016 年 6 月 30 日,天和环能如未按预期挂牌全国中小企业股权转让系统(新三板),天和环能无条件回购此次转让的标的公司合约人员股,回购价格为 2.15 元/股。若发生争议,协商不成,由合约出资人员所在地法院管辖。汇款信息如下:名称:天津汇鑫融资咨询有限公司开户行:上海浦东发展银行浦惠支行,账号:77×××07。第二十三条本《方案细则》由公司董事会负责解释。”

2017 年 7 月,由于届时天和环能未按预期挂牌全国中小企业股权转让系统(新三板),原告向法院提出诉讼请求:(1)判令被告返还原告股权转让价款 688,000 元;(2)本案诉讼费用由被告承担。

一审判决:被告天和环能于本判决生效后 10 日内返还原告卓某某人民币 688,000 元。

【案例评析】

《天津天和环能科技有限公司合约人员股权认购方案》是否属于要约?

我国《合同法》第 14 条①规定:“要约是希望和他人订立合同的意思表示,该意思表示应当符合下列规定:(一)内容具体确定;(二)表明经受要约人承诺,要约人即受该意思表示约束。”第 15 条规定:“要约邀请是希望他人向自己发出要约的意思表示。寄送的价目表、拍卖公告、招标公告、招股说明书、商业广告等为要约邀请。商业广告的内容符合要约规定的,视为要约。”

在本案中,卓某某按照《天津天和环能科技有限公司合约人员股权认购方案》向方案指定的收款账户汇入出资购股的款项 640,000 元,天和环能指定的收款平台天津汇鑫融资咨询有限公司为卓某某出具了收款收据,明确载明收卓某某股权认购款。天和环能制定的方案是针对明确的少数人发出的要约,而非针对不特定对象的要约邀请,在卓某某以出资购股行为作出了承诺后,双方合同关系即告成立。从方案规定可知,卓某某作为出资人并非持股主体,方案规定的持

---

① 本条款已废止,在《民法典》第 472 条有近似规定。

股主体为“股权激励平台,平台法人为出资人代表”,天和环能也称卓某某并非天和环能的股东身份。因此,法院认为,天和环能主张应适用《公司法》的规定,认定方案规定的回购行为无效不成立。天和环能应按诚实信用原则履行其承诺,在公司未能按期上市新三板的情况下,按方案约定的 2.15 元/股价格返还卓某某的出资款。

【案例启示】

与上市公司不同,我国关于非上市公司股权激励的法律规定并不明确,但复杂程度仍相对较高,司法实践中非上市公司的股权激励纠纷也较为常见。非上市公司与激励对象之间无法达成一致意见时只能参照《合同法》《劳动合同法》《公司法》来处理,本案例即根据《合同法》的规定进行的判决。而本书中的其他案例,也有不少根据《劳动合同法》《公司法》进行裁判的。法律对非上市公司股权激励规制的不完善客观情况,要求公司与激励对象之间要有更加细致、明确的约定。

【案例二】 汪某与邵某某、赵某某、汪某乙股权转让纠纷案

【核心提示】

激励对象与相关主体签订的《股份转让协议》,如果事前约定不明、意思表示不明,事后又无法达成一致意见,将可能被认定为协议未成立。

【案情介绍】

上诉人(原审被告):汪某。

被上诉人(原审原告):邵某某、赵某某、汪某乙。

案外人:南京世和基因生物技术有限公司(以下简称世和基因公司)。

2014 年 10 月 16 日,汪某与世和基因公司签订劳动合同,约定世和基因公司安排汪某在销售岗位从事大区(江苏)销售总监工作。

2016 年 6 月 29 日,邵某某、赵某某、汪某乙、汪某签订《股份转让协议》,约定邵某某、赵某某、汪某乙将其占有世和基因公司 0.6% 的股权以 75 万元转让给汪某,汪某应于 2017 年 12 月 31 日前分次支付股权转让款。在协议签订 90 日内,公司设立股权持股平台,邵某某、赵某某、汪某乙配合汪某完成股权转让工商变更手续,汪某即享有对应股权项下全部股东权利和义务;汪某自工商变更之

日起2年内不得离职，2年以后离职的，汪某可选择继续持有股权，但不得在与公司主营业务相同或相近的企业及与公司有竞争关系的企业内任职，或直接或间接地从与公司有竞争关系的企业获取经济利益；邵某某、赵某某、汪某乙保证拥有合法权利签署本协议，并获得公司内部的批准和授权，公司现有其他股东已就本次股权转让放弃优先购买权，否则邵某某、赵某某、汪某乙承担由此引起的一切法律责任；任何一方未按协议全面履行义务，应向守约方支付违约金50万元，未尽事宜，参照《公司法》及公司章程处理；协议经双方签字生效。

2016年7月7日，北京华赛基业管理咨询中心（有限合伙）登记设立，执行事务合伙人为南京弘赛企业管理咨询有限责任公司。南京弘赛企业管理咨询有限责任公司法定代表人为邵某某，股东系邵某某、赵某某、汪某乙三人。

2016年12月23日，汪某因个人发展原因向世和基因公司提交离职申请，申请辞去现任工作。

邵某某、赵某某、汪某乙认为，双方在《股份转让协议》中约定的股权持股平台就是北京华赛基业管理咨询中心（有限合伙），汪某不认可。邵某某、赵某某、汪某乙至今没有为汪某办理股权转让登记的原因是汪某一直要求直接持股，邵某某、赵某某、汪某乙认为是员工激励性质，属于间接持股，只是在持股平台上持股，办理工商变更。汪某认为汪某加入世和基因公司时，邵某某、赵某某、汪某乙承诺为其办理世和基因公司股权，但邵某某、赵某某、汪某乙不配合办理股权转让登记，现在以间接持股为由逃避义务，构成违约。

2018年10月，邵某某、赵某某、汪某乙向法院提出诉讼请求：(1)确认邵某某、赵某某、汪某乙、汪某于2016年6月29日签署的《股份转让协议》已于2017年5月20日解除；(2)汪某向邵某某、赵某某、汪某乙支付违约金50万元；(3)本案诉讼费用由汪某承担。

一审判决：驳回邵某某、赵某某、汪某乙的诉讼请求。法院认为本案《股份转让协议》未依法成立，该协议未生效，双方争议的违约情形和股权激励失去协议效力性基础。

二审判决：驳回上诉，维持原判。

【案例评析】

《股份转让协议》是否成立？

我国《民法总则》第 134 条[①]规定:“民事法律行为可以基于双方或者多方的意思表示一致成立,也可以基于单方的意思表示成立。”《合同法》第 2 条第 1 款规定:“本法所称合同是平等主体的自然人、法人、其他组织之间设立、变更、终止民事权利义务关系的协议。”据此,合同法意义上的合同,系指平等主体之间设立、变更、终止民事权利义务关系的协议,缔约当事人意思表示真实一致是合同成立的必备要件之一。

在本案中,各方当事人签署的合同名为《股份转让协议》,但既约定“转让的是目标公司即世和基因公司股权”,同时又约定“公司设立股权持股平台”,汪某认为各方实际转让的是世和基因公司股权,但对于合同中约定的“公司设立股权持股平台”所作的解释并不合理充分。邵某某、赵某某、汪某乙认为各方实质是通过设立股权持股平台,从而间接转让世和基因公司股权,但汪某对此不予认可。即案涉合同中存在这两种股权转让方式,双方此后始终未能达成一致意见,故法院据此认定案涉《股份转让协议》未成立。

【案例启示】

股权激励的“股权”可能是目标公司的股权,也可能是持股平台的股权,《股份转让协议》中应当明确具体是哪个股权,表述应当清晰具体。在案件审理过程中,法院对于确实无法证实存在意思表示一致的,可能会认定合同未成立。

【案例三】 马某与南京扬贺扬微电子科技有限公司股权转让纠纷案

【核心提示】

仅存在员工股权激励的合意,但未经《公司法》规定的批准程序,即未经公司股东会决议或经授权的董事会决议,该股权激励合意未生效。

【案情介绍】

原告:马某。

被告:南京扬贺扬微电子科技有限公司(以下简称扬贺扬公司)。

2017 年 5 月 15 日,原告、被告签订劳动合同,约定自 2017 年 5 月 15 日至 2022 年 5 月 14 日,被告安排原告从事行政总监工作。同日,被告向原告发送聘

① 本条款已废止,在《民法典》中有近似规定。

用通知一份，载明被告聘用原告担任运营部行政总监职位，试用期 3 个月，员工持股 500,000 股，入职 1 个月内生效，并一次性持有。

2017 年 6 月 1 日，双方签订劳动合同补充协议。补充协议约定：鉴于被告为用工单位，原告为劳动者，双方于 2017 年 5 月 15 日签订了劳动合同，为激励员工创新、与公司共同成长、分享公司发展成果，被告认可原告贡献，同意原告可通过自行出资，从工资中按月扣款方式认购被告股份；被告承诺，自原告开始支付股权认购款后，如原告被辞退或离职时，被告在 5 个自然日内向原告支付对应股权现金（数额计算应当根据离职时原告享有的对应股权价值计算），如违约支付股权价值相同违约金。

2018 年 11 月 1 日，被告向原告发送开除通知函，载明：鉴于原告在被告公司担任财务负责人工作期间，严重违反法律法规和公司的财务规章制度，配合他人挪用公司资金 175 万元用于获利性目的，多次拒绝配合公司法定代表人履行正常工作职责，根据公司 2018 年 10 月 24 日召开的董事会并作出的决议内容，现正式通知原告即日起不再担任公司任何职务，即日起终止与原告的劳动合同关系。

2018 年 12 月，原告马某向法院提出诉讼请求：(1)判令被告向原告支付激励股权的市场价值对应的现金 310,000 元；(2)判决被告支付以前款项为本金、年化 24% 为利率计算违约金（自 2018 年 11 月 7 日起至判决生效之日止），截至 2018 年 11 月 15 日暂计为 19,588 元；(3)本案诉讼费用由被告承担。

一审判决：驳回原告马某的诉讼请求。

【案例评析】

股权激励合意是否生效？

有限公司设立后，股权合法取得方法为股东之间的股权转让、股东向股东以外的人股权转让、股权继受、股东以外的人对公司增资、强制执行程序下的股权转让或以其他形式合法继受公司股权，且不违反法律法规强制性规定。

在本案中，扬贺扬公司以认购确认书形式同意马某认购被告 50 万股，认购方式为自行出资或从工资按月扣款的方式认购扬贺扬公司的股份，不属于单纯的股东以外的人对公司增资，也不属于单纯的劳动合同关系，形式上属于扬贺扬公司股东以外的人因属于扬贺扬公司职工对公司进行增资，本质上属于扬贺扬公司内部对公司员工股权激励性质，依法应受《公司法》《合同法》的约束调整。

虽案例中未见扬贺扬公司的公司章程，双方应依照《公司法》《合同法》规定的合意条件和程序完成员工股权激励合意、批准和登记等手续。依照《合同法》第44条[①]的规定，“依法成立的合同，自成立时生效。法律、法规规定应当办理批准、登记等手续生效的，依照其规定”。《公司法》第37条规定，对公司增加或减少注册资本，应当是公司权力机构股东会职权并形成有效决议；第46条规定，董事会对股东会负责，行使制定公司增加或减少注册资本、制定公司基本管理制度的职权。马某是扬贺扬公司的员工，双方形成员工入股合意。但仅有公司员工入股合意，未办理《公司法》规定的手续，即未经被告股东会决议或经授权的董事会决议该合意并不生效。马某提供的王某某发送给廖某某的邮件不能证明扬贺扬公司董事会就股权认购事宜形成了合法有效的董事会决议，依举证规则和参照最高人民法院《关于适用〈中华人民共和国公司法〉若干问题的规定(四)》第15条的规定，马某未提交员工股权激励股东会或有效董事会决议，请求支付股权激励对应款项的，人民法院不予支持。故，法院认为，扬贺扬公司、马某之间存在员工股权激励的合意，但未经公司法规定的批准程序，案涉员工股权激励合意未生效，马某不是扬贺扬公司的合法股东，马某主张的股权价值无基础事实。

【案例启示】

股权激励事项应经股东会或股东大会决议。我国《公司法》第37条规定：“股东会行使下列职权：……(七)对公司增加或者减少注册资本作出决议；……对前款所列事项股东以书面形式一致表示同意的，可以不召开股东会会议，直接作出决定，并由全体股东在决定文件上签名、盖章。”第71条规定：“有限责任公司的股东之间可以相互转让其全部或者部分股权。股东向股东以外的人转让股权，应当经其他股东过半数同意。股东应就其股权转让事项书面通知其他股东征求同意，其他股东自接到书面通知之日起满三十日未答复的，视为同意转让。其他股东半数以上不同意转让的，不同意的股东应当购买该转让的股权；不购买的，视为同意转让……公司章程对股权转让另有规定的，从其规定。”因此，股权激励事项应经过股东会或股东大会决议。

---

① 本条款已废止，在《民法典》第502条有近似规定。

【案例四】 广州丰江电池新技术股份有限公司、黄某某与公司有关的纠纷案

【核心提示】

在公司通过依法减资、对回收股权依法进行再分配或指定股权接收人等制度安排的情况下,公司可以依法或按照约定对股东股权进行回购。

【案情介绍】

上诉人(原审原告):广州丰江电池新技术股份有限公司(以下简称丰江公司)、黄某某、汤某某。

上诉人(原审被告):张某某。

张某某原系丰江公司员工,后与丰江公司发生劳动争议,双方在广州市劳动人事争议仲裁委员会主持调解下确认于2017年7月4日协商一致解除劳动关系。

丰江公司的《股权激励管理规定(2009年3月颁发之第2版)》(以下简称《管理规定》),内容如下:根据公司经营理念及发展战略,结合2006年2月颁发的《股权激励管理细则》及历年股权激励的实践,特制定本规定,进一步明确股权激励的相关制度,对公司长远发展和干部事业起到远景规划的作用。1.股份的来源:用于激励的股份由老股东采取无偿出让的方式提供,提供股份的数量视当年经营情况和老股东出让的意愿确定。2.股份的分配:分配依据为每年度终,评估小组对技术人员、管理人员获取股权激励资格及对公司利润的贡献进行考评,董事会根据当年经营结果、老股东出让意愿以及考评结果审批通过当年股权激励的人员名单及相应激励股份金额。3.股份的管理:(1)自公司做出股份分配决定之日起,该类激励股份即刻成为公司参与分配的资本;(2)该类激励股份每隔2年才进行一次正式的股东工商注册登记,在这2年以内只进行公司内部登记管理;(3)该类激励股份不能转让,也不能以抵押等形式作实质的财产转移,只能登记在本人名下;(4)除了参与公司分配的权利外,该类激励股份的表决权等参与股东大会的权利必须授权给公司董事会秘书;(5)该类激励股份的股东必须签署授权委托书,授权公司董事会秘书参加股东大会和签署所有股东文件;(6)该类激励股份为老股东无偿出让,视同受让股东已经作出承诺:在职期间保守公司商业秘密和不从事有损公司利益的活动,否则作为惩罚,公司将无偿收回该类股份;(7)当公司出现股份上市流通或整体被收购的情况时,无须遵

从以上规定。4. 股份购回:(1)股东因任何原因离职,其所受让的激励股份及其产生的收益,公司按照每股净资产金额的50%购回,并将该笔金额在其离职之日起1个月至2年内全部支付;(2)离职后,如不保守公司商业秘密和从事有损公司利益的活动,作为惩罚,公司有权不支付该购回金额;(3)公司出现上市或被整体收购的情况除外。5. 自公司作出股份分配的决定之日起,享有该类激励股份的股东,必须签名,以明确其自愿遵守此规定。

2017年10月13日丰江公司证券持有人名册显示,张某某持有数量681,600股,持股比例1.1297%。张某某确认现持股681,600股中657,600股为丰江公司奖励所得。

2017年,丰江公司、黄某某、汤某某向法院起诉请求:(1)汤某某以每股1.355元的价格回收张某某持有的丰江公司13.2万股股份;(2)张某某向汤某某返还丰江公司13.2万股股份的收益26,400元(2016年);(3)黄某某以每股1.355元的价格收回张某某持有的丰江公司52.56万股股份;(4)张某某向黄某某返还丰江公司52.56万股股份的收益105,120元(2016年);(5)张某某承担本案全部诉讼费用;(6)张某某向汤某某返还丰江公司13.2万股股份在2017年的利润分配收益39,600元;(7)张某某向黄某某返还丰江公司52.56万股股份在2017年的利润分配收益157,680元。

一审判决:(1)张某某于判决发生法律效力之日起10日内将其持有的丰江公司132,000股股份以每股1.355元的价格转让给汤某某,并协助办理相关股权转让手续,上述股份转让价款由汤某某在相关股权转让手续办理的同时支付给张某某;(2)张某某于判决发生法律效力之日起10日内将其持有的丰江公司525,600股股份以每股1.355元的价格转让给黄某某,并协助办理相关股权转让手续。上述股份转让价款由黄某某在相关股权转让手续办理的同时支付给张某某;(3)驳回丰江公司、汤某某、黄某某的其他诉讼请求。如果未按判决指定的期间履行给付金钱义务,应当依照《民事诉讼法》第253条之规定,加倍支付迟延履行期间的债务利息。

二审判决:驳回上诉,维持原判。

【案例评析】

1. 丰江公司、黄某某、汤某某是否有权行使本案诉争的张某某持有股份的回购权?

在本案中,因张某某已从丰江公司离职,根据《管理规定》第4条第1项的约定,丰江公司有权对张某某名下所受让的激励股份进行购回。为维护公司资本三原则,防止股东抽逃出资,损害公司、股东和债权人合法权益,一般情况下公司不得收购本公司股份,但并非绝对禁止,如对回收股权进行再分配或指定股权接收人等制度安排的情况下,公司可以依法或按照约定对股东股权进行回购,丰江公司、黄某某、汤某某可以指定股东黄某某和汤某某接收案涉回购的股权。丰江公司、黄某某、汤某某诉请由股东汤某某接收张某某持有的丰江公司132,000股股份、股东黄某某接收张某某持有的丰江公司525,600股股份,不损害丰江公司及公司债权人的利益,不违反法律规定。

关于股份回购的价格,根据《管理规定》第4条第1项的约定,公司按照每股净资产金额的50%购回。根据约定股份回购系丰江公司的权利,宜以权利人行使权利时间为基点计算,即按丰江公司、黄某某、汤某某起诉前一年度即2016年度的每股净资产金额即2.71元的50%来计算。因此,丰江公司、黄某某、汤某某主张以每股价格1.355元回购,法院予以支持。

2. 张某某应否返还案涉股份2016年度、2017年度的股份收益?

《管理规定》未约定股份收益返还款项的起算时间,《公司法》规定股东按其所持股份享有相应取得分红等权利,故在股份回购之前股东取得的股份分红系基于股东身份对公司享有的权利,丰江公司、黄某某、汤某某要求返还该部分收益,不符合法律规定,亦违背公平原则。另外,《管理规定》约定股东离职的,公司可回购其受让的激励股份及产生的收益,对于该条款中所述的"收益"是否包括回购前已分配的股份分红并无进一步约定。结合股权激励的目的,且受让股东在完成工作任务,其业绩在获得公司决策机构肯定后,已依公司决议获得了相对应的分红,利益已分配完毕,丰江公司现要求激励股权股东返还,有违股权激励目的及诚信原则,故对丰江公司、黄某某、汤某某该诉请,法院未予支持。

【案例启示】

1. 在特定情形下,公司有权回购股权激励涉及的股权。

《公司法》第142条规定:"公司不得收购本公司股份。但是,有下列情形之一的除外:……(三)将股份用于员工持股计划或者股权激励……公司因前款第(三)项、第(五)项、第(六)项规定的情形收购本公司股份的,可以依照公司章程的规定或者股东大会的授权,经三分之二以上董事出席的董事会会议决议。……属于第(三)项、第(五)项、第(六)项情形的,公司合计持有的本公司股份数不得超过本公司已发行股份总额的百分之十,并应当在三年内转让或者注销。”因此,将股份用于员工持股计划或者股权激励,公司可以收购本公司股份。

2. 股权激励协议中可以约定员工离职后,由特定主体回购股权激励涉及的股权。

公司之所以授予激励对象股权是基于员工的身份和其人力资源的价值。当员工与公司解除劳动合同时,就表示其对公司而言失去了价值,也失去了激励的必要,其本身对公司不再负有作为激励对象的义务。股权激励协议中可以约定员工离职后,由特定主体回购股权激励涉及的股权。

【案例五】　宋某某、黄某某股权转让纠纷案

【核心提示】

激励对象将受让的股权转回给相关主体,并向相关主体主张股权转让价款,是基于股权转让协议解除而引发的股权退回,即《合同法》第97条规定的“恢复原状”,并非当事人各方对该股权的转让达成新的转让合意。

【案情介绍】

再审申请人(一审原告、二审上诉人):宋某某。

被申请人(一审被告,二审被上诉人):黄某某。

被申请人(一审被告,二审被上诉人):钟某某。

一审被告:佛山市三高保温水箱有限公司(以下简称三高公司)。

2015年3月26日,鉴于原告拟接受三高公司聘请担任制造部经理,黄某某、钟某某拟以各自向原告转让部分公司股份的方式引入丙方投资入股公司,三方签订一份《协议书》。《协议书》第2条约定丙方(原告)入职标的公司(三高公司)事宜:丙方自愿接受标的公司聘请担任标的公司制造部经理一职,承诺至少为标的公司服务3年;待遇除月薪20,000元外,为激励和调动丙方工作积极性,丙方自到岗标的公司之日起3年内可按本协议约定计提当季度的效益提成(满3年后不再计提),按实际产值的0.3%计算(产值数据以ERP系统生产入库数据为准);丙方应将效益提成金额优先用于偿还本协议第3条项下股权转让欠款,甲(钟某某)、乙(黄某某)双方亦可直接要求标的公司将前述效益提成付至

甲方、乙方，以偿还本协议第3条项下股权转让欠款。第3条约定丙方出资入股事宜：丙方以向甲方、乙方受让股权的方式投资入股标的公司，甲、乙、丙及另一股东周某一致同意按标的公司净资产2000万元作价进行第3条第2款约定的股权转让；甲方以36万元的转让价格向丙方转让标的公司1.8%股权，乙方以64万元的转让价格向丙方转让标的公司3.2%股权；丙方于协议签订15日内分别向甲方及乙方支付10万元，在入职标的公司正式上岗之日起3年内还清剩余股权转让款，并就此向甲方、乙方出具相应的欠据；甲、乙双方应在收到丙方支付的10万元后，及时配合协助丙方于15个工作日内办理股权转让的工商变更相关手续，丙方自股权变更登记完成之日起即享受相应股权的股东权利。第4条约定股权激励事宜：如丙方按协议第2条约定时间到岗之日起满36个月，无任何违约及严重违反公司规章管理制度行为，并按协议第3条约定付清全部股权转让款的，甲、乙双方在30日内分别向丙方无偿转让标的公司股权2.2%、2.8%，丙方自股权变更登记完成之日起即享受相应股权的股东权利。第6条约定协议解除事宜：1.本协议签订后，有下列情形之一的，甲方或乙方均有权直接解除本协议，本协议自甲方或乙方提出解除之日即行终止：……(5)丙方在标的公司任职期内离职的(含丙方辞职)……2.甲方或乙方按本协议第6条第1款约定解除本协议的，如丙方已出资受让甲方及乙方股权，丙方应自本协议解除之日起按原受让价将所受让的股权转让回甲方及乙方，并将本协议股权激励所得的股权(如有)无偿转让回甲方及乙方，且应一次性向标的公司退还其已计提的效益提成并向甲方及乙方退赔其已取得的股权分红。

三方签订协议之后，原告于2015年4月9日分别向黄某某、钟某某转账支付10万元，于2015年8月1日与三高公司签订任职制造部经理的劳动合同，并同日入职。

2015年8月28日，三高公司完成股权变更工商登记，原告成为占股5%的股东，黄某某、钟某某的股权则相应减少。

黄某某、钟某某曾于2017年1月向原告邮寄送达《关于解除〈协议书〉的通知》，理由是原告自2016年10月起长期不到岗上班、恶意旷工，经多次教育仍不思悔改，三高公司于2017年1月10日依法作出开除处理。

原告认为，黄某某、钟某某隐瞒三高公司的财务状况，禁止原告履行股东的权利和义务，甚至连产值提成数据ERP系统都禁止原告使用，属严重违反股权转让《协议书》的约定,侵害了原告合法权益,致使《协议书》无法继续履行。现原告、被告合意解除《协议书》,由原告将持有的5%股权分别转让回给黄某某、钟某某,但三方未能就股权转让价格协商一致。

2016年12月,原告向法院提出诉讼请求:(1)判决解除宋某某与黄某某、钟某某之间签订的《协议书》;(2)判令黄某某、钟某某向宋某某支付股权转让价款(暂定为1,032,306元,具体数额以具有法定资质的鉴定机构出具的鉴定报告认定的数额为准);(3)判令黄某某、钟某某、三高公司承担本案诉讼费用。

一审判决:(1)确认解除宋某某与被告黄某某、钟某某于2015年3月26日签订的《协议书》;(2)黄某某应于判决发生法律效力之日起10日内向宋某某返还股权转让款10万元并计付利息(以10万元为本金,按照中国人民银行同期同类贷款利率自2015年4月9日起计至款项实际返还之日止);(3)钟某某应于判决发生法律效力之日起10日内向宋某某返还股权转让款10万元并计付利息(以10万元为本金,按照中国人民银行同期同类贷款利率自2015年4月9日起计至款项实际返还之日止);(4)驳回宋某某的其他诉讼请求。如当事人未按判决指定的期间履行给付金钱义务,应当依照《民事诉讼法》第253条之规定,加倍支付迟延履行期间的债务利息。

二审判决:驳回上诉,维持原判。

再审裁定:驳回宋某某的再审申请。

【案例评析】

1. 黄某某、钟某某应否向原告返还股权转让价款?

依照《合同法》第97条①"合同解除后,尚未履行的,终止履行;已经履行的,根据履行情况和合同性质,当事人可以要求恢复原状、采取其他补救措施,并有权要求赔偿损失"的规定,鉴于《协议书》已经解除,宋某某亦明确表示将其持有的5%股权分别转让回给黄某某(占3.2%)、钟某某(占1.8%),故法院认为,黄某某、钟某某应向宋某某返还股权转让价款。至于办理股权转回变更登记的时间,三方当事人因股权转让价款数额存在争议暂未能协商一致,黄某某、钟某某亦未在本案提出反诉请求,故三方可在本案审结后再自行协商或者另案诉讼处理。

---

① 本条款已废止,在《民法典》第566条有近似规定。

2. 股权转让价款数额如何确定？

宋某某主张价款具体数额应通过审计、评估予确定，理由：《协议书》确立的股权转让法律关系已经履行完毕，涉案股权已变更登记在宋某某名下，宋某某已取得所有权；解除《协议书》，宋某某受让的5%股权再转让回给黄某某、钟某某，即使三方订立了新的股权转让法律关系，但转让价款不能达成一致意见，则应进行审计、评估。对此，法院分析如下：从前述对黄某某、钟某某应否向宋某某返还股权转让价款问题的分析可见，宋某某将受让的股权转回黄某某、钟某某并向黄某某、钟某某主张股权转让价款，是基于《协议书》解除而引发的股权退回，即前述《合同法》第97条规定的"恢复原状"，并非三方对该股权的转让达成新的转让合意，三方在股权转让合同中的角色没有发生改变，宋某某仍是买方身份，没有转化为卖方身份。故此，宋某某主张三方达成新的股权转让合意并据此申请以评估方式确定股权转让价款，缺乏事实和法律依据，法院不予采纳。

【案例启示】

《合同法》第97条规定："合同解除后，尚未履行的，终止履行；已经履行的，根据履行情况和合同性质，当事人可以要求恢复原状、采取其他补救措施、并有权要求赔偿损失。"在股权激励中，解除股权转让等协议后，当事人可以要求恢复原状、采取其他补救措施并有权要求赔偿损失。当事人进行股权激励纠纷诉讼时，宜选择最有利于自己的诉讼请求，审慎选择解除合同。

第二节　劳动争议纠纷

截至2019年12月31日,在中国裁判文书网上,以“股权激励”为关键字进行检索,民事案件共有1836件;以“股权激励”“劳动争议”为关键字进行检索,民事案件共有646件,占比35.18%。可见,在股权激励过程中涉及劳动争议的案件相对较多。

【案例六】博彦科技(深圳)有限公司、博彦科技股份有限公司与文某劳动争议案

【核心提示】

激励对象获得授予的限制性股票应当属于薪酬组成部分,激励对象因其限制性股票被回购注销引起的纠纷,具有劳动者接受用人单位管理、约束和激励的劳动关系典型特征,明显不同于平等民事主体之间的普通民事合同纠纷。激励对象诉请公司赔偿限制性股票损失属于劳动争议范畴。

【案情介绍】

上诉人(原审被告、互诉原告):博彦科技(深圳)有限公司(以下简称博彦深圳公司),系博彦股份公司全资设立的子公司。

上诉人(原审被告):博彦科技股份有限公司(以下简称博彦股份公司)。

被上诉人(原审原告、互诉被告):文某。

2012年10月25日,文某与博彦深圳公司签订了自2012年11月1日起无固定期限的《劳动合同》。

2014年4月28日,博彦股份公司发布《2014年限制性股票激励计划实施考核办法》,载明:股权激励计划授予的限制性股票,在行权期的3个会计年度中,分年度进行绩效考核,绩效等级分别为A、B、C;被激励对象上一年度绩效评价

在B级以上为达标，获授限制性股票可以解锁；上一年度绩效评价在C级为不达标，获授限制性股票当年不得解锁，由公司按照授予价格回购后注销；在绩效考核期间激励对象出现触犯法律、违反职业道德、泄露公司机密、因失职或渎职等行为损害公司利益或声誉而导致职务变更，或因前列原因导致公司解除与激励对象劳动关系的，相关激励对象的当年考核结果将一次被认定为C级。

2014年7月7日，文某获授4万股博彦股份公司限制性股票，授予价格13.33元/股。

2015年6月26日，博彦股份公司人力资源部通过电子邮件向文某发出《2014年限制性股票考核结果通知》，主要内容：文某考核成绩复审评定为C，考核不合格。

2015年7月23日，博彦深圳公司向文某出具《劳动合同解除通知书》，通知文某于2015年7月24日起解除劳动合同，解除理由：在博彦Accela项目中的严重失职，给公司造成重大经济损失，同时违反公司规章制度，属于严重违纪。

2015年8月10日，博彦股份公司董事会发布公告，载明：激励对象文某因2014年度绩效考核不合格（考核成绩为C），不符合解锁条件，董事会决定对其第一个解锁期尚未解锁的1.6万股限制性股票不得解锁；另外，激励对象文某在其任职期间因违反职业道德、泄露公司商业机密、失职等行为损害公司利益，公司已免除其管理职务，董事会决定回购注销文某已获授但尚未解锁的全部4万股限制性股票；博彦股份公司回购上述4万股股票之后，于2015年9月25日将对应股票价款520,797.80元汇入文某账户。

2015年8月5日，文某向深圳市劳动人事争议仲裁委员会申请劳动仲裁。仲裁裁决结果：(1)博彦深圳公司赔偿违法解除劳动合同赔偿金435,888元；(2)博彦深圳公司支付2014年、2015年未休年休假工资差额44,121.81元；(3)博彦深圳公司返还罚款16,326.67元；(4)博彦深圳公司支付律师费733.24元；(5)驳回文某的其他诉讼请求。文某与博彦深圳公司均不服上述仲裁裁决，分别诉至法院。

一审判决：(1)博彦深圳公司应于本判决生效之日起10日内向文某支付违法解除劳动合同的赔偿金435,888元；(2)博彦深圳公司应于本判决生效之日起10日内向文某支付未休年休假工资50,004.71元；(3)博彦深圳公司应于本判决生效之日起10日内向文某支付克扣工资16,326.67元；(4)博彦深圳公司应于本判决生效之日起10日内向文某支付第一期限制性股票回购损失629,440.88元;(5)博彦深圳公司应于本判决生效之日起10日内向文某支付律师费5000元;(6)博彦股份公司对本判决第4项确定的博彦科技深圳公司债务承担连带清偿责任;(7)驳回文某的其他诉讼请求;(8)驳回博彦深圳公司的诉讼请求。

二审判决:驳回上诉,维持原判。

【案例评析】

本案限制性股票回购损失赔偿纠纷是否属于劳动争议处理范畴?

1. 从文某获得涉案"博彦科技"限制性股票起因来看,文某能够获得以大幅低于市场价格的股权激励价格购买4万股"博彦科技"限制性股票的资格,是基于其与博彦深圳公司较长时间存在劳动关系,同时也基于其对博彦深圳公司及博彦股份公司的生产经营作出的贡献和业绩,这体现了劳动关系中用人单位对劳动者基于身份关系及劳动成果予以福利或奖励的特征。

2. 从博彦深圳公司与博彦股份公司授予文某限制性股票的较长期目的来看,博彦股份公司和博彦深圳公司授予文某限制性股票的较长期目的是希望被激励对象能继续为公司服务且需要符合岗位要求及满足公司的绩效考核,从而有利于维持与激励对象劳动关系稳定及提高激励对象工作积极性和能动性,促进公司业绩和价值提升,体现了用人单位对于劳动者激励管理的劳动关系特征。

3. 从文某涉案4万股"博彦科技"限制性股票自由流通即激励利益实现条件来看,上述限制性股票解锁条件是劳动者在劳动中的成果需符合公司要求及劳动者不得存在损害公司利益或声誉行为。这也体现了劳动关系中用人单位对劳动者管理的典型特征。

4. 从文某限制性股票解锁条件的考核事实依据来看,文某的考核工作虽由博彦股份公司进行,但其考核依据仍系基于文某在博彦深圳公司的工作表现和业绩,亦显著地体现了劳动关系中劳动者接受用人单位管理的典型特征。

5. 从文某获得的限制性股票的法律性质来看,根据中国证券业监督管理委员会发布的《上市公司股权激励管理办法(试行)》(证监公司字〔2005〕151号)第28条[①]规定,"上市公司董事会下设的薪酬和考核委员会负责拟定股权激励

① 本条款已废止,在《上市公司股权激励管理办法》中有近似规定。

计划草案，考核委员会应当建立完善的议事规则，其拟订的股权激励计划草案应当提交董事会审议”。另，根据财政部、国家税务总局《关于个人股票期权所得征收个人所得税问题的通知》（财税〔2005〕35号）规定：“员工行权时，其从企业取得股票的实际购买价（施权价）低于购买日公平市场价（指该股票当日的收盘价，下同）的差额，是因员工在企业的表现与业绩情况而取得的与任职、受雇有关的所得，应按‘工资、薪金所得’适用的规定计算缴纳个人所得税。”上述相关规定显示限制性股票从性质上属于用人单位因劳动者的突出劳动贡献以及激励劳动者继续积极工作而向劳动者支付附条件的具有经济性福利的薪酬。虽然其授予时不属于劳动法强调的以法定货币形式支付，但由于其股权激励价格大幅低于股票市场价格，劳动者行权时，必然会为劳动者带来差价的收益，这部分收益可以法定货币形式得以实现。

基于上述分析，本案中文某获得授予的限制性股票应当属于薪酬组成部分，文某因其限制性股票被回购注销引起的纠纷，具有劳动者接受用人单位管理、约束和激励的劳动关系典型特征，明显不同于平等民事主体之间的普通民事合同纠纷。因此，法院认定文某诉请博彦深圳公司、博彦股份公司赔偿限制性股票损失属于劳动争议范畴。

【案例启示】

一、股权激励配套的绩效考核依据及操作应当严谨

股权激励配套的绩效考核依据及操作流程不完善易引发争议。本案例中，关于第一期限制性股票，博彦股份公司将文某2014年度绩效考核等级确定为C，并回购注销其第一个解锁期1.6万股股票。而在考核过程中，文某2014年以来的业绩及薪资情况显示，文某负责的团队2014年度奖金系数为0.8，总额为1,136,680.54元。文某所在的北美事业群负责人李某反馈绩效考核意见为文某考核得分80分，绩效等级为B。人力资源部向文某发出《2014年限制性股票第一期解禁考核结果通知》显示，文某2014年度绩效等级为B。博彦股份公司《第二届董事会考核委员会第八次会议记录》（载明日期为2015年6月26日）显示：文某考核复审结果为C。博彦股份公司第二届董事会考核委员会第九次会议确定文某：2014年度预算利润指标完成率84.3%，但财务指标只占总体任务绩效的30%，其任务绩效、管理绩效、能力绩效、周边绩效得分分别为44.2分、2.75分、2.85分、2.05分，综合考核结果为51.85分，但未提交相应管理绩

效、能力绩效、周边绩效得分的事实依据。法院经过审理后认为,博彦深圳公司、博彦股份公司将文某2014年绩效考核等级确定为C并回购注销其第一个解锁期1.6万股股票继而回购其其余获授股票的事实依据不足。另外,博彦股份公司以文某违反职业道德、泄露公司商业机密、失职等行为损害公司利益为由回购注销文某全部4万股限制性股票,但对于前述行为,博彦股份公司和博彦深圳公司无法拿出相应证据,最终法院认定公司上述行为缺乏事实依据,应当承担不利后果。不难看到博彦股份公司在整个绩效考核过程中暴露了一些问题,而这些问题正是争议产生的重要原因。

因此,拟实施股权激励的公司在激励方案设计时,要注意考核依据和操作流程的严谨性。考核依据应尽可能具有可操作性和可量化性。绩效考核的过程应严谨,相关部门应当有效衔接,相应的规章制度应当完善和具有逻辑性,绩效考核结果应当经员工确定和签字。公司应具备证据意识,及时准确收集员工违规的书面证据和不能达到实现股权激励利益的条件的证据。此外,股权激励利益实现的条件不能仅仅依赖于绩效考核结果,也要综合考量各种因素。

二、员工可通过法律途径维护自身的股权激励权益

对于员工而言,应当认识到股权激励受到法律保护。当自身权益受到损害时,可以拿起法律武器维护自己的合法利益。在工作中,遭受不公平对待,同样需要有证据意识,保留邮件记录,及时就相关问题通过邮件向上级反馈。

【案例七】彭某与深圳市富安娜家居用品股份有限公司合同纠纷案

【核心提示】

虽然激励对象与公司存在劳动合同关系,但双方之间的劳动合同关系与激励对象购买公司限制性股份形成的股权关系,属于两个独立的、不同性质的法律关系,有着不同的权利义务内容。

【案例介绍】

上诉人(原审被告):彭某。

被上诉人(原审原告):深圳市富安娜家居用品股份有限公司(以下简称富安娜公司)。

2003年11月,彭某入职富安娜公司。

2007 年 6 月 20 日，富安娜公司通过了《深圳市富安娜家居用品股份有限公司限制性股票激励计划（草案）》。同年，彭某向富安娜公司支付了 40,165 元，认购富安娜公司的股票 27,700 股。

2008 年 3 月 20 日，彭某出具《确认函》及《承诺函》，其中《确认函》主要内容为："本人彭某……现持有公司限制性股票 2.77 万股……本人同意将持有的公司限制性股票转换为同股数的无限制性的公司普通股，与公司其他普通股股东所持有的股票同股同权。"《承诺函》主要内容为："本人彭某，为深圳市富安娜家居用品股份有限公司（以下简称'公司'）的股东。截至本承诺函签署日，本人持有公司股份 2.77 万股。鉴于本人在公司任职，且是以优惠的条件获得上述股份，本人在此自愿向公司承诺：1. 自本承诺函签署日至公司申请首次公开发行 A 股并上市之日起三年内，本人不以书面的形式向公司提出辞职、不连续旷工超过七日、不发生侵占公司资产并导致公司利益受损的行为、不发生收受商业贿赂并导致公司利益受损的行为。2. 若发生上述违反承诺的情形，本人自愿承担对公司的违约责任并向公司支付违约金，违约金 =（本人持有的公司股票在证券市场可以公开抛售之日的收盘价 - 本人发生上述违反承诺的情形之日的上一年度的公司经审计的每股净资产）×（本承诺函签署日本人持有的股份 + 本人持有的公司股票在证券市场可以公开出售之日前赠送的红股）。3. 若发生上述违反承诺的情形，本人应在持有公司的股票在证券市场可以公开出售之日后三个交易日内向公司支付违约金。"

2009 年 8 月，彭某以个人原因为由向富安娜公司提出辞职。

2012 年 12 月，富安娜公司诉至法院，请求判令：（1）彭某向富安娜公司支付违约金 1,306,298.76 元（违约金暂以富安娜公司 2012 年 12 月 25 日收盘价 33.10 元为依据计算，具体支付的金额以 2012 年 12 月 30 日的收盘价计）至付清之日止的迟延付款利息（利息从 2013 年 1 月 9 日起算）；（2）本案的诉讼费用（诉讼费及保全费）由彭某承担。庭审中，富安娜公司明确其第 1 项诉讼请求中的违约金金额为 1,301,977.56 元。

一审判决：彭某应于判决生效之日起 10 日内向富安娜公司支付 1,301,977.56 元及利息（利息自 2013 年 1 月 9 日起按中国人民银行同期同档次贷款利率计算至判决确定的付款之日止）。

二审判决：驳回上诉，维持原判。

【案例评析】

一、股权激励纠纷究竟是否属于劳动争议

我们看到,案例六和案例七的一个显著区别是两个案件的案由不同,案例六是劳动争议案,案例七是合同纠纷案。

(一)案例七中,法院认定股权激励涉及的纠纷不属于劳动争议范畴

彭某在富安娜公司工作期间,向富安娜公司认购了股票,其与富安娜公司形成两种法律关系:一种是彭某基于其劳动者的身份与富安娜公司构成劳动合同关系;另一种是彭某基于其认购了富安娜公司的股票成为富安娜公司的股东,与富安娜公司形成了股东与公司之间的关系,两者为独立的、不同性质的法律关系。富安娜公司以彭某违反了其于2008年3月20日出具的《承诺函》的约定为由,要求彭某支付违约金及相关利息。从《承诺函》中"本人彭某,为深圳市富安娜家居用品股份有限公司(以下简称'公司')的股东。截至本承诺函签署日,本人持有公司股份2.77万股。鉴于本人在公司任职,且是以优惠的条件获得上述股份"的表述看,彭某是基于富安娜公司给予其购股资格成为股东后而作出的承诺,而给予彭某购股资格并非富安娜公司作为用人单位的义务。虽然《承诺函》中关于"不以书面形式向公司提出辞职、不连续旷工7日"的表述涉及劳动者应遵守的劳动纪律,但这并非劳动者为了获取工作机会而作出的承诺,承诺内容并非富安娜公司与彭某对劳动合同的补充,而是在彭某获得了以优惠价格购买富安娜公司的股票的资格后作出的承诺,即富安娜公司一方面给予彭某以优惠价格购买股票的资格,另一方面也要对彭某的行为进行一定的约束,彭某在确认将其持有的限制性股票转换为普通股票的同时作出一定的承诺,是股东基于认购股票对公司的承诺,彭某以其承诺换取股票收益。因此,法院认为,富安娜公司与彭某是公司与股东之间的普通合同纠纷,而非劳动合同纠纷。

(二)为什么两个案件会出现貌似两种不同的观点呢?

笔者试着从法律关系的角度进行分析。当事人诉争的民事法律关系的性质可能简单,也可能很复杂。一个纠纷可能只涉及一个法律关系,也可能存在多种法律关系的竞合。比如因购买一部手机引起的纠纷,如果消费者试用后不想购买了,可能只涉及买卖合同关系;如果消费者因为屏幕质量问题,要求退换货可能不仅是买卖合同关系,也可能涉及侵权法律关系。适用何种法律,需要根据案件具体情况分析纠纷涉及的主要法律关系及当事人诉讼请求的依据。股权激励

涉及的法律关系天然地具有多重属性，法律关系不同适用的法律及相关司法解释则不同。例如，若纠纷涉及的争议焦点是劳动争议问题，则适用《劳动合同法》等相关法律法规；再如，若纠纷涉及的争议焦点是双方的合同约定，不涉及劳动争议问题，则宜适用《合同法》等相关法律法规。

当前股权激励形式多样、特性不一，股权激励涉及的纠纷是否属于劳动争议范畴仍需要根据个案的实际情况予以界定。

二、股权激励是否可以约定违约金

我国《劳动合同法》第25条规定："除本法第二十二条和第二十三条规定的情形外，用人单位不得与劳动者约定由劳动者承担违约金。"第22条规定："……劳动者违反服务期约定的，应当按照约定向用人单位支付违约金。违约金的数额不得超过用人单位提供的培训费用。用人单位要求劳动者支付的违约金不得超过服务期尚未履行部分所应分摊的培训费用……"第23条规定："……对负有保密义务的劳动者，用人单位可以在劳动合同或者保密协议中与劳动者约定竞业限制条款，并约定在解除或者终止劳动合同后，在竞业限制期限内按月给予劳动者经济补偿。劳动者违反竞业限制约定的，应当按照约定向用人单位支付违约金。"我国《劳动合同法》限定了违约金的范围。

但案例七中，法院认为虽然彭某与富安娜公司存在劳动合同关系，但双方之间的劳动合同关系与彭某购买富安娜公司限制性股份形成的股权关系，属于两个独立的、不同性质的法律关系，有着不同的权利义务内容。判断《承诺函》的内容是否符合法律规定时，应适用《合同法》《公司法》，而不适用《劳动法》《劳动合同法》。根据《承诺函》，激励对象如在富安娜公司A股上市之日起3年内以书面的形式向富安娜公司提出辞职或连续旷工超过7日的，应向富安娜公司支付违约金，违约金=（激励对象持有的富安娜公司股份在证券市场可以公开抛售之日的收盘价－激励对象发生上述违反承诺的情形之日的上一年度的富安娜公司经审计的每股净资产）×（本承诺函签署日激励对象持有的富安娜股份＋激励对象持有的富安娜公司股票在证券市场可以公开出售之日前赠送的红股）。从"违约金"的计算公式不难看出，激励对象按照《承诺函》向富安娜公司支付"违约金"后所能获得的利益仍为激励对象违反承诺日上一年度经审计的每股净资产价。这体现了激励与约束相结合的原则，不存在违约金过高的情形，不违反公平原则，是合法有效的。由此，我们认为，股权激励中可以约定违约金。

【案例启示】

一、法律尚未完善规定股权激励合同纠纷的性质

现行有效法律法规对股权激励合同纠纷的性质并无明确的规定,但司法裁判中主要有两种观点:一是认为属于劳动争议纠纷,适用《劳动合同法》等法律法规;二是认为属于民事合同纠纷或者其他的纠纷类型,适用《民法总则》《合同法》《公司法》等法律法规。

二、设立持股平台

若公司不希望股权激励纠纷被认定为劳动纠纷,建议公司通过设立持股平台的方式建立防火墙,将因股权激励产生的纠纷与劳动纠纷隔离。而且,设立持股平台也可以尽量保持目标公司的股权结构稳定和股权变动的便捷性,保证实际控制人的控制权不被稀释,为将来的股权融资和上市奠定较好的基础。

三、选择合适的请求权

因股权激励发生纠纷时,当事人可以制定合理的诉讼策略,选择有利于己方的诉讼请求进行起诉。对于劳动者而言,可以倾向选择从劳动关系角度进行起诉;对于公司而言,则倾向选择从公司法律关系或合同关系的角度进行起诉。

【案例八】 广州雪霸专用设备有限公司与盘某某劳动争议案

【核心提示】

分红权激励中,激励对象基于工作表现获得分红奖励,仅享有对所有者权益增值部分的分红权利,不享有重大决策参与权、管理者选择权等权利,也不得出售或转让股权,该分红款可能被视为激励对象除基本工资外的附加劳动报酬。

【案情介绍】

原告:广州雪霸专用设备有限公司(以下简称雪霸公司)。

被告:盘某某。

2016 年 1 月 1 日,雪霸公司发布《公司股权激励制度》,决定对公司有重大贡献的员工进行股权激励。其中第 2 条"公司股权激励模式"记载:"……激励股权是公司对内名义上的股权、不在工商进行股东登记、只拥有参与公司税后利润分配的权利,员工没有表决权,不得抵押、出售或转让股权。"第 3 条"股权基数及标准"记载:"以公司财务报表上的实物资产为准(无形资产及虚拟增资除

外），所有者权益余额480万元为基数，被激励者按其分配得的实际股权享受所有者权益增值部分的分红权利，符合公司规定的还可享受包含基数480万元在内的所有者权益总额的股权。”第4条“享受股权激励的对象及范围”第5项记载：“范围：公司高级管理人员、各部门主要管理人员、公司主要技术骨干、其他特殊人才有特殊贡献的人。”第5条“股权的管理”第2款“权利”第2项记载：“被激励者参与公司经营管理，提出合理建议，但不承担公司债务责任的风险。”该制度还对被激励者竞业限制、商业秘密保护等进行规定。

2016年5月1日，盘某某入职雪霸公司后任开发部主管，双方有签订书面劳动合同及竞业限制、商业秘密保护的补充协议。雪霸公司基于前述《公司股权激励制度》向盘某某分配5%的分红权，并按照盘某某的工作考核得分发放相应的分红奖励。

2018年3月31日被告盘某某离职。

雪霸公司认为盘某某作为公司高级管理人员，于任职期间与雪霸公司股东之一陆某某共同成立与雪霸公司经营范围相同的雄海公司，并利用职务便利获取公司技术资料及客户资料，在任职期间及离职后将原本属于雪霸公司的客户订单转给雄海公司，损害了雪霸公司利益。

2018年5月，原告雪霸公司诉至法院，请求判令：(1)被告盘某某向原告雪霸公司返还股权分红款122,235元；(2)被告盘某某向原告雪霸公司赔偿损失177,765元；(3)被告盘某某承担本案诉讼费。

法院裁定：驳回雪霸公司的起诉。

【案例评析】

一、该案是否属于损害公司利益责任纠纷

损害公司利益责任纠纷是指公司股东滥用股东权利或者董事、监事、高级管理人员违反法定义务，损害公司利益而引发的纠纷。其他人员由于侵权行为或者违约行为损害了公司利益，不属于此类纠纷。结合《公司股权激励制度》的规定及雪霸公司的主张，盘某某基于工作表现获得激励股权，但仅享有对所有者权益增值部分的分红权利，不享有重大决策参与权、管理者选择权等权利，也不得出售或转让股权，故不属于公司法规定的股东。现无证据证明盘某某系雪霸公司的董事或者监事。根据《公司法》第216条的规定，盘某某亦不属于雪霸公司的高级管理人员。因此，法院认定本案不属于损害公司利益责任纠纷。

二、案涉分红款引起的纠纷是否属于劳动争议

《公司股权激励制度》载明案涉分红款用于激励对公司有贡献的员工,同时对分红款的履行及竞业禁止、商业秘密保护等违约责任进行了约定。雪霸公司在实际操作中系根据盘某某的工作考核情况计付具体分红款数额,可见该分红奖励基于双方的劳动关系产生,既是对盘某某劳动力价值的体现,也包含对竞业限制补偿的性质,应视为盘某某在雪霸公司工作除基本工资外的附加劳动报酬。因此,法院认定雪霸公司以盘某某违反公司股权激励制度、侵害公司合法权益为由,要求盘某某退还分红款项并赔偿损失,属于劳动争议。

【案例启示】

分红权激励相较于其他股权激励方式,操作更加灵活,激励力度也更大。发挥分红权激励主要依靠科学的激励方案。分红权激励要与特定的激励目标相结合,与科学的考核体系相结合、与现有薪酬体系相结合。严格来讲分红权激励属于企业整体薪酬激励体系的一部分,其有效的使用必须与企业现有的人员、考核、薪酬体系相结合,进行系统的构划。

第三节　公司盈余分配纠纷

股东的盈余分配请求权即股利分配请求权，是股东自益权的一种，是股东基于其股东地位依法享有的请求公司按照自己的持股比例向自己分配股利的权利。在公司存续的情况下，盈余分配请求权是股东从公司获取投资回报的主要手段。所以，盈余分配纠纷，也成了股权激励纠纷中的一类常见纠纷。

【案例九】　肖某某诉上海市相互广告有限公司公司盈余分配纠纷案

【核心提示】

公司盈余分配请求权是具有公司股东资格和地位的股东依法享有请求公司按照自己的持股比例向其分配红利的权利。激励对象自始就不具备公司股东身份的，无权主张公司盈余分配。

【案情介绍】

上诉人（原审原告）：肖某某。

被上诉人（原审被告）：上海市相互广告有限公司（以下简称相互广告公司）。

2009 年 7 月 9 日相互广告公司成立，股东为李 A 与贾 B，分别享有 90% 和 10% 的股权。

2011 年 6 月 16 日，李 A、肖某某、周 E、白 F 在广东品然律师事务所签订了股权激励方案。股权激励方案载明："……5. 每个激励人员可享有 2011 年至 2012 年两个会计年度内 5% 公司股权对应的分红权。根据两个会计年度内获得的股权红利总额来认购公司 5% 的股权，红利总额大于所认购股权价格的，多出红利退还激励人员，反之，激励人员出资补足。……7. 激励人员可自主决定是否将个人每个会计年度结束后所获得的股权红利用于认购公司股权，如决定不认购公司股权的，则将股权红利退还给激励人员。……11. 激励人员完成对公司股权的认购后，正式成为公司股东，享有股东权利。”

2014 年 3 月 12 日肖某某诉至法院，请求判令：(1) 相互广告公司支付肖某某 2011 年会计年度内 5% 股权对应的分红 10 万元及其 3 年来未分红产生的利息 73,800 元；(2) 相互广告公司支付肖某某 2012 年会计年度内红利 15 万元及其 2 年来产生的利息 73,800 元；(3) 相互广告公司支付肖某某 2013 年会计年度内应分红利 20 万元。

一审判决：驳回肖某某的全部诉讼请求。

二审判决：驳回上诉，维持原判。

【案例评析】

1. 肖某某是否具备相互广告公司的股东身份，享有公司盈余分配权？

公司盈余分配请求权是具有公司股东资格和地位的股东依法享有请求公司按照自己的持股比例向其分配红利的权利。案例中，肖某某在原审中是以其作为相互广告公司的股东身份提起本案诉讼的，但股权激励方案对于肖某某如何才具备股东身份是有明确约定的，即股权激励方案关于股权认购计划中第 7 条及第 11 条，也就是说，肖某某对于 2011 年度及 2012 年度内获得的股权红利有两种选择：第一种即以该股权红利认购股权后成为公司股东，第二种是不认购股权而直接领取红利。在二审庭审中，肖某某已明确其选择的是第二种方式，由此说明肖某某自始就不具备相互广告公司的股东身份，而本案显然也并非公司法意义上的公司盈余分配纠纷。因此，肖某某以其作为相互广告公司的股东主张公司盈余分配，法院不予支持。

2. 股权激励方案是否能代表相互广告公司的真实意思表示？

依法签订的协议合法有效，受到法律保护。案例中，股权激励方案上没有相互广告公司的盖章确认，肖某某主张李 A 作为公司的大股东及实际控制人在股权激励方案中的签字即代表相互广告公司，因此，该股权激励方案对相互广告公司有约束力。首先，股权激励方案中涉及的是相互广告公司的股权及股权红利，而股权及股权红利的拥有者和有权处分者是公司的股东而非公司，因此无法推断出股权激励方案是以公司名义形成的；其次，在股权激励方案中关于李 A 的身份是明确的，李 A 是作为相互广告公司创始人股东参与的，并非以公司名义参与的；最后，股权激励方案的概述亦明确该方案经肖某某等参与激励人员与创始人股东李 A 签字确认，即可作为各自所签订的股权转让协议的补充文件，对股权转让协议存争议之处起解释作用。由此可见，此方案约束的是股东对股权或股权红利的处置行为，而不是公司的行为。因此，法院认为因股权激励方案并无相互广告公司签章，虽有相互广告公司股东李某签字，但未有证据证明李某得到相互广告公司的授权，在相互广告公司另一股东贾某未追认的情况下，股权激励方案对相互广告公司不具有约束力。当然，法院也未否认股权激励方案签订各方当事人的真实意思表示，肖某某可依股权激励方案的约定向相关人员主张权利。

【案例启示】

股东的盈余分配请求权即股利分配请求权，是股东自益权的一种，指股东基于其股东地位依法享有的请求公司按照自己的持股比例向自己分配股利的权利。在公司存续的情况下，盈余分配请求权股东是从公司取得投资收益的重要途径。根据《公司法》第 37 条、第 46 条等规定，公司利润的分配方案由董事会制定，由股东会决定。根据最高人民法院《关于适用〈中华人民共和国公司法〉若干问题的规定(四)》第 15 条规定，“股东未提交载明具体分配方案的股东会或者股东大会决议，请求公司分配利润的，人民法院应当驳回其诉讼请求，但违反法律规定滥用股东权利导致公司不分配利润，给其他股东造成损失的除外”。股东还需提交载明具体分配方案的股东会或者股东大会决议。

实践中如果公司给予员工虚拟股权后但不分红时，员工会相对比较被动。为防止该等风险，员工在签署虚拟股权授予协议时，宜要求公司或者大股东/实际控制人在协议中将分红的条件、时间、分红计算基数、违约责任等提前做好明确约定，一旦公司未按照协议约定支付分红款，员工维权也有据可依。此外，根据本案例中法院的观点，即便股权激励方案对相互广告公司具有约束力，按方案的约定，肖某某所享有的也是向相互广告公司主张虚拟股权对应公司利润的现金奖励，双方间应属劳动关系争议，但双方间劳动争议已经黄浦区劳动人事争议仲裁委员会调处后，无其他争议，肖某某也丧失主张的权利。我们建议，此类案件中的员工宜通过劳动纠纷来处理，可能会更好地维护自身权益。

【案例十】王某某与亨特道格拉斯建筑产品(中国)有限公司公司盈余分配纠纷案

【核心提示】

“薪酬”作为一个复合概念,包含“薪金”和“报酬”两层内容,指的是劳动者个人劳动的全部所得。薪酬有广义、狭义之分:狭义薪酬不包括福利;广义薪酬除了包括员工的货币收入、非货币收入之外,还包括一些长期或延期支付的报酬形式,如法定福利、企业分红、利润分享、股票期权等。

【案情介绍】

原告:王某某。

被告:亨特道格拉斯建筑产品(中国)有限公司(以下简称亨特道建筑中国公司)。

原告于2002年起担任被告董事长、总经理,之后又担任被告投资公司亨特集团的亨特建材产品中国地区董事长、总裁。2003年10月,亨特集团(Hunter DouglasInternational N. V.)与原告签署一份“股权激励协议”(生效日为2003年1月1日),约定协议标的是向原告授予与亨特集团所有全资的子公司——位于上海的亨特建筑产品(上海)有限公司和亨特中国有限公司以及位于北京的亨特建筑产品(北京)有限公司(“运营机构”)的业务和运营的增值部分有关的经济利益和奖励。

2014年2月19日,原告与亨特集团亚洲区总裁梁某某共同签署“关于福利与费用审批流程的备忘录”一份。该份备忘录记载:“王某某先生与亨特集团分别于1993年9月签署‘雇佣协议’、2013年11月1日签订‘关于工作安排’的文件,并确认生效2016年1月1日~2018年12月31日为期三年的竞业限制期,2014年1月1日关于任免决定的董事会决议生效。截至2014年1月1日,王某某在集团和公司的主要奖励/福利待遇均兑现执行完毕(如股权激励、二金)。以下确认王某某(2014年1月1日至2015年12月31日)的日常福利待遇标准和支付审批流程,备忘如下:1. 年基薪标准与日常福利待遇的标准和支付审批流程不变,与2013年(或之前年份,下同)的标准与规定相同,即周期性(月工资/年保险金)的支付按公司2013年的流程执行,零星费用按原集团管理人员费用报销流程的规定执行,然后由财务部按季汇总后递交亚洲区总裁审批。2. 月薪资和日常福利待遇与费用的支付操作办法如下:(1)月基薪的数额与发放日期与2013年相同,剩余部分为年度分红在当年的10月15日之前一次性支付至王某某工资账号内……本备忘录一式二份,集团亚洲区总部、王某某各执一份,有效期为2014年1月1日至2015年12月31日王某某办理法定退休手续后。”

2015年1月,原告诉至法院,要求:(1)被告支付原告2014年度分红款2,108,626.40元(税前为2,635,183元,扣除分红款20%税率代扣代缴个人部分的所得税527,036.60元);(2)被告支付原告以2,635,183元为基数,自2014年10月16日至判决生效之日止,按中国人民银行同期贷款基准利率(年6%)计算的利息损失;(3)被告支付原告2013年克扣的分红款132,562元(税前165,640元,扣除分红款20%税率代扣代缴个人部分的所得税33,128元);(4)被告支付原告以132,562元为基数,自2014年8月10日至判决生效之日止,按中国人民银行同期贷款基准利率(年6%)计算的利息损失;(5)被告支付原告未及时、足额支付分红款的违约金3,600,000元。

一审判决:(1)被告亨特道建筑中国公司于本判决生效之日起10日内支付原告王某某2014年度分红款2,108,626.40元;(2)被告亨特道建筑中国公司于本判决生效之日起10日内支付原告王某某以2,108,626.40元为基数,自2014年10月16日至判决生效之日止,按年5%计算的利息损失;(3)驳回原告王某某的其他诉讼请求。

【案例评析】

2014年度分红款的性质是什么?

亨特道建筑中国公司认为王某某的股权激励已在2012年履行完毕,因王某某不享有股权,所以之后的款项只是薪资给付。并且2011年至2014年的分红款数额一致,系固定年薪的一部分,故争议的年度分红款系王某某的劳动报酬。尽管王某某2012年至2014年的年度分红款均为2,635,183元,但亨特道建筑中国公司文件记载了王某某2009年度分红款2,205,619元、2010年度分红款2,314,094元、2011年度分红款2,453,698元。因此,王某某在担任亨特道建筑中国公司董事长、总经理期间每年获取分红款的金额并不是一个固定数额,亨特道建筑中国公司认为该年度分红系固定年薪的一种支付方式没有依据。不可忽视的一个事实是,王某某获取年度分红,每年均由亨特道建筑中国公司的投资人亨特集团的亚洲区总裁梁某某审批后发放,而一般的固定劳动报酬,是不需要审批环节的。“薪酬”作为一个复合概念,包含“薪金”和“报酬”两层内容,指的是劳动者个人劳动的全部所得。薪酬有广义、狭义之分:狭义薪酬不包括福利;广义薪酬除了包括员工的货币收入、非货币收入之外,还包括一些长期或延期支付的报酬形式,如法定福利、企业分红、利润分享、股票期权等。从亨特道建筑中国公司记载的文件内容来看,王某某担任亨特道建筑中国公司董事长、总经理期间获取的,除了福利待遇之外分为三部分:一部分为年基薪,一部分为年终分红,一部分为业绩分红。从2004年度至2007年度的补发,直至之后几年,年终分红与业绩分红与公司业绩挂钩,均为不同金额。在多元化的薪酬结构中,依据每年由亨特道建筑中国公司股东代表梁某某审批的核发数额,争议款项属于公司法意义上的高管薪酬纠纷。

【案例启示】

通常情况下,被激励对象并不具有股东资格,未进行股权登记,如果以股东身份向公司主张权利,可能不会得到法院支持。但被激励对象可以依据已经签署的股权激励协议和股权激励方案,向相关当事人主张权利。在本案例中,法院按照与公司有关的纠纷进行处理,王某某获得了分红款。

第四节　股东资格确认纠纷

随着人才竞争的激烈和公司治理理念的变化，越来越多的企业选择股权激励的方式吸引人才。但一些企业缺乏管理理念和股权结构的顶层设计，相关协议约定不完善，使得公司股东身份真假难辨、模糊不清，由此产生不少纠纷，既没有起到调动员工积极性的作用，还可能阻碍公司的发展。

【案例十一】董某某与华泰保险集团股份有限公司股东资格确认纠纷案

【核心提示】

依照激励计划的内容，激励对象因辞职而离职时，其获授的未归属的限制性股票取消归属，已归属的限制性股票按退出定价原则，由信托机构支付现金给激励对象，相应的股份归入股权激励库。激励对象请求直接确认其享有公司股权的，法院将不予支持。

【案情介绍】

上诉人（原审原告）：董某某。

被上诉人（原审被告）：华泰保险集团股份有限公司（以下简称华泰保险集团公司）。

2007年1月8日，董某某与华泰财产保险股份有限公司签订劳动合同，合同期限自2007年1月8日起至2012年1月7日止。后华泰财产保险股份有限公司更名为华泰保险集团股份有限公司。

根据2007年3月《华泰财产保险股份有限公司长期股权激励计划实施方案（草案）》（以下简称激励计划），华泰保险集团公司前身华泰财产保险股份有限公司长期股权激励计划的激励对象为华泰财产保险股份有限公司的高级管理人员及关键岗位的核心业务骨干。按照激励对象的个人绩效结果、服务年限确定激励对象年度长期激励实际额。根据一定的定价原则，将激励对象当年获授的长期激励实际额折算为限制性股票，并通过向信托机构提交书面指令，将激励对象获授限制性股票对应的可期待的信托收益权在4年内以递增归属的方式归属给激励对象。激励对象持有的信托受益权在4年内以递增归属的方式归属给激励对象。激励对象持有的信托受益权与公司股票相对应；在条件成就时，由信托机构根据指令将激励对象持有的信托受益权所对应的公司股票过户到激励对象名下。激励计划还规定了限制性股票授予的具体计算方式，并规定，激励对象因辞职或因公司解聘而离职时，其获授的未归属的限制性股票取消归属，已归属的限制性股票按退出定价原则，由信托机构支付现金给激励对象，相应的股份归入股权激励库。

2011年10月12日，华泰财产保险股份有限公司与董某某签订《协商解除劳动关系协议书》，双方确定协商解除劳动关系的时间为2011年10月31日。

2015年8月18日和9月14日，华泰保险集团公司单方确定了董某某退出股权激励计划应得的金额，共向董某某账户分两次汇款35,904.17元。

2015年9月，董某某向法院提起诉讼，请求判令：(1)确认董某某系华泰保险集团公司股东，享有88,726股股权；(2)华泰保险集团公司向董某某签发出资证明书、将董某某记载于股东名册并到工商登记机关办理工商登记事宜；(3)本案的诉讼费由华泰保险集团公司承担。

一审判决：驳回原告董某某的诉讼请求。

二审判决：驳回上诉，维持原判。

【案例评析】

董某某是否已经受让或者以其他形式继受了华泰保险集团公司的股权？

董某某主张自己应当成为华泰保险集团公司的股东的依据是华泰保险集团公司实行了股权激励计划。华泰保险集团公司的股权激励计划规定，“按照激励对象的个人绩效结果、服务年限确定激励对象年度长期激励实际额。根据一定的定价原则，将激励对象当年获授的长期激励实际额折算为限制性股票，并通过向信托机构提交书面指令，将激励对象获授限制性股票对应的可期待的信托收益权在四年内以递增归属的方式归属给激励对象。激励对象持有的信托受益权在四年内以递增归属的方式归属给激励对象。激励对象持有的信托受益权与公司股票相对应；在条件成就时，由信托机构根据指令将激励对象持有的信托受益权所对应的公司股票过户到激励对象名下”。由此可见,华泰保险集团公司的激励对象获得的并非华泰保险集团公司的股权,而是一种“限制性股票”,一种“可期待的信托受益权”。且股权激励计划还规定了“激励对象因辞职或因公司解聘而离职时,其获授的未归属的限制性股票取消归属,已归属的限制性股票按退出定价原则,由信托机构支付现金给激励对象,相应的股份归入股权激励库”。由此可见,董某某主张其因华泰保险集团公司的股权激励计划而取得华泰保险集团公司的股东资格,缺乏证据,故法院对其主张不予支持。

【案例启示】

最高人民法院《关于适用〈中华人民共和国公司法〉若干问题的规定(三)》第22条规定:“当事人之间对股权归属发生争议,一方请求人民法院确认其享有股权的,应当证明以下事实之一:(一)已经依法向公司出资或者认缴出资,且不违反法律法规强制性规定;(二)已经受让或者以其他形式继受公司股权,且不违反法律法规强制性规定。”因此,以“股东资格确认纠纷”为案由进行起诉,主张确认股东资格的一方应举证证明其股东资格的取得方式,未能提供证据或者证据不足以证明其事实主张的,其主张确认股东资格的诉讼请求很难得到支持。

【案例十二】 张某一与北京尚学跨考教育科技有限公司股东资格确认纠纷案

【核心提示】

《股权激励计划备忘录》《股权激励计划草案》系签署方的真实意思表示,不违反国家法律法规的效力性强制性规定,合法有效,激励对象及公司均应受此约束。激励对象已支付了股权转让款的,应认定股权的授予条件已经具备。

【案情介绍】

上诉人(原审原告):张某一。

被上诉人(原审被告):北京尚学跨考教育科技有限公司(以下简称尚学公司)。

原审第三人:张某二、张某三、曹某某。

2012年10月16日,甲方尚学公司与乙方张某一签订《股权激励计划备忘录》。

2012年10月16日,尚学公司向张某一出具收据,载明股权认购款6万元(款项自2013财年年终奖中扣除)。股权激励分两期进行,第一期6万股,授予时间:2012年10月16日;第二期4万股,授予时间:公司第二次股改时。转让价格:1元/股,第一期转让款从乙方2013财年年终奖中扣除。

2012年10月16日,张某一在《北京尚学跨考教育科技有限公司股权激励计划(草案)》(以下简称《股权激励计划草案》)上签字确认。《股权激励计划草案》载明:公司授予本次股权期权激励计划(以下简称本计划)限定的激励对象(以下简称激励对象)公司实际财产总额4.64%的股权,激励对象获得的股权期权,拥有在本计划有效期内的可行权日按照预先确定的行权价格受让公司股权的权利……本股权激励计划的有效期为2年,自授权日起计算,授权日为2012年5月14日。公司将在2012年5月14日按公司实际财产总额的4.64%向符合授予条件的激励对象授予标的股权。授权日后即可行权,行权有效期为2年,行权有效期后,该次授予的期权的行使权利自动失效,不可追溯行使……激励对象离职,如果股东离开本公司工作岗位,其股权原则上应全部转让给其他股东或由公司回购,例外情况除外。

2015年10月27日,张某一自尚学公司离职。

2016年1月27日,张某一提起本案诉讼,请求判决确认张某一为尚学公司股东。

一审判决:驳回原告张某一的诉讼请求。

二审判决:驳回上诉,维持原判。

【案例评析】

能否确认张某一为尚学公司股东?

《股权激励计划备忘录》《股权激励计划草案》系签署方的真实意思表示,不违反国家法律法规的效力性强制性规定,合法有效,张某一及尚学公司均应受此约束。《股权激励计划草案》规定股权激励对象应在2012年5月14日之日起2年内以预定的价格和条件受让公司股权,并约定了股权的授予程序和行权条件程序:须公司与激励对象签订《股权期权转让协议书》,激励对象未签署《股权期权转让协议书》或已签署《股权期权转让协议书》但未按照付款期限支付受让标的股权款的,视为该激励对象放弃参与本次授予。张某一与尚学公司虽未按照规定的条件与程序签署《股权期权转让协议书》，但张某一未放弃股权激励且已支付了股权转让款，未签署的原因应归属于尚学公司，况且张某二作为尚学公司的法定代表人在2015年7月13日在与张某一的谈话中曾确认授予张某一的6万股股权不变，故应认定股权的授予条件已经具备。鉴于双方均确认授予激励对象的股权仍应保留在公司现有股东名下，且张某一已经从尚学公司离职，按《股权激励计划草案》规定，离职股东的股权原则上应由公司回购或转让给其他股东。故张某一要求确认其系尚学公司股东缺乏依据，法院不予支持。

【案例启示】

1. 若被激励员工满足了公司的股权激励制度文本设定取得公司股权的条件，那么员工将可能取得公司的股东资格。

根据最高人民法院《关于适用〈中华人民共和国公司法〉若干问题的规定（三）》第22条的规定，公司员工若主张通过公司的股权激励计划取得公司股权，需提供其出资或继受股权的证据。同时需证明股权激励相关书面材料（包括但不限于《股权激励计划备忘录》《股权激励计划草案》等）系双方的真实意思表示，且不违反国家法律法规的效力性强制性规定，保证股权激励书面材料合法有效，不存在无效或可撤销的情形。公司员工是否取得公司的股权，人民法院将审查相关证据并结合股权激励方案进行认定。

本案例中，虽然法院驳回张某一的诉讼请求，但法院认为，《股权激励计划备忘录》《股权激励计划草案》系张某一、尚学公司的真实意思表示，未违反国家法律、行政法规的强制性规定，合法有效，对于张某一及尚学公司均具有约束力。根据当事人陈述及本案证据情况，一审法院认定张某一已交纳了6万元股权认购款，即所诉请的股权授予条件已经具备，具有事实依据。

2. 为避免争议，股权设计时需要明确员工获得的是否为真正的"股权"。

随着人才竞争日渐激烈及公司治理理念的变化，越来越多的企业选择以股权激励的方式绑定人才，但某些企业因内控制度尚未规范、管理者缺乏管理理念、企业股权结构未进行合理设计、股权激励相关协议制定不完善等诸多原因，导致企业因股东身份真假难辨、模糊不清而产生纠纷，使得股权激励不但未起到调动员工积极性的作用，还极有可能阻碍公司的发展。因此，对于企业而言，在进行股权激励的方案设计时，决策者需要慎重考虑，明确股权激励的方式是希望员工获得类似奖金的权利还是希望让员工成为企业股东,以便企业提前做好法律风险的预防和准备。如果激励方式不明确,则可能选错股权激励的模式,在方案落地时存在企业与员工出现不同理解,不利于员工关系、股东关系的长期稳定,也无法实现股权激励的目的。对于员工而言,也要清楚地认识到股权激励不一定取得的都是股权,可能是其他类型的权利和权益。股权激励模式各有不同和优劣,企业需要结合自身和员工的实际情况,选择适合企业自身的股权激励模式。

第五节　确认合同无效相关的案例

股权激励的相关文件属于公司意思自治的范畴，但亦应当符合法律规定。与上市公司不同，非上市公司关于股权激励的规定并不多，更多依赖于协议约定，这对公司和员工都提出了较高的要求，因为一旦相关文件被认定为无效，对公司和对员工都会产生较大的影响。

【案例十三】冷某某与杭州班克控股有限公司股东资格确认纠纷案

【核心提示】

以股权转让方式实施股权激励的，不符合章程规定的，转让可能被认定为未生效。

【案情介绍】

原告：冷某某。

被告：杭州班克控股有限公司（以下简称班克公司）。

第三人：徐某某。

2011年11月22日，冷某某进入浙江宇信班克信息技术有限公司工作，杭州班克控股有限公司原为浙江宇信班克信息技术有限公司的股东。

2012年3月22日，冷某某与徐某某签订《股权转让协议》一份，约定徐某某将其在班克公司持有的0.45%共2.72万元股权转让给冷某某，转让价格为1∶1，转让价款为1元。

2012年3月22日，冷某某与徐某某签订《关于股权转让价款交割等的协议书》一份，对前述《股权转让协议》作了补充，约定：1.共2.72万元股权的转让价款共计2.72万元，支付方式：（1）冷某某先期支付1.82万元给徐某某，冷某某享有对应的1.82万股的表决权及分红权，未付的0.90万元股权合计未付转让款

0.90 万元的支付及相应的表决权及分红权行使按下述约定执行;(2)冷某某未在2012年度(含本年)离开浙江宇信班克信息技术有限公司,徐某某将冷某某未付的0.90万元股权转让款0.90万元中的50%的表决权及分红权释放给冷某某,冷某某无须支付该50%部分对应的款项;(3)冷某某未在2013年度(含本年)离开浙江宇信班克信息技术有限公司,徐某某将冷某某未付的0.90万元股权转让款0.90万元中的25%的表决权及分红权释放给冷某某,冷某某无须支付该25%部分对应的款项;(4)冷某某未在2014年度(含本年)离开浙江宇信班克信息技术有限公司,徐某某将冷某某未付的0.90万元股权转让款0.90万元中的25%的表决权及分红权释放给冷某某,冷某某无须支付该25%部分对应的款项;(5)如在本协议及后续章程签订备案后,在2014年年底前离开浙江宇信班克信息技术有限公司的,则所持的全部股权不享有表决权,分红权按离开时所拥有的比例(该比例可依章程中的规定确定)行使。2.徐某某收到转让款后,由班克恪尽职责在2012年4月10日前完成工商变更,登记冷某某为股东;公司变更登记完成后15日(或1个月)内班克公司签发给冷某某持股证明。

2012年3月30日,冷某某将股权转让款1.82万元打给徐某某。原告冷某某诉称,前述2.72万元股,其中1.82万股系通过支付股权转让对价获得,0.9万股系通过股权激励获得。

2012年10月17日,冷某某辞职。

2015年5月29日,冷某某向法院起诉,请求判令:(1)依法确认原告系被告公司股东,原告持有被告2.27万元公司股权即持股比例为0.38%;(2)被告5日内向原告签发《出资证明书》,将原告记载于公司股东名册及公司章程,并至杭州市××新区(滨江)工商行政管理局办理工商变更登记;(3)本案诉讼费用由被告承担。

一审判决:驳回原告冷某某的诉讼请求。

【案例评析】

徐某某与冷某某之间的股权转让合同是否生效?

徐某某作为公司股东,向股东以外的人冷某某转让股权,根据公司章程的规定及公司法的相关规定,需经其他股东过半数同意。现未经其他股东过半数同意,且股东方某愿意在同等条件下优先购买该股权,因此徐某某与冷某某之间的股权转让合同未生效。对冷某某的诉讼请求,法院不予支持。冷某某因股权转让已支付给徐某某的转让款,徐某某应予返还。

【案例启示】

《公司法》第 71 条第 2 款规定:“股东向股东以外的人转让股权,应当经其他股东过半数同意。股东应就其股权转让事项书面通知其他股东征求同意,其他股东自接到书面通知之日起满三十日未答复的,视为同意转让。其他股东半数以上不同意转让的,不同意的股东应当购买该转让的股权;不购买的,视为同意转让。”大多数企业实施实股激励是由大股东或实际控制人主导,在股权激励实施过程中(一般为 3 ~5 年的时间),可能出现股权转让、离婚分割、股权继承、股东改变心意等种种情况。若在实股激励过程中,签约主体仅为大股东,或者公司为签约主体但欠缺有效股东会决议,或者其他股东主张优先购买权,那么激励对象在股权激励中获得股权可能会被认定为无效。因此,为避免争议,以实股方式实施股权激励的,宜经过所有股东同意。

第六节 损害公司利益相关的案例

公司可以约定员工损害公司利益时如何处理股权激励事宜,但收回员工获授的激励股权的条件不得违反法律法规。股权激励一般周期较长,期间可能出现各种情况,实施股权激励的公司在进行设计时,宜尽可能考虑全面,并提前做好预防和规划,设置好回购条件、收回条件和退出条件。

【案例十四】 魏某某与北大方正集团有限公司合同纠纷案

【核心提示】

公司以虚拟股权的形式附条件的授予激励对象相应权利,亦有权在特定情形下收回所授予的权利,此系双方当事人共同意思表示一致的结果。同时,公司将激励对象给该公司造成实质性损害,或者受到刑事处罚作为权利收回的情形,并未损害国家、集体或第三方的利益,亦未违反法律、行政法规的强制性规定。

【案情介绍】

上诉人(原审原告):魏某某。

被上诉人(原审被告):北大方正集团有限公司(以下简称方正公司)。

2003 年 10 月至 2008 年 3 月,魏某某担任方正公司下属企业武汉正信国有资产经营有限公司(以下简称正信公司)的常务副总裁。

2007 年 1 月 1 日,方正公司出具一份《激励方案》。根据该方案的文本内容记载,该方案适用于集团公司和集团所属各企业。方案中集团系指方正公司,所属各企业系指集团所属全资、控股公司。方案采用虚拟股票持股模式。方案中虚拟股票持股模式是指集团授予激励对象的一种收益凭证,称作虚拟股票,虚拟股票的价值与其对应的标的股票的价格挂钩。集团选择集团及所属企业核心管理人员、技术人员以及其他骨干员工作为股权激励计划的激励对象。股票激励计划开始时，激励对象签订虚拟股票授予协议，按协议约定的价格和数额优惠购买或认购集团用于股权激励的虚拟股票。虚拟股票授予后自动进入锁定期。锁定期为自集团或所属企业人力资源部和激励对象签订协议书之日起3年，锁定期内激励对象不得行权。锁定期届满自动进入行权期，行权期为3年。在行权期内，激励对象可以根据个人意愿决定按照所持有的各支虚拟股票的数量比例继续持有或者行权。在行权期届满后，集团或所属企业有权全部收回未行权的虚拟股票，当期支付的购股款项不返还。当期支付模式的行权方式，在行权时可行权股票的即期价值总额超过同比例可行权股票的购股资金时，可行权股票的购股资金可以首先从可行权股票的即期价值总额中扣除并返还激励对象，余额部分按照相关规定计税，并以现金形式兑现；当行权时可行权股票的即期价值总额低于或等于同比例可行权股票的购股资金时，激励对象可选择按照可行权股票的即期价值总额返还购股资金，或者选择推迟行权。激励对象被解雇、免职时，激励对象因严重失职、给集团造成实质性损害，或因受到刑事处罚而被解雇、除名的，其授予的虚拟股票由集团全部收回，当期支付的购股款项不返还。

2007年6月21日，方正公司（甲方）与魏某某（乙方）共同签订一份《协议书》（编号F-LTI-M-150）。根据《协议书》约定了甲方制定的激励方案，并且乙方已充分理解该文件的全部内容。

2008年3月，魏某某在虚拟股票锁定期内提出辞职，要求离开正信公司，后与方正公司就新任职位问题未再达成统一意见。魏某某曾向方正公司主张过虚拟股票的权益，但该公司不予答复。

2010年8月26日，湖北省武汉市武昌区人民法院作出（2010）武区刑一初字第338号刑事判决书。根据判决书记载，该院认为，被告人魏某某身为正信公司常务副总裁，在未经正信公司董事会及方正公司同意的情况下，超越职权范围，利用全面主持公司工作的职务之便，采取欺骗、侵吞等手段将本单位资金共计人民币2,167,116元和价值人民币2217.89万元的捷达大厦、兰陵路、九龙井小区三处房产非法占为己有，数额巨大，其行为已构成职务侵占罪。被告人魏某某还利用职务之便，挪用本单位资金共计人民币11,136,332元归个人使用，进行营利活动，数额巨大且至今尚有人民币6,936,332元未予退还，其行为已构成挪用资金罪。被告人魏某某犯有数罪，应当数罪并罚。此外，该院认为，被告人魏某某在该案中的行为已不仅仅是违反了方正公司和正信公司内部管理制度，而且符合职务侵占罪和挪用资金罪的主观、客观构成要件,应依法定罪处罚。最终,该院判决被告人魏某某犯职务侵占罪,判处有期徒刑13年,并处没收财产人民币20万元;犯挪用资金罪,判处有期徒刑9年,决定执行有期徒刑20年,并处没收财产人民币20万元。

2015年,魏某某依法向人民法院提起诉讼,要求判令方正公司向魏某某返还购股资金166,250元,并向魏某某赔偿相应利息损失(按照中国人民银行同期5年期贷款利率标准,自2007年8月6日起计算至实际返还之日止)。

一审判决:驳回魏某某的诉讼请求。

二审判决:驳回上诉,维持原判。

【案例评析】

魏某某是否有权要求方正公司返还其已经支付的166,250元购股资金?

第一,根据《协议书》与《激励方案》的内容,方正公司系通过虚拟股权的形式对魏某某进行激励。所谓虚拟股权,即方正公司以其所持有的第三方公司的股权作为基础,在魏某某支付相应的购股资金后,并不进行实质上的股权交割手续,而仅是授予其在约定之条件得以成就的情况下,按照上述股权的即期价值获取相应现金收益的权利。换言之,方正公司的具体激励方式系在不改变股权归属主体的前提下向激励对象附条件地支付前述股权之可得现金收益。同时,对于激励对象所支付的购股资金,则随虚拟股权的授予而一并转化为其所享有的待行权内容的组成部分,并于激励对象最终行权时再向其予以返还。同时,虚拟股权在激励对象行权时的即期价值,将最终决定激励对象有可能取得之权益的范围。上述各方面内容,共同构成了方正公司与魏某某之间围绕虚拟股权激励事项的完整权利义务内容。

第二,根据方正公司所制定之《激励方案》的明确规定,激励对象如给方正公司造成实质性损害,或者受到刑事处罚,则其获授的虚拟股票由该方正公司全部收回,且当期支付的购股资金不返还。同时,根据人民法院生效判决的内容显示,魏某某确因职务侵占罪和挪用资金罪被判处有期徒刑,且其犯罪内容亦涉及方正公司的权益问题,此种情形与《激励方案》的上述规定内容确属一致。同时,按照方正公司所述,上述情形又确系该公司主张魏某某无权要求返还其购股资金的直接依据,而魏某某则认为《激励方案》中的上述规定内容应属无效。我国《合同法》第52条[①]规定："有下列情形之一的，合同无效：……（五）违反法律、行政法规的强制性规定。"首先，《激励方案》虽约定激励对象因受到刑事处罚而被解雇、除名时，当期支付的购股款项不返还，但上述内容中涉及的与刑事处罚相关的内容，系双方约定的对魏某某持有的虚拟股票及已支付购股款如何处理所附条件，并非方正公司对魏某某的特定行为是否具有可刑罚性作出判断，亦非方正公司以强制方式对魏某某的财产进行处分，不属于《刑事诉讼法》第3条规定的内容，故《激励方案》的上述约定并未违反《刑事诉讼法》的相关规定。其次，魏某某与方正公司之间并无劳动合同关系，《激励方案》的上述内容并非魏某某劳动合同法律关系的相关内容，魏某某因履行《协议书》和《激励方案》而支付的购股款亦与劳动合同法律关系中的违约金不属同一范畴；最后，魏某某主张的《刑事诉讼法》和《劳动合同法》中的相关规定，并非判断其与方正公司之间上述合同效力的直接依据。

综上，法院认定《激励方案》并未损害国家、集体或第三方的利益，亦未违反法律、行政法规的强制性规定，约定合法有效。魏某某要求方正公司返还购股资金的诉讼请求，缺乏必要的事实与法律依据，法院不予支持。

【案例启示】

公司可以约定员工损害公司利益时如何处理股权激励事宜，但收回员工获授的激励股权的条件不得违反法律法规。股权激励一般周期较长，其间可能出现各种情况，实施股权激励的公司在进行设计时，宜尽可能考虑全面，并提前做好预防和规划。设置的回购条件、收回条件和退出条件不应当出现违反法律法规的情况。

《上市公司股权激励管理办法》、《国有控股上市公司（境内）实施股权激励试行办法》以及《国有控股上市公司（境外）实施股权激励试行办法》对相关情形均作出了比较具体的规定，可供非上市公司借鉴。如利用职权收受贿赂或者其他非法收入；侵占公司财产，挪用公司资金，或虽将财产、资金用于履行职务但未依据法律、法规及公司财务制度操作；将公司资产或者资金以其个人名义或者其他个人名义开立账户存储；未经公司股东会同意，将公司资金借贷给他人或者以公司财产为他人提供担保；未经公司股东会同意，与公司订立合同或者进行交

---

① 本条款已废止，在《民法典》第153条有近似规定。

易,即使该交易行为仅为抵偿公司对股东负有的债务;任职期间或离职后 2 年内,在与公司生产、研发同类产品,经营同类业务,或有竞争关系、其他利害关系的公司任职、兼职,或担任上述公司的股东、执行董事、董事、监事或其他高级管理人员,或个人进行竞业范围内的活动,具体范围以激励对象与公司签署的竞业协定为准;失职导致公司的行为违反法律、法规,或未满足国家各项经济政策要求导致公司未能获得相应政策待遇,从而给公司造成损失的;未及时对履职过程中的文件提出意见或签署确认,包括但不限于合同文本、内部批准文件等,从而给公司造成损失的。

第七节　公司决议撤销纠纷

股权激励对象通过申请撤销公司决议的方式维权的,难度较大,建议在没有充分证据和理由的情况下,在专业人士的指导下,通过其他方式维权。对于公司而言,董事会或股东会作出关于股权回购议案的决议应当注意程序问题,避免发生被诉撤销等纠纷。

【案例十五】 吴某与北京荣之联科技股份有限公司公司决议撤销纠纷案

【核心提示】

回购注销议案作为公司内部自治文件,除非有充足相反证据出现,否则仅凭当事人不知情作为上述抗辩理由,将无法否认上述议案文本的真实性。

【案情介绍】

原告:吴某。

被告:北京荣之联科技股份有限公司(以下简称荣之联公司)。

2013 年 3 月 4 日,荣之联公司与吴某签订劳动合同书。

2013 年 12 月 20 日,荣之联公司形成一份限制性股票激励计划文本,其中包括:"……公司因该计划的规定实施回购时,应向交易所申请解锁该等限制性股票,在解锁后五个工作日内公司将回购款项支付给激励对象并于登记结算公司完成相应股份的过户;在过户完成后十个工作日内,公司注销该部分股票……"

2014 年 2 月,荣之联公司(甲方)与吴某(乙方)共同签订一份《授予股票协议书》。根据协议书记载,甲方系依法设立并合法有效存续且在深圳证券交易所(以下简称深交所)上市的股份有限公司。2014 年 2 月 11 日,甲方股东大会审议并通过了《荣之联公司限制性股票激励计划(草案)》(以下简称限制性股票激励计划),乙方系限制性股票激励计划的激励对象之一。根据甲方董事会薪酬与考核委员会拟定并经甲方董事会审议通过的限制性股票授予方案,甲方授予乙方 2 万股限制性股票。在解锁之前限制性股票不能转让,不能用于担保以及偿还债务。乙方根据限制性股票激励计划获授的限制性股票的授予价格为每股 8.80 元。公司有权要求激励对象按其任职岗位的要求为公司工作,若激励对象不能胜任所任职的工作岗位或者绩效考核不合格的,经公司董事会批准,公司将按限制性股票激励计划第十二章及第十三章相关条款回购并注销激励对象尚未解锁的限制性股票。乙方承诺,乙方已认真阅读并充分理解限制性股票激励计划,乙方作为限制性股票激励计划的激励对象之一,同意接受限制性股票激励计划对激励对象约束的各项条款。甲方有权按照限制性股票激励计划规定的程序修改该计划且无须征得乙方的同意。

2015 年 5 月 27 日,荣之联公司发布一份关于回购注销部分已不符合激励条件的激励对象已获授但尚未解锁的限制性股票的公告。根据公告记载,荣之联公司于 2015 年 5 月 26 日召开了第三届董事会第十四次会议和第三届监事会第十次会议,会议审议通过回购注销议案,由于部分激励对象离职、2014 年度未能满足公司规定的解锁条件,根据限制性股票激励计划的相关规定,公司拟对其现持有的已获授尚未解锁的全部或部分限制性股票进行回购注销。具体情况如下:“……公司限制性股票激励对象莫桦、吴某、吴鹏……共 11 人因离职已不符合激励条件……公司董事会决定将上述 11 人持有的尚未解锁的限制性股票共计 33.335万股全部进行回购注销……此次回购注销的激励对象名单及数量如下:……吴某(首次获授的限制性股票数量 2 万股;此次回购注销股票数量 2 万股;剩余未解锁的限制性股票数量 0 股)……此次回购对象的回购价格调整为 8.765 元/股,公司应就此次限制性股票回购向上述 22 人支付回购价款共计 353.5801 万元……该次限制性股票回购注销后,公司限制性股票激励计划首次授予的限制性股票数量由 471.5 万股减少至 431.16 万股;首次授予激励对象总人数由 158 人减少至 147 人;公司股本总额由 399,629,107 股变更为 399,225,707 股……”

2015 年 5 月 29 日,荣之联公司通过银行汇款的方式,向吴某的银行账户(开户行:招商银行;账号:×××)内汇入款项 175,300 元。

吴某向法院提起诉讼,要求判决撤销荣之联公司董事会于 2015 年 5 月 26 日通过的回购注销议案。

一审判决:驳回原告吴某的诉讼请求。

【案例评析】

回购注销议案之内容是否违反荣之联公司章程？

本案中，从回购注销议案的主要记载内容来看，根据荣之联公司董事会的该项议案，吴某基于限制性股票激励计划所获授的荣之联公司股票，被该公司予以强制回购，且该公司以自有资金向吴某支付相应回购价款。与此同时，荣之联公司之股本总额亦因上述股票回购的发生而相应减少。对于荣之联公司上述董事会议案内容是否确实与该公司章程发生冲突，涉及以下三方面需要厘清的具体问题：

第一，根据荣之联公司章程规定，股东会有权审议股权激励计划，且不得以授权方式通过董事会代为行使。根据公司法原理，股东大会系股份有限公司的最高决策机关，对于股东大会之决策内容，具体由作为最高决策机关之执行机关的董事会负责执行。从荣之联公司的情形来看，该公司限制性股票激励计划的具体内容，已经由该公司股东大会审议并通过，故限制性股票激励计划的形成过程与荣之联公司章程内容并不违背。对于本案所涉及的限制性股票回购注销问题而言，限制性股票激励计划中对回购对象、回购条件、回购后注销以及回购价款的计算与支付等具体操作问题，均作出明确的规定。诉讼中，荣之联公司向法院提交一份关于授权董事会办理公司限制性股票激励计划相关事宜的议案文本，其中载明有具体授权内容。对此，吴某以本人不知情为由，对上述议案文本的真实性未予认可。然而，对于上述公司内部自治文件而言，除非有充足相反证据出现，否则仅凭吴某的上述抗辩理由，无法否认上述议案文本的真实性。在对上述议案文本之真实性予以确认的基础上，从上述议案文本的记载内容来看，荣之联公司股东大会授权董事会办理限制性股票激励计划相关事宜的具体内容，并未超过限制性股票激励计划已有明确规定之内容范围。换言之，荣之联公司股东大会对董事会之上述授权内容，并未逾越股东大会依据章程规定所应行使之决策权力，亦与董事会作为执行机关的法律地位并无冲突。因此，荣之联公司董事会为具体实施限制性股票注销回购所通过的回购注销议案，其内容并未超越已由股东大会所审议之限制性股票激励计划所规定的内容范围，故荣之联公司董事会就回购注销限制性股票作出决议的行为本身，并未违反该公司章程相关规定内容。

第二，根据荣之联公司章程规定，股东大会有权对公司增加或减少注册资本作出决议,且不得以授权方式通过董事会代为行使。根据《公司法》原理,公司减资意味着公司注册资本的减少。同时,公司减资属于公司经营管理过程中的重大决策事项。从商事实践来看,公司减资的发生原因不一而同,诸如公司资本过剩、负债过高、股权重组、股份回购等方面,但原因与结果两者不可混同。具体而言,股份回购虽然系导致公司减资发生的可能原因,但股份回购也并非必然导致公司减资的发生,例如,股份回购后伴随公司资本公积转增公司股本,或者以转增股本方式进行分红等情形的出现,则未必会发生公司减资的法律后果。结合以上,荣之联公司董事会所形成的回购注销议案,其内容应系有可能导致该公司发生实际减资的潜在性原因,但并不能将其直接等同于公司减资的法律后果本身。荣之联公司是否确因限制性股票的回购而发生减资的法律后果,最终仍取决于该公司股东大会采取何种决策来处理股票回购对该公司股本总额的影响。由此看来,荣之联公司董事会所形成之回购注销议案,与荣之联公司是否发生公司法上的减资效果并不可等同视之。正因如此,在荣之联公司所形成的回购注销议案中,虽基于股票回购的情形而对该公司股本总额的数量变化进行有描述,但如上所述,该描述本身并不当然导致公司减资的法律后果,两者之间尚属泾渭分明。除此之外,本案中亦无证据显示荣之联公司股东大会亦未就授予董事会决议减资形成有任何文件,因此是否减资仍属于该公司股东大会的决议范围。因此,从公司减资的角度分析,荣之联公司董事会所形成之回购注销议案亦不存在与公司章程相违背的内容。

第三,根据荣之联公司章程规定,在经公司股东大会决议后,公司方可在减少公司注册资本等四类情形下收购该公司股份,否则公司不得买卖本公司股份。本案中,荣之联公司董事会形成回购注销议案的直接依据之一,应系该公司股东大会所审议通过之限制性股票激励计划中有关激励对象不符合激励条件后,应回购注销其获授股票的规定内容,这实际系董事会履行其执行机关职责的直接体现,并由此在事实上产生收购本公司股票的效果。然而,根据荣之联公司的章程,限制性股票激励计划所规定的上述内容,却并未被明确列为公司能够买卖本公司股份的情形,故两者之间似乎有所冲突。然而,如上所述,荣之联公司董事会虽决议回购注销本公司股票,但该行为究竟会产生公司法上的何种法律效果实际并未最终得以确定。同时,从荣之联公司章程明确规定的允许买卖本公司股份的四类情形来看,其均应属由该公司股东大会进行表决的范围,董事会的行为亦应由股东大会进行最终确认。换言之，荣之联公司董事会实施回购注销议案后，如果该公司股东大会针对回购注销的法律后果作出决议，且该决议内容与章程之规定情形相符，则荣之联公司回购注销本公司股票的行为，并不会与该公司章程的内容相违背。

因此，法院认为，在本案目前并无证据显示荣之联公司股东大会针对回购注销本公司股票的事实，是否形成有减资决议或者其他内容决议的情况下，仅凭本案现有证据，尚不足以当然认定回购注销议案具有违反荣之联公司章程的情形。

【案例启示】

股权激励对象通过申请撤销公司决议的方式维权的，难度较大，建议在没有充分证据和理由的情况下，在专业人士的指导下，通过其他方式维权。法人、非法人组织依照法律或者章程规定的议事方式和表决程序作出决议的，该决议行为成立。该决议行为属于民事法律行为，自成立时生效，但是法律另有规定或者当事人另有约定的除外。《民法总则》第六章第三节[①]“民事法律行为的效力”第147条至第151条规定了可撤销的民事法律行为，包括重大误解、欺诈、第三人欺诈、胁迫、显失公平的民事法律行为。这些民事法律行为之所以可撤销，在于其违反了第143条第2项“意思表示真实”的民事法律行为有效要件。从这个角度理解，若想撤销公司决议，对于吴某的举证要求是比较高的。

对于公司而言，董事会或股东会作出关于股权回购议案的决议也应当注意程序问题，避免被撤销。我国《公司法》第22条规定：“股东会或者股东大会、董事会的会议召集程序、表决方式违反法律、行政法规或者公司章程，或者决议内容违反公司章程的，股东可以自决议作出之日起六十日内，请求人民法院撤销。”

---

① 本条款已废止，在《民法典》总则编第六章第三节中有近似规定。

第八节　委托合同纠纷

绝大部分股权激励对被激励对象的筛选，都有一定门槛和要求，因此并非任何人都有资格参与。在这种背景下，容易催生委托人以受托人（被激励对象）的名义参与股权激励计划的情况，易产生纠纷。对于委托人，应当清晰地了解到，股权投资具有一定的风险性，通过股权激励获得股权亦是同样道理；受托人也应当注意风险规避，避免承担偿还借款或返还不当得利的责任。

【案例十六】　陈某某与王某某委托合同纠纷案

【核心提示】

本案系委托投资行为，委托人在向受托人交付认股金时，已明知款项用途及投资方式。钱款并非特定物，此笔款项能够被彼款项所替代，只要其金额等价，钱款的具体金额才是所购买财物的对价，不应以付款的前后，区别款项的性质。委托人主张占有物返还的，法院将不予支持。

【案情介绍】

上诉人（原审原告）：陈某某。

被上诉人（原审被告）：王某某。

被告王某某系青年汽车集团员工，2013 年 1 月原告陈某某从被告处得知青年汽车集团的股权激励计划，并有意认购金华青年汽车制造有限公司股权。根据股权激励计划说明：公司为激励员工，拟对内部员工实施股权激励计划，内部员工出资设立两家有限公司（简称 A、B 公司），该两公司和宁波瑞拓公司合计持有金华青年汽车制造有限公司 3% 的股权，青年汽车集团有限公司持有金华青年汽车制造有限公司 86% 股权，光大金控（天津）创业投资有限公司持有金华青年汽车制造有限公司 11% 股权。内部员工出资到 A、B 公司或宁波瑞拓公司

(出资额以公司于2013年1月15日发出的短信为准)成为金华青年制造有限公司的间接股东，将来分享上市公司的收益。如最终金华青年汽车制造有限公司未上市，青年汽车集团有限公司将回购员工认购的股权。

2013年1月25日，原告向青年汽车集团汇款10万元，附言：王某某的股权认购金，后该款被退回原告账户。

2013年1月28日，陈某某将10万元认购款汇入被告王某某账户，附言：王某某的股权认购金。同日，被告向原告出具收条一份，记载：今收到陈某某现金10万元整，该款项用于青年汽车集团股权激励计划中以王某某的身份入认股金，收入按股权激励计划说明分配。

2013年1月24日，金华吉瑞投资合伙企业(有限合伙)向被告王某某出具收据一份，收到王某某股权认购出资款30万元。现该30万元股权仍在金华吉瑞投资合伙企业(有限合伙)，并于2014年分红一次，王某某的所得分红金额为2647.10元，并由王某某向原告转交红利800元。另查，光大金控(天津)创业投资有限公司、金华吉瑞投资合伙企业(有限合伙)、金华祥瑞投资合伙企业(有限合伙)、宁波瑞拓股权投资合伙企业(有限合伙)、青年汽车集团有限公司系金华青年汽车制造有限公司法人投资人。

2016年3月7日，原告陈某某向法院提起诉讼，请求判令：(1)判令被告返还投资款10万元，并按银行同期贷款利率支付利息从2013年1月28日算至实际归还日止；(2)本案诉讼费由被告承担。

一审判决：驳回原告陈某某对本案的诉请。

二审判决：驳回上诉，维持原判。

【案例评析】

王某某应否返还给陈某某投资款10万元并支付相应利息呢？

2013年1月28日陈某某通过银行转账方式支付给王某某10万元，并由王某某于当日向陈某某出具收条一份，该收条写在《股权激励计划说明》的空白处，收条中明确写明“该款项用于青年汽车集团股权激励计划中以王某某的身份入认股金”。陈某某在一审、二审中也认可该10万元款项系用于委托王某某购买青年集团的股权，而王某某于2013年1月28日确实有一笔10万元的款项汇入青年汽车集团有限公司。从王某某一审中提交的金华吉瑞投资合伙企业(有限合伙)出具的收据及两份证明来看，王某某实际持有《股权激励计划说明》

中金华吉瑞投资合伙企业(有限合伙)受让金华青年汽车制造有限公司的股权30万元。王某某已完成陈某某的受托事项,陈某某要求王某某返还给陈某某投资款10万元并支付相应利息,法院认为无事实和法律依据,不予支持。

【案例启示】

受托人办理委托事项时,应及时沟通、审慎办理。本案审理过程中,陈某某曾主张,王某某并未按双方约定完成陈某某的委托为陈某某购买金华青年汽车制造有限公司的股权。陈某某无法以其个人名义购买青年集团股权,才会委托王某某购买。陈某某于2013年1月28日按照与王某某的约定将10万元汇入王某某账户,委托王某某以其名义代为购买青年集团的股权。汇款之后,王某某就无任何关于代为购买股权的信息,直到2015年11月1日向陈某某出具一份由金华吉瑞投资合伙企业向王某某出具的30万元的收据,收据的日期是2013年1月24日。陈某某是委托王某某购买青年集团的股权,而不是购买王某某手头的股权。如果按约定,王某某应于2013年1月28日之后购买青年集团股权,无论是转账还是现金交付,都应该于1月28日之后有一笔10万元的流水证明其为陈某某购买了股权。1月24日的30万元收据根本无法证明是王某某为陈某某购买的,陈某某是委托购买10万元股权,并不是30万元。王某某根本没有提前为陈某某购买任何股权,并且不希望陈某某知道他已经购买了30万元的股权。陈某某向王某某汇款时,明确表示该款项是用于认购股权的投资款,王某某未依约完成委托购买行为,也不存在任何隐名投资关系。陈某某想购买青年集团股权未果,投资目的无法实现,王某某无偿占有和使用陈某某的10万元股权投资款,已构成事实的借款行为。因此,陈某某有权在要求王某某承担返还投资款义务的同时,也一并要求支付相应的利息损失。

本案中,王某某虽然最终不需要返还投资款,但本案给实施股权激励的企业一定的启示,受托人应当注意风险规避,避免因为付款时间先后的问题,导致承担偿还借款或返还不当得利的责任。对于委托人而言,也应当清晰地了解到,股权投资具有一定的风险性,通过股权激励获得股权亦是同样道理,委托人需要注意结合自身的风险承受能力,参与股权激励。

此外,根据《首次公开发行股票并上市管理办法》第13条规定,“发行人的股权清晰,控股股东和受控股股东、实际控制人支配的股东持有的发行人股份不存在重大权属纠纷”。股权代持在上市前需要终止。

【案例十七】 欧某某与张某某委托合同纠纷案

【核心提示】

股权激励需要依法合规实施，尤其注意涉及融资功能时，避免侵犯公私财产所有权和国家金融管理制度。

【案情介绍】

原告：欧某某。

被告：张某某。

原告欧某某称，原告等16人是国盈基金广州分公司的员工，公司曾代理投资案外人江苏绿塑环境科技有限公司（以下简称绿塑公司）项目。为了获取绿塑公司的股权，参与了绿塑公司的股权激励计划。为了符合绿塑公司股权激励计划的要求，原告与被告协商，由被告帮原告代持绿塑公司的股权，但由于该股权激励计划共有17名投资人参与，被告要求原告等17人先委托一名作为代表，再由代表与被告签订合同、支付股权认购款。为了保证上述行为的合法合理性，原告与覃某某（参与江苏绿塑股权激励计划共17人的代表）于2018年3月21日签署了《股权代持协议》，约定原告委托覃某某作为自己对绿塑公司对应美国上市后的100万股股权的名义持有人，并代为行使相关股东权利。绿塑公司对本协议进行了盖章确认。其后，覃某某作为代表与被告于2018年3月22日签署了《增资扩股代持协议》，约定由覃某某委托被告，以被告名义持有参与绿塑公司增资，从而持有绿塑公司100万股，每股作价12元。原告通过覃某某向被告支付了股权认购款12万元，由覃某某代原告持有绿塑公司1万股股权。其中，原告与其他16位投资人的投资款通过覃某某（含本人）向被告支付了股权认购款1200万元，共持有绿塑公司100万股股权。

2018年8月8日，张某某、鹿某因涉嫌集资诈骗罪被江苏省南京市公安局玄武分局立案侦查，2019年7月1日江苏省南京市人民检察院提起公诉。

原告欧某某向法院提出诉讼请求：(1)判令张某某返还股权认购款12万元及利息（利息按中国人民银行同期同档贷款利率自起诉之日起计算至实际清偿之日）；(2)判令张某某向其支付律师费500元。

一审裁定：驳回欧某某的起诉。

二审裁定：驳回上诉，维持原裁定。

【案例评析】

最高人民法院《关于在审理经济纠纷案件中涉及经济犯罪嫌疑若干问题的规定》第 11 条规定:“人民法院作为经济纠纷受理的案件,经审理认为不属经济纠纷案件而有经济犯罪嫌疑的,应当裁定驳回起诉,将有关材料移送公安机关或检察机关。”本案中,欧某某通过覃某某向张某某转入的 12 万元,实际由案外人鹿某操作进入张某某的账户,而张某某、鹿某因涉嫌集资诈骗罪已被提起公诉,故法院认为,本案涉及经济犯罪,将有关材料移送公安机关。

【案例启示】

通常而言,股权激励的目的是激励员工通过自身工作为企业做出长期贡献,不涉及或较少涉及融资功能。笔者注意到,已经有公司在考虑甚至利用股权激励的融资功能,需要提示的是,股权激励需要依法合规实施,避免侵犯公私财产所有权和国家金融管理制度,否则可能涉嫌诈骗罪、集资诈骗罪、非法吸收公众存款罪等。对于希望参与股权激励的人员,也需要擦亮眼睛,识别真正的股权激励和非法集资行为的区别,避免上当受骗。

第九节　合伙协议纠纷

股权激励一旦出现纠纷，当事人的主张可能涉及股东资格确认、股东利润分配、股权激励、股权回购、股权变更登记、追索劳动报酬等多个方面，属于多个不同的法律关系，涉及不同的权利义务主体。

【案例十八】 曾某某与刘某、吴某某合伙协议纠纷案

【核心提示】

股权激励纠纷的当事人，应当厘清其各项请求所涉法律关系，根据相应的法律规范提起诉讼，否则法院可能驳回其诉讼请求。

【案情介绍】

原告：曾某某。

被告：刘某、吴某某。

2015年3月，原告与两被告签订了一份《魁特思合伙人协议书》，由刘某作为公司创始人兼法定代表人，吴某某作为技术研发合伙人，曾某某作为管理运营合伙人。协议约定了股权比例、利润分配、个人义务、股权激励、股权转让、退出机制等事项。其中约定曾某某、吴某某享有公司预期股权份额，预期股权份额=股权份额+期权份额。曾某某享有预期股权份额为4%，其中前三年第一个产品股权份额1%，公司成立后期权份额3%。

2015年4月，三人又签订了一份《魁特思合伙人协议补充条款》，约定目前预期股权吴某某占10%（已经认购1%），曾某某占8%（已经认购1%）。另外再设立期权池7%动态用于新增全职合伙人和员工持股和重大贡献激励（无干股，均以300万投资额计算），由丁某代持，期权池分红按5∶2全部分给吴某某和曾某某。曾某某向刘某支付了30,000元股权认购款，刘某出具了收条。苏州魁特思信息科技有限公司

(以下简称魁特思公司)于2015年3月2日成立,注册资本260万元,登记股东(发起人)为丁某及刘某,刘某任公司执行董事、法定代表人,原告曾某某并非公司登记股东(发起人)。

原告认为,在公司经营过程中,被告刘某拒不给原告办理股权登记,股权登记在被告刘某及其母亲丁某名下,也不按约定进行分红,经营管理随意,财务管理不规范,原告的合法权益得不到保障。

2018年7月,原告向法院提出诉讼请求:1.解除原告、被告之间签订的合伙协议;2.判令两被告支付原告各项损失共计985,000元,包括:(1)支付原告魁特思公司流动资金总额的10%即508,974元;(2)判令两被告支付魁特思公司劳动报酬216,000元;(3)判令两被告支付魁特思公司2017年年底的分红50,000元;(4)判令两被告支付魁特思公司2018年6月底第二次分红88,855.46元;(5)判令两被告支付魁特思公司在苏州市工业园区科技局申请的房租报销福利的10%即10,390.14元;(6)判令两被告支付魁特思公司向苏州市工业园区科技局申请的科技领军奖励90万元的10%以及3年房屋报销款的10%,共计110,780.28元。

一审判决:驳回原告曾某某的诉讼请求。

【案例评析】

曾某某基于合伙法律关系起诉要求与刘某、吴某某解除涉案的《魁特思合伙人协议书》,并要求刘某、吴某某赔偿损失。但根据曾某某所主张的具体请求项目,实际上曾某某系认为其系魁特思公司的实际出资人并基于此而主张退出其在公司的股权份额并要求分配魁特思公司的利润、流动资金、政策性奖励及报销款,同时还主张其在魁特思公司任职的劳动报酬。曾某某上述主张涉及股东资格确认、股东利润分配、股权激励、股权回购、股权变更登记、追索劳动报酬等多个方面的不同法律关系纠纷,并涉不同的权利义务主体。曾某某仅基于《魁特思合伙人协议书》而向刘某、吴某某提出上述请求,并无任何法律依据。故对曾某某全部诉讼请求,法院均不予支持。

【案例启示】

股权激励一旦出现纠纷,当事人的主张可能涉及股东资格确认、股东利润分配、股权激励、股权回购、股权变更登记、追索劳动报酬等多个方面,属于多个不同的法律关系,涉及不同的权利义务主体。因此,当事人应当厘清其各项请求所涉法律关系,根据相应的法律规范,提起诉讼。

第十节　赠与合同纠纷

部分股权激励方案，将公司与被激励对象之间形成赠与合同关系。若该赠与合同是附义务的赠与合同，则被激励对象需在接受赠与期间履行劳动合同约定的合同期限；若受赠人不履行赠与合同约定的义务，赠与权人在一定期限内可以向受赠人要求返还赠与的财产。

【案例十九】　梅花生物科技集团股份有限公司与陈某某赠与合同纠纷案

【核心提示】

股权激励中涉及赠与的，赠与权人在符合法律规定和合同约定的情况下，可以行使撤销权，向受赠人要求返还赠与的财产。

【案情介绍】

原告：梅花生物科技集团股份有限公司（以下简称梅花公司）。

被告：陈某某。

2013 年原告梅花生物科技集团股份有限公司发布《梅花生物科技集团股份有限公司虚拟股权激励政策管理办法》，实施股权激励。

2013 年 7 月 1 日原告与被告陈某某签订《虚拟股权确认书》，约定原告将其法定代表人孟某某的相应股权收益以原告的名义赠与被告，并明确约定如被告主动离职，则须将已取得相应收益退还给原告。同时该协议约定了被告的收款账号为 62×××92。

原告分别于 2014 年 7 月、2015 年 8 月向被告的 62×××92 账号打入 2013 年度相应股权收益 13,500 元、2014 年度相应股权收益 14,250 元，共计 27,750 元。

原告子公司新疆梅花氨基酸有限责任公司（以下简称新疆梅花公司）与被告陈某某签订的劳动合同期满日为 2017 年 2 月 28 日。

2016 年 4 月 20 日被告陈某某因个人工作发展向新疆梅花公司提出辞职申请。2016 年 6 月 1 日该公司为被告出具了离职证明。

2016 年 10 月梅花公司向法院起诉，请求：依法判令被告返还虚拟股权分红 27,750 元，利息 1665 元，两项共计 29,415 元。

一审判决：(1)被告陈某某于本判决生效之日起 3 日内向原告梅花生物科技集团股份有限公司返还相应股权收益 27,750 元及相应利息（该利息以 27,750 元为基数，按照中国人民银行同期贷款利率，自 2016 年 10 月 9 日计算至本判决生效之日止）；(2)驳回原告梅花生物科技集团股份有限公司的其他诉讼请求。

【案例评析】

梅花公司、陈某某签订的《虚拟股权确认书》系双方的真实意思表示，其内容不违反相应法律规定，应当受到法律保护。因梅花公司对其法定代表人孟某某的相应股权收益享有管理、支配权，根据《虚拟股权确认书》的约定，梅花公司、陈某某之间成立赠与合同关系。梅花公司提供的证据足以证实该赠与合同是附义务的赠与合同，陈某某需在接受赠与期间履行劳动合同约定的合同期限。根据《合同法》第 192 条、第 194 条的规定，受赠人不履行赠与合同约定的义务，赠与权人在知道或应当知道撤销原因之日起一年内行使撤销权的，可以向受赠人要求返还赠与的财产。本案梅花公司作为赠与权人，其提出撤销赠与的期限符合相应法律规定，故法院认为，陈某某应将相应股权收益 27,750 元返还梅花公司。

【案例启示】

虽然本案中，梅花公司成功要回股权分红和利息，但从股权激励的目的和效果来看，并不建议直接以赠与形式进行股权激励。

首先，简单地直接赠与，短时间内员工可能会很感激，但员工没有付出任何资金就得到股权，可能不会重视和珍惜。

其次，股权赠与也是可能涉税的。根据《股权转让所得个人所得税管理办法（试行）》第 11 条规定，如申报的股权转让收入明显偏低且无正当理由的，主管税务机关可以核定股权转让收入。根据《股权转让所得个人所得税管理办法（试行）》第 13 条规定，股权转让收入明显偏低，但视为有正当理由的情形包括：(1)能出具有效文件，证明被投资企业因国家政策调整，生产经营受到重大影响，导致低价转让股权；(2)继承或将股权转让给其能提供具有法律效力身份关系证明的配偶、父母、子女、祖父母、外祖父母、孙子女、外孙子女、兄弟姐妹以及对转让人承担直接抚养或者赡养义务的抚养人或者赡养人；(3)相关法律、政府文件或企业章程规定，并有相关资料充分证明转让价格合理且真实的本企业员工持有的不能对外转让股权的内部转让；(4)股权转让双方能够提供有效证据证明其合理性的其他合理情形。其中未明确控股股东将股权无偿赠与员工是否属于合理情形。

最后，员工离职后股权和收益被无条件收回，对于离职员工而言，否定了其在职期间对企业的贡献。对于在职员工而言，财产权不稳定，工作心态自然也不会稳定，会产生较大的负面作用。因此，即使公司希望收回股权，也宜设置合理的收回条件。

第十一节　个人所得税相关的案例

从个人所得税的角度来看,股票期权、股权期权、限制性股票和股权奖励均享有递延纳税政策。如果希望选择适用递延纳税政策,企业应在规定期限内到主管税务机关办理备案手续。

【案例二十】吴某某、杭州市地方税务局西湖税务分局税务行政管理(税务)案

【核心提示】

选择股权激励的类型时,需要注意个人所得税的相关政策法规。

【案情介绍】

上诉人(原审原告):吴某某。

被上诉人(原审被告):杭州市地方税务局西湖税务分局(以下简称西湖地税分局)。

被上诉人(原审被告):杭州市西湖区人民政府(以下简称西湖区政府)。

被上诉人(原审第三人):浙江迪安诊断技术股份有限公司(以下简称迪安公司)。

2013 年 8 月 15 日至 2015 年 5 月 12 日,吴某某担任迪安公司高级管理人员,被迪安公司纳入股票期权激励对象。

2014 年 1 月 29 日,吴某某与迪安公司签订《股票期权协议书》,约定如下:迪安公司承诺从 2014 年 1 月 28 日开始,在 3 年内向吴某某授予一定数量的股票期权,具体授予数量由公司董事会薪酬与考核委员会决定。吴某某可在指定的行权日以行权价格购买迪安公司的普通股。2014 年 1 月 29 日,迪安公司向吴某某发出《股票期权授予通知书》,决定于 2014 年 1 月 28 日授予吴某某104,000

股股权期权，行权价格为58.80元/股。2014年1月29日，迪安公司作出《浙江迪安诊断技术股份有限公司关于股票期权激励计划预留期权授予的公告》，载明公司股权激励计划规定的预留期权授予条件已经成就，本次股票期权的授予日为2014年1月28日，授予的激励对象共4人，授予的股票期权数量为35.724万份，其中拟向吴某某授予股票期权104,000股，预留股票期权行权价格为58.80元。后经调整，案涉预留股票期权行权价格为26.44元，吴某某第一个行权期行权数量为11.4920万份。

2015年5月12日，吴某某辞去迪安公司高级管理人员职务。

2015年6月15日，迪安公司发布《浙江迪安诊断技术股份有限公司关于预留授予股票期权第一期行权情况公告》，以2015年6月12日为激励计划第一个行权期行权登记日，对提出申请的4名激励对象的39.475万股股票期权予以行权。其中吴某某行权11.492万份期权，行权价格为26.44元，当日该股票收盘价为122.25元。迪安公司对吴某某的个人所得税进行扣缴。

2015年7月，西湖地税分局对吴某某征收个人所得税4,792,658.34元，其中应纳税所得额收入计算方式为(122.25－26.44)×114,920。吴某某不服，向西湖区政府申请行政复议。

2016年8月25日，西湖区政府作出《行政复议决定书》并邮寄各方当事人。

2016年9月吴某某向法院提起行政诉讼，请求：(1)撤销西湖税务分局在2015年7月作出的征收原告吴某某所得税4,792,658.34元的具体行政行为；(2)撤销区政府作出的杭西政复决字〔2015〕第51号行政复议决定。

一审判决：驳回吴某某的诉讼请求。

二审判决：驳回上诉，维持原判。

【案例评析】

案涉股票的性质是什么？

财政部、国家税务总局《关于个人股票期权所得征收个人所得税问题的通知》(财税〔2005〕35号)第1条第2款规定，股票期权是指上市公司按照规定的程序授予本公司及其控股企业员工的一项权利，该权利允许被授权员工在未来时间内以某一特定价格购买本公司一定数量的股票。上述“某一特定价格”被称为“授予价”或“施权价”，即根据股票期权计划可以购买股票的价格，一般为股票期权授予日的市场价格或该价格的折扣价格，也可以是按照事先设定的计算方法约定的价格;"授予日"也称"授权日",是指公司授予员工上述权利的日期;"行权"也称"执行",是指员工根据股票期权计划选择购买股票的过程;员工行使上述权利的当日为"行权日"也称"购买日"。本案中,在案《股票期权协议书》《股票期权授予通知书》《浙江迪安诊断技术股份有限公司关于股票期权激励计划预留期权授予的公告》等证据显示,吴某某与迪安公司约定以 2015 年 6 月 12 日为激励计划第一个行权期行权登记日,以事先约定的 26.44 元为单价购买迪安公司 11.492 万份股票。根据财政部、国家税务总局《关于个人股票期权所得征收个人所得税问题的通知》(财税〔2005〕35 号)第 1 条所描述的股票期权的定义,法院认为,案涉股权激励计划应为股票期权,应按照股票期权的有关规定计缴个人所得税。

吴某某认为,其虽行权获得案涉股票,但因其作为高级管理人员离职后,按照有关规定,相应股份受到锁定,无法交易,应属于限制性股票。对此,财政部、国家税务总局《关于股票增值权所得和限制性股票所得征收个人所得税有关问题的通知》(财税〔2009〕5 号)第 3 条规定,限制性股票是指上市公司按照股权激励计划约定的条件,授予公司员工一定数量本公司的股票。吴某某因高管身份离职后,所获股份受到的锁定,并非基于股权激励。法院认为,在案涉股权激励计划中,吴某某所获得的系股权期权,而非限制性股票。

【案例启示】

关于选择股权激励的类型,从个人所得税的角度来看,股票期权、股权期权、限制性股票和股权奖励均享有递延纳税政策。但结合本案例来看,可能出于征税便利性的原因,如果股权激励名义为股票期权,但行权后交易受到一定的限制,税务机关将直接认定为股票期权,将按照股票期权享有递延纳税政策。即员工行权时,其从企业取得股票的实际购买价(施权价)低于购买日公平市场价(指该股票当日的收盘价,下同)的差额,是因员工在企业的表现和业绩情况而取得的与任职、受雇有关的所得,应按"工资、薪金所得"适用的规定计算缴纳个人所得税。

此外,财政部、国家税务总局《关于完善股权激励和技术入股有关所得税政策的通知》(财税〔2016〕101 号)规定:"对股权激励或技术成果投资入股选择适用递延纳税政策的,企业应在规定期限内到主管税务机关办理备案手续。未办理备案手续的,不得享受本通知规定的递延纳税优惠政策。"如果希望选择适用递延纳税政策,企业应在规定期限内到主管税务机关办理备案手续。

第十二节　夫妻财产纠纷

虽然股权激励具有人身专属性,但一般情况下股权激励属于夫妻共同财产,夫或妻在处理夫妻共同财产上的权利是平等的。夫或妻非因日常生活需要对夫妻共同财产作重要处理决定,夫妻双方应当平等协商,取得一致意见。

【案例二十一】孟某与孟某某所有权确认纠纷案

【核心提示】

一般情况下,产生于夫妻关系存续期间的股权激励,即使夫妻双方并未通过购买而实际取得该些股票,但考虑到此种奖励未来可能会带来较大的财产回报,对其处分必然对夫妻财产利益产生较大影响,故其应在夫妻共同财产的扩大范围内,对其处分夫妻应平等协商,取得一致意见。

【案情介绍】

原告:孟某。

被告:孟某某。

第三人:刘某。

2017 年,因被告孟某某在浙××策影视股份有限公司(以下简称华策影视)担任数据分析一职,属于公司骨干。华策影视就授予被告限制性股票事宜与被告签订《限制性股票授予协议书》,协议约定:被告认购的限制性股票激励额度为 13.2 万股,授予被告限制性股票的价格为 5.01 元/股,购股资金为 661,320 元。……若限制性股票因公司未满足上述业绩考核目标而未能解除限售,则公司将按照《激励计划》的规定回购限制性股票并注销,回购价格为授予价格。

2017 年 7 月 16 日,原告孟某与被告签订《协议书》,约定华策影视限制性股票的购买由原告出资 400,000 元,原告出资部分的盈利及亏损由原告承担;股票解禁流通后何时卖出，由原告、被告协商一致决定，如就卖出时间无法达成一致的，原告可要求被告按其所持有的比例抛售股票，没有解禁时原告、被告不作任何决定；被告抛出股票后，应将原告拥有相应比例的款项在3日内返还原告。2017年7月19日，原告通过银行转账支付给被告400,000元。

2017年7月31日，被告通过网上银行向华策影视汇款661,320元用于购买限制性股票。被告表示签订《限制性股票授予协议书》时，股票价格为11.2元/股，正常情况下，完成公司业绩考核，公司股价会高于购买时的价格。

因符合解禁条件，被告购买的股票先行解禁52,800股。2019年4月12日，华策影视与被告按照《限制性股票授予协议书》的约定签订《限制性股票回购协议书》，以授予价格5.01元/股的价格回购被告持有的尚未解除限售的7.92万股股票，回购金额为396,792元。

被告与第三人原系夫妻关系，于2011年11月11日登记结婚。2018年5月10日，被告曾起诉离婚，后撤诉。第三人于2018年6月11日向法院提起离婚诉讼，2019年5月9日，法院判决准许被告与第三人离婚。

2019年2月，原告孟某向法院提出诉讼请求：确认被告所持有的华策影视的13.2万股票中60.48509%的份额为原告所有。

一审判决：驳回原告孟某的诉讼请求。

【案例评析】

股权激励是否属于夫妻共同财产？

股权激励具有人身专属性，华策影视亦与孟某某约定在解除限售前不得转让；股权激励亦具有较强的奖励性，即激励对象可以通过购买授予的股票实现财产利益的增长。本案中华策影视以低于市场价值的价格授予孟某某13.2万股股票，这客观上使孟某某在未来有较大可能获取较大财产利益，而华策影视又承诺未解除限售即以授予价格回购，此客观上又为孟某某消除了因股价变动而遭受损失的风险。因此，产生于夫妻关系存续期间的此种奖励，即使夫妻双方并未通过购买而实际取得该些股票，但考虑到此种奖励未来可能会带来较大的财产回报，对其处分必然对夫妻财产利益产生较大影响，故其应在夫妻共同财产的扩大范围内，对其处分孟某某应与第三人平等协商，取得一致意见。孟某以投资名义进行出资，以孟某某享受的授予价格进行购买，盈亏由其自行享有与负担。考虑到股权激励的人身专属性与未来的财产利益，孟某某实际上是无偿转让了本应由其与第三人享有的未来财产利益,此明显会影响第三人的合法权益。

此外,孟某某在与孟某签订《协议书》之前,具有支付 13.2 万股股票价款的能力,此通过其银行账户余额及银行账户流水可以体现。况且孟某某作为较高收入群体的成员,其必然具有较强的资金筹措能力。此巨大奖励面前,普通个人应积极购买,以期获取财产回报,而孟某某主动放弃购买且无偿转让本应给其带来巨大财产利益的机会,此明显与常理不符。因此,原告、孟某某称系因孟某某资金不足才共同投资,法院对此观点不予采纳。

【案例启示】

我国《婚姻法》第 17 条[①]规定:“夫妻在婚姻关系存续期间所得的下列财产,归夫妻共同所有:(一)工资、奖金;(二)生产、经营的收益;(三)知识产权的收益;(四)继承或赠与所得的财产,但本法第十八条第三项规定的除外;(五)其他应当归共同所有的财产。夫妻对共同所有的财产,有平等的处理权。”

最高人民法院《关于适用〈中华人民共和国婚姻法〉若干问题的解释(一)》第 17 条[②]规定:“婚姻法第十七条关于‘夫或妻对夫妻共同所有的财产,有平等的处理权’的规定,应当理解为:(一)夫或妻在处理夫妻共同财产上的权利是平等的。因日常生活需要而处理夫妻共同财产的,任何一方均有权决定。(二)夫或妻非因日常生活需要对夫妻共同财产做重要处理决定,夫妻双方应当平等协商,取得一致意见。他人有理由相信其为夫妻双方共同意思表示的,另一方不得以不同意或不知道为由对抗善意第三人。”

因此,一般情况下,股权激励属于夫妻共同财产,对其进行处分的,夫妻一方应当与另一方平等协商,取得一致意见。

---

① 本条款已废止,在《民法典》第 1062 条有近似规定。

② 本条款已废止。

李 华

盈科律师事务所创始合伙人、盈科全国业务指导委员会主任。

李华律师作为盈科全国业务指导委员会主任，负责盈科体系内的专业化建设，带领盈科律师，构建出完整的专业化法律服务体系，包括研究院、律师学院、专业委员会及综合性法律中心，推动盈科律师专业化的法律服务，以适应法律服务市场不断细分的需要。在此基础上，通过集成各专业委员会纵深化的法律服务能力为客户提供综合性的法律服务。

曾荣获全国律师行业优秀党员律师、北京市优秀律师、朝阳区优秀律师、朝阳区首届优秀女律师、朝阳区优秀党员的荣誉称号。

陈 辉

盈科全国公司法律专业委员会副主任、《法治日报》首批律师专家库专家，盈科股权律师峰会创始人，青岛市仲裁委仲裁员，淄博市仲裁委仲裁员、北海国际仲裁院仲裁员。曾任职于某大型国有企业，担任董事、副总经理，现长期致力于股权激励、股权顶层设计、股权投融资、股东矛盾解决等领域的实践与研究。执业18年以来，秉承“忠人之托”的精神，坚持“以客户为中心”的服务理念，为客户创造价值。

曾获2018年度广东省律师行业优秀共产党员，2018、2019、2020年度盈科律师事务所“优秀律师”，2019年度佛山市“服务民营企业优秀律师”荣誉。主创“非上市企业股权激励产品”荣获盈科首届（2019）法律服务产品大赛十佳法律服务产品。

文 婧

盈科长沙律师，盈科股权律师峰会创始人，从业7年专注股权类法律事务，曾为中国中车、三一重工、无为连锁、九方集团等企业提供股权法律服务。曾获2019、2020年度盈科律师事务所“优秀律师”荣誉。主创“非上市企业股权激励产品”荣获盈科首届（2019）法律服务产品大赛十佳法律服务产品。